GOLDMANN

Buch

»Schreiben ist meine Arena«, sagt der südafrikanische Schriftsteller André Brink. Seit nahezu zwanzig Jahren kämpft er gegen die Politik der Apartheid, mit seinen unter die Haut gehenden Romanen und auch immer wieder mit Aufsätzen und Reden. Eine Sammlung dieser Texte, die zwischen 1967 und 1986 entstanden, wird hier vorgelegt.

André Brink stellt sich die Frage nach seinem Platz in der südafrikanischen Gesellschaft, er reflektiert die Rolle des Schriftstellers in einem autoritären Staat, er schreibt über Zensur, über die Bedeutung des Afrikaans, über Soweto, über Kultur und Apartheid, über den Schriftsteller, der eine Mauer des Schweigens überwinden muß. Das sind keine »theoretischen« Texte, denn Brink hat Bedrohung und Gefahr immer wieder am eigenen Leib erfahren, er weiß, was es bedeutet, im »Belagerungszustand« zu schreiben, wie der Titel eines Aufsatzes lautet, er spürt täglich, was es heißt, »Stein des Anstoßes« zu sein.

Autor

André Brink, 1935 als Sohn einer Burenfamilie geboren, ist Professor für Afrikaans in Grahamtown (Kap-Provinz). Wegen seiner kritischen Einstellung zum Apartheidregime ist er immer wieder Repressalien ausgesetzt. Seine zahlreichen Bücher können in Südafrika bis heute nicht erscheinen.

Im Goldmann Verlag liegen bereits vor:

Weiße Zeit der Dürre. Roman (8381)
Die Nilpferd-Peitsche. Roman (8857)
Die Pestmauer. Roman (8955)
Stimmen im Wind. Roman (9153)

ANDRÉ BRINK

STEIN DES ANSTOSSES

ALS SCHRIFTSTELLER IN SÜDAFRIKA

Aus dem Englischen von
Hans Hermann

GOLDMANN VERLAG

Titel der Originalausgabe:
Mapmakers. Writing in a State of Siege

Der Goldmann Verlag
ist ein Unternehmen der Verlagsgruppe Bertelsmann

Made in Germany · 9/89 · 1. Auflage
Genehmigte Taschenbuchausgabe

Umschlaggestaltung: Design Team München
Umschlagbild:
Süddeutscher Verlag, Bilderdienst, München
Druck: Elsnerdruck, Berlin
Verlagsnummer: 9359
UK · Herstellung: Heidrun Nawrot
ISBN 3-442-09359-7

... der Kampf des Menschen gegen die Macht ist der Kampf des Gedächtnisses gegen das Vergessen.

Milan Kundera

Inhalt

Einführung: Vorgeschichte und Hintergründe des Dissidententums

1

Die Essays in diesem Band sind alle schon einmal veröffentlicht worden, und obwohl ich sie – manche geringfügig, andere gründlich – überarbeitet habe, bleibt seinem Ton nach jeder das, was er ursprünglich war (ein Vortrag vor Studenten, ein Beitrag zu einem Forschungsprojekt, eine wissenschaftliche Abhandlung, ein Zeitungsartikel für breite Leserschichten ...). Als ich sie aus all dem Material, das sich im Lauf der Jahre in meinen Schubladen angehäuft hatte, auswählte, geschah das nicht in der Absicht, dem Ganzen eine thematische Einheit aufzuzwingen, doch dann ergab sich fast spontan ein zentrales Themenbündel: die Funktion und Verantwortung des Schriftstellers in der Gesellschaft, insbesondere in einem Zustand kultureller und moralischer Bedrängnis. Wenn es eine Überzeugung gibt, die alle in diesem Band versammelten Essays durchdringt, dann die, daß unsere Gegenwart in einer Welt, in der immer mehr Gewalt immer weniger Probleme löst, den Schriftsteller nicht entbehren kann, sondern ihn in ganz besonderem Maße braucht.

Aus naheliegenden Gründen habe ich mich besonders mit der Situation in Südafrika befaßt, mit der Entwicklung in den Jahren, in denen diese Essays entstanden sind (1967–1986), und mit dem Standort, den der afrikaanse Schriftsteller in dieser Situation einnimmt.

Eine der Folgen meiner thematischen Konzentration ist ein gewisses Maß an Überschneidungen. Bei der Überarbeitung habe ich versucht, diese Wiederholungen auf ein Mindestmaß zu beschränken, aber ganz waren sie nicht zu vermeiden, wollte ich nicht einige Essays hoffnungslos verstümmeln; da setze ich lieber auf die Hoffnung, daß verschiedene Kontexte tatsächlich auch verschiedene Nuancen in der Argumentation erkennen lassen. Eine solche Betrachtungsweise macht es leichter, einige der Essays als vorbereitende oder sondierende Studien anzusehen, die zu anderen Essays hinführen. Damit ist auch schon erklärt, warum ich mich für eine chronologische Anordnung entschieden habe. Und wenn manche Dinge mehrmals gesagt werden, dann liegt das auch an meiner Überzeugung, daß sie – jedenfalls in der südafrikanischen Situation – eine Wiederholung nicht nur vertragen, sondern sie nachgerade herausfordern.

2

Zum besseren Verständnis der Umstände, mit denen es ein Dissident und Schriftsteller im Afrikaanertum zu tun hat, mag ein gewisser historischer Ausblick von Nutzen sein.
Als die niederländische Ostindische Kompanie 1652 am Kap der Guten Hoffnung eine Versorgungsstation für ihre Schiffe einrichtete, geschah das nicht mit dem Hintergedanken, eine neue Kolonie oder gar einen neuen Staat zu gründen. Doch schon nach fünf Jahren wurde den ersten »Free Burghers« erlaubt, sich auf eigenen Farmen niederzulassen, und von dem Augenblick an ergab sich eine merkliche Verschiebung der Loyalitäten: während sich die Amtsträger weiterhin auf Holland als *patria* verließen, wandten sich die Farmer dem afrikanischen Boden zu und gingen dazu über, alle Neuankömmlinge, auch die aus Holland, als Fremde und potentielle Ausbeuter anzusehen.
Vier große Ereignisse schafften es in den nächsten dreiein-

halb Jahrhunderten, das nationale Bewußtsein zu formen, das heute den Begriff des Afrikaanertums bestimmt; und es sollte hinzugefügt werden, daß *nur* bei diesen vier Gelegenheiten die kurze und glorreiche Erfahrung einer nationalen Einheit zustande kam. In den Zeiten dazwischen blieb alles im Fluß, ganz und gar geprägt von Spaltung, Feindseligkeit, internen Streitereien und Mißtrauen.

Das erste dieser großen Ereignisse kam zu Beginn des achtzehnten Jahrhunderts, im gemeinsamen Kampf holländischer Siedler und neu angekommener französischer Hugenotten gegen den hart durchgreifenden Gouverneur Willem Adriaan van der Stel. Mitten in diesem allgemeinen Aufstand gegen einen tyrannischen Herrscher, in einem Kampf, der auch die Verschmelzung des Französischen mit den am Kap gesprochenen holländischen Dialekten beschleunigte und damit dem Afrikaans als einer künftigen Sprache den Weg bahnte, gab ein siebzehnjähriger Rebell aus Stellenbosch, Hendrik Bibault, eine trotzige Äußerung von sich, die immer noch als das Motto des schreibenden Dissidenten gelten kann:

»Ich gehe nicht«, sagte er, als der Landdrost (Richter) ihn und seine widerspenstigen Gefährten aufforderte, auseinanderzugehen. »Ich bin ein Afrikaaner, und selbst wenn mich der Landdrost totschlägt oder ins Gefängnis steckt, werde und will ich nicht schweigen.«

(Bibault wurde dann unter dem Vorwurf der Trunkenheit festgenommen; und bald danach wurde er aus der Kapregion verbannt, denn die Behörden konnten derlei »Ausschweifungen und Ungehörigkeiten« nicht tolerieren.)

Es war das erste Mal, daß der Name *Afrikaaner* schriftlich festgehalten wurde; und es war ein eigenartig treffender Begriff, der die Prioritäten der noch unentwickelten neuen Nation auf einen Nenner brachte.

Es folgten fast hundert Jahre, in denen Viehzüchter tief ins

Landesinnere zogen und beim Abstecken ihres Farmlandes so viel Abstand zueinander hielten, daß sie nirgends am Horizont den Rauch eines Nachbarn sahen; in diesem Jahrhundert wurde ein neuer Menschenschlag geformt, harte, eigenständige Individuen, kompromißlose Einzelgänger, die nicht mehr miteinander verband als das Land, in dem sie lebten, die Sprache, in der sie sich unterhielten, und die Bibel, die sie lasen.

Erst die Ankunft der Briten – 1795 eine Erste Besetzung, ab 1806 die endgültige Kolonisierung – schaffte die Voraussetzungen für ein zweites Aufflammen nationaler Einheit. Der Konflikt mit England führte bekanntlich dazu, daß die Afrikaaner zu Tausenden loszogen und der Kapkolonie den Rücken kehrten, um anderswo ihr Gelobtes Land zu finden. Doch mochte der Große Treck auch entscheidend dazu beigetragen haben, daß eine große Zahl von Afrikaanern zusammengebracht und in das *laager*-Dasein gezwungen wurde, das dem nationalen Bewußtsein vorausging, so setzte er andererseits die Beziehungen innerhalb der Gruppe einer schweren und fortgesetzten Belastung aus; am Ende stand die Zersplitterung der Trecker, denn sie breiteten sich auf einer riesigen Fläche aus, die Shaka Zulu mit seinen *impis* leergefegt hatte. Und obwohl es Momente eines Zusammengehörigkeitsgefühls gab, in dem sich so etwas wie ein nationaler »Charakter« äußerte, wurde der Rest des Jahrhunderts eher von internen Kämpfen geprägt, von brisanten Zusammenstößen vieler Führer und Möchtegernführer in den zwei kleinen Republiken, in Transvaal und im Oranje-Freistaat.

Wieder bedurfte es einer überwältigenden, von außen kommenden Bedrohung, um die Afrikaaner zu einer Nation zusammenzuschweißen – der Zweite Burenkrieg (1899–1902) wurde zum Höhepunkt eines Konfliktes, der darauf zurückging, daß seit Ende der 60er Jahre des vorigen Jahrhunderts im Landesinnern Diamanten und Gold entdeckt wurden –, und gerade auch die Bemühungen Großbritanniens in den Jahren danach, das Afrikaans als Sprache auszurotten und das gesamte südafrikanische Leben zu anglisieren, sorgten für das Überleben des Afrikaanertums.

Doch als dann mit der Gründung der Union im Jahr 1910 die Bedrohung aus der Welt geräumt war, kam es erneut zu Streitereien, diesmal verschärft durch eine zunehmende Verstädterung und das Heranwachsen eines großen Afrikaner-Proletariats. Zwei Weltkriege hindurch hielten diese Streitereien an, arteten 1914 in einen Bürgerkrieg aus und kamen auch 1939–45 einer solchen Situation wieder gefährlich nahe, als einige Afrikaaner General Smuts' Kriegsanstrengung unterstützten, während andere in den Untergrund gingen und sie sabotierten (mit einer großen, unglücklichen und unsicheren und bis heute nicht festgelegten Gruppe in der Mitte).

Die vierte große Stunde des nationalen Bewußtseins kam 1948 mit dem Wahlsieg der Nationalen Partei, obwohl der Weg dafür schon vor dem Krieg geebnet worden war, als nämlich 1938 zur Hundertjahrfeier des Großen Trecks eine symbolische Sternfahrt von Ochsenkarren nach Pretoria veranstaltet wurde. Trotz des Wiederaufflammens interner Kämpfe in den 60er Jahren hatte das neue *laager* des etablierten Afrikaanertums diesmal bis Anfang der 80er Jahre Bestand, ehe wieder einmal in aller Deutlichkeit der alte Zersplitterungsprozeß einsetzte.

Aus all dem ist festzuhalten, daß die weitverbreitete Vorstellung von der »traditionellen Einigkeit der Afrikaaner« auf einer falschen Auslegung der Geschichte beruht: während der ersten drei Jahrhunderte weißer südafrikanischer Geschichte sind Streit und Zerrissenheit innerhalb des Afrikaanertums sehr viel stärker in Erscheinung getreten als Einigkeit. Gerade *weil* den Afrikaanern von heute so schmerzhaft bewußt ist, was es heißt, zerstritten zu sein, reagieren sie auf das Dissidententum unter den gegenwärtigen Umständen mit solcher Bestürzung und Wut. Die Apartheid, die die Einigkeit der Afrikaaner seit 1948 definiert, braucht, will sie Erfolg haben, einen Eindruck der Geschichtlichkeit, der Unveränderlichkeit; der Dissident entlarvt sie als das, was sie wirklich ist. Und die Reaktion wird sogar noch bösartiger, wenn man berücksichtigt, daß sich die Dissidenten diesmal nicht gegen eine fremde Macht, sondern gegen die Machtbasis der Afrikaaner auflehnen. Die Kämpfe während der Nomadenjahre des achtzehnten Jahrhunderts oder im Verlauf des Großen Trecks oder der Geschichte der daraus hervorgegangenen kurzlebigen Republiken beruhten ausnahmslos auf einem Zusammenprall unterschiedlicher Persönlichkeiten mit dem unbändigen Willen, unabhängig zu bleiben: nie wurde die Daseinsberechtigung des Afrikaaners als einer Spezies Mensch mit hineingezogen – doch genau das passiert heute.

Selbst als der junge Dichter Eugène Marais gegen Ende des 19. Jahrhunderts mit dem Präsidenten Paul Kruger aneinandergeriet, ging der Streit um zwei Aspekte des Afrikaanertums – ein holländischen Traditionen verpflichteter Konservatismus stand gegen ein neues progressives Afrikaans-Bewußtsein –, und darüber hinaus ging es um den universellen Kampf der Tugendhaftigkeit gegen die Verderbtheit. Der Streit führte nicht dazu, daß das eigentliche Wesen des Afrikaanertums in Frage gestellt wurde (aus dem einfachen Grund, weil das Afrikaanertum ideologisch noch nicht definiert worden war); darum geht es erst den Dissidenten unserer Tage.

In einigen wichtigen Punkten unterschied sich die Einigkeit, die durch die Wahlen von 1948 bestätigt wurde, von jenen früheren Phasen, in denen das Gelobte Land schon in Sichtweite gewesen war. Im Jahr 1707, im frühen 19. Jahrhundert und 1899–1902 führten die Ereignisse im historischen Sinne nie zum Sieg: als die Bürger ihren Kampf gegen van der Stel gewonnen hatten, zogen sie sich ins Landesinnere zurück; im Großen Treck ließen Afrikaaner wieder ein besiedeltes, »zivilisiertes« Territorium zurück und machten sich auf die Suche nach einem Utopia, das ihnen selbst in der kurzen Geschichte der Burenrepubliken entglitt; der Zweite Burenkrieg endete mit einer Niederlage (zumindest kurzfristig gesehen). Doch 1948 kam der Afrikaaner zum erstenmal in seinem eigenen Land an die Macht. Es hatte zwar schon ab 1910 Afrikaaner-Regierungen gegeben, aber sie hatten entweder im Schatten des Britischen Empires gestanden oder waren, in den 20er Jahren, nur Koalitionspartner gewesen. Das hatte dem so schwer erreichbaren Sieg um so mehr Bedeutung verliehen; und daß die eben erst erlangte Macht von innen bedroht wurde, erwies sich als eine wahrhaft traumatische Erfahrung.

Außerdem hatten sich die früheren Anzeichen eines erwachenden Nationalbewußtseins aus Kämpfen *gegen* Wertsysteme ergeben, die als mehr oder weniger fremd oder schädlich oder beides angesehen wurden. Der Sieg von 1948 bedeutete den Triumph dessen, was das Afrikaanertum mittlerweile als seine *eigene* Identität ansah. Die Probleme fingen an, als diese Identität in einer Ideologie ihren Ausdruck fand: in der Ideologie der Apartheid.*)

Die Entwicklung des Afrikaaners zu einem Menschen mit nationalem Bewußtsein hat sich, wie aus dem kurzen Überblick klar geworden sein müßte, immer in zwei Hauptbahnen der Erfahrung vollzogen: einem positiven Faktor, der in der wachsenden Neigung des Afrikaaners steckte, Afrika zu erkunden und sich mit Afrika zu identifizieren, und einem negativen, der mit seinen Versuchen zu tun hatte, sich – als

* Den Aufstieg der Ideologie der Apartheid erörtert mit bemerkenswertem Einfühlungsvermögen W. A. de Klerk in *The Puritans in Africa*, London 1975.

einer aus Gottes auserwähltem Volk – gegen andere zu behaupten. Mit der Übernahme der Apartheid als der Ideologie, die zum Selbstbild des etablierten Afrikaanertums am besten paßte, wurde nur der negative Faktor bestärkt – auf Kosten des positiven, der völlig ausgeschlossen wurde.

Damit die Apartheid als eindeutiges Attribut des etablierten Afrikaanertums Gesetzeskraft erlangen konnte, mußte sie weit über den Bereich der Politik hinausreichen: sie war nicht einfach eine politische Haltung, die als Reaktion auf die Rassensituation im Lande »angenommen« wurde, sondern mußte als die Ausdehnung eines ganzen Wertsystems akzeptiert werden, das alle Bereiche der sozialen Erfahrung, Wirtschaft, Philosophie, Ethik und vor allem der Religion umfaßte. Die Kirche selbst mußte die entscheidende Rechtfertigung für die Ideologie liefern.

Doch damit nicht genug: die Ideologie versuchte sogar, sich die Sprache einzuverleiben, die sich in der Zeit des Zweiten Burenkrieges als ein so entscheidender Faktor herausgestellt hatte. Es wurden alle Anstrengungen unternommen, Afrikaans zur Sprache der Apartheid zu machen. Diese Entwicklung rief den Schriftsteller auf den Plan, denn ihm war klar, wenn man die afrikaanse Sprache auf diese Weise herabsetzte und einschränkte und zum Instrument des Unterdrückers machte, dann lief das dem eigentlichen Wesen dieser Sprache entgegen. Und wenn das Establishment mit seiner versuchten Piraterie je Erfolg haben sollte, wäre für den Afrikaaner nicht nur die Zukunft, sondern insbesondere die Vergangenheit verloren: denn die Sprache ist das lebendige Reservoir dieses unterdrückten, aber unentbehrlichen positiven Aspektes all der Erfahrungen, die der Afrikaaner machen mußte, während er in einem schwierigen und mühsamen Prozeß lernte, nicht nur *in* diesem Kontinent, sondern als ein *Teil* davon zu überleben: als Teil seines Blutes und seines Fleisches und seiner Knochen und seiner Eingeweide, als Teil seiner tiefen und furchtbaren Rhythmen.

Wenn der dissidierende Afrikaaner bei den Herrschenden heute so bösartige Reaktionen auslöst, dann deshalb, weil er als ein Verräter angesehen wird, ein Verräter an allem, wofür das Afrikaanertum steht (da die Apartheid diese Definition an sich gerissen hat) – während der Dissident doch in Wirklichkeit um die Durchsetzung der positivsten und kreativsten Aspekte seines Erbes kämpft, verbunden mit jener Erfahrung von Afrika, die er mit anderen Afrikanern teilt.

Alles in allem verleugnet die Apartheid, so wie ich sie sehe, gerade das Beste im Afrikaaner. Was sie enthüllt, ist nur die eine Seite von ihm, gekennzeichnet durch Angst, durch Argwohn, durch Unsicherheit, und deshalb durch Arroganz, Gemeinheit, Engstirnigkeit, Sturheit. Was sie verleugnet, ist die Achtung des Afrikaaners vor dem Leben, seine romantische Veranlagung, seine Neigung zum Mystischen, seine tiefe Verbundenheit mit der Erde, sein großes Herz, sein mitfühlendes Wesen.

Wenn die Apartheid eines Tages weggefegt wird, dann *braucht* das nicht automatisch das Verschwinden des Afrikaaners selbst mit sich zu bringen: nur die Ausrottung seiner negativen Seite. Aber wenn er die Dinge nicht selber zurechtrückt, wenn er weiterhin nur auf seiner negativen Darstellung besteht, wird er unweigerlich alles verlieren. Der dissidierende Schriftsteller weiß das und weiß die der Situation innewohnenden tragischen Möglichkeiten richtig einzuschätzen: folgerichtig kämpft er nicht nur *gegen* das, was im Afrikaaner böse ist, sondern auch *für* das, was er an potentiell Gutem in ihm wahrnimmt. Es ist, mit anderen Worten, nicht nur ein Kampf, der auf die Befreiung Schwarzer von der Unterdrückung durch Weiße abzielt, sondern auch ein Kampf für die Befreiung des Afrikaaners von der Ideologie, die ihn dazu gebracht hat, sein besseres Ich zu negieren. Der Dissident kämpft für das, was der Afrikaaner im Lichte seiner eigenen Geschichte hätte werden können und werden müssen, wenn er sich nur nicht von widrigen Umständen (tatsächlichen und eingebildeten) seinen Horizont so hätte verengen lassen, daß nur noch die kleinen harten Tatsachen des physischen Überlebens zählten.

3

Von einem Dissidententum unter Afrikaanern vor 1910 zu sprechen, ist eine heikle Angelegenheit; streng genommen gilt das sogar bis 1948, denn in dieser frühen Zeit bedeutete Dissidententum Auflehnung gegen eine von außen kommende etablierte Obrigkeit und nicht gegen das etablierte Afrikaanertum selbst. Dennoch lassen sich einige bedeutsame Aspekte des heutigen Dissidententums veranschaulichen, wenn man sich die Pioniertage ansieht, als die oben erwähnten positiven Aspekte des Afrikaanertums noch nicht verschüttet waren.

Es fällt sofort auf, daß die frühen Dissidenten, meistenteils ziemlich pikareske Gestalten, ihre Auflehnung gegen die Obrigkeit auf eine totale Identifizierung mit dem afrikanischen Kontinent stützten: fast ein Jahrhundert nach Bibaults Generation erklärten die Bürger von Graaff Reinet und Swellendam die Unabhängigkeit ihrer zwei winzigen Dorfrepubliken gegenüber einem fremden Eindringling, der, so sagten sie, von Afrika keine Ahnung habe. (Originellerweise fühlten sich diese Bürger gleichzeitig von der Französischen Revolution inspiriert und gingen so weit, einander mit *citoyen* und *citoyenne* anzureden!) Der Archetyp des rebellierenden Afrikaaners war zu Beginn des 19. Jahrhunderts der fast legendäre Coenraad de Buys, ein entflohener Verbrecher, der mit seiner schwarzen Frau jenseits der Grenzen der Kolonie lebte und vorsätzlich und genüßlich alle Kolonialgesetze brach, die ihm in die Quere kamen. Sein Zeitgenosse Frederik Bezuidenhout, der auch mit einer dunkelhäutigen Frau zusammengelebt haben soll, bot der britischen Obrigkeit so dreist die Stirn, daß sie schließlich Soldaten losschickte, die ihn abholen und vor Gericht schleppen sollten: als er erschossen wurde, erhoben sich die Bauern an der Ostgrenze in einem bewaffneten Aufstand und versuchten, den schwarzen Häuptling Ngqika zu überreden, sich ihnen anzuschließen. Dieser fehlgeschlagene Aufstand von Slagtersnek wurde zu einer der Hauptursachen für den Großen Treck.

Der allererste Trecker, Louis Trichardt, war seinerseits ein recht eigenwilliger Typ, der angeblich jahrelang Waffen für die Xhosas schmuggelte, ehe er seinen Ochsenkarren belud; zu der Zeit waren die meisten seiner nächsten Nachbarn und Freunde tatsächlich Schwarze.

Im Kontext ihrer Zeit gesehen, mögen diese bunten Charaktere – und es gab noch viele andere – »nur« pikaresk erscheinen. Aber sie erreichten eine vollkommene Identifizierung mit Afrika und seinen Ureinwohnern, was den unendlich viel klügeren Dissidenten unserer Tage als Beispiel dienen könnte. Der moderne Dissident wendet sich gegen die zu »seinen eigenen Leuten« gehörenden Behörden, weil er in dem Kurs, den diese Leute eingeschlagen haben, einen Akt des Verrats sieht: dieser Kurs führt exakt zu den Übergriffen, die in der Vergangenheit einst den »fremden Unterdrücker« charakterisierten.

Das Einssein mit Afrika, das den Rebellen der Gegenwart inspiriert, und seine Solidarität mit unterdrückten Schwarzen unterscheidet sich radikal von den philanthropischen Gefühlen weißer Liberaler von der *noblesse de robe*, die es sich, wie schon ihre Vorgänger zu Racines Zeiten, leisten können, mit der Obrigkeit aneinanderzugeraten, weil sie im

Grunde von ihr *beschützt* werden. Selbst der boshafte und oft betrügerische alte Gauner Paul Kruger erlangte in seinem Widerstand gegen die Engländer einen Hauch von Größe, denn was ihn im wesentlichen beflügelte, war seine Identifizierung mit diesem Land, diesem Afrika. Diese Empfindung floß dann auch in jene edlen Worte, die schon 1881 ausgesprochen wurden:

»Voller Zuversicht treten wir vor die Welt, um unsere Sache darzulegen. Gleich, ob wir triumphieren oder sterben: die Freiheit wird über Afrika aufgehen wie die Sonne über den Wolken am Morgenhimmel.«

Es ist kein Zufall, daß diese Worte viele Jahre später von Bram Fischer zitiert wurden, als man ihn zu einer lebenslänglichen Freiheitsstrafe verurteilte: denn auch Fischer wurde zu einem großartigen Beispiel für das Dissidententum unter Afrikaanern (vgl. »Mahatma Gandhi heute«). Während »seine eigenen Leute« ihn beschuldigten, er mache gemeinsame Sache mit dem Feind, zeigte er in Wirklichkeit jenen Gerechtigkeits- und Freiheitssinn und jene Identifizierung mit Afrika, die schon seit Jahrhunderten durch das Flußbett echten Afrikaanertums strömten und die von einer Geschichte inspiriert waren, die auch von schwarzen Afrikanern geteilt wurde, der Geschichte von einer Stammesvergangenheit, von der bäuerlichen Verbundenheit mit der Erde und von einer Ausbeutung durch »andere« von »anderswoher«.

Ein weiterer herausragender Name in der Heldengalerie der dissidierenden Afrikaaner ist der Geistliche Beyers Naudé, der seit fünf Jahren gebannt ist und der dem Widerstand gegen die Unterdrückung eine spezifisch christliche Dimension verliehen hat. (Es überrascht nicht, daß der einflußreiche junge Kirchenführer Dr. Alan Boesak ebenfalls Naudé als den Mann nennt, der ihn in seinem Leben am meisten inspiriert habe.) Doch in der Zeit zwischen Fischer und

Naudé ist etwas Interessantes geschehen. Als sich Fischer damals auflehnte, war es dem Afrikaanertum möglich, ihn total zu ächten. Auf der anderen Seite wird Beyers Naudé zwar, seit er gegen den geheimen Broederbond – den ideologischen Wächter innerhalb der Nationalen Partei – Stellung bezogen hat, nicht weniger gehetzt und schikaniert und drangsaliert, aber er genießt im *laager* nach wie vor so viel Sympathie und hat unter jungen Afrikaanern so viele Bewunderer, daß seine Ächtung nie vollkommen sein kann.

Das erklärt auch, warum die Rebellen der nächsten Generation, die als »Sestiger« bezeichneten Schriftsteller, noch einen Schritt weiter gehen konnten: von der Obrigkeit verdammt, weckten sie nichtsdestoweniger eine solche Welle der Sympathie und Begeisterung unter jungen Lesern, daß ihre Zurückweisung durch die maßgeblichen Stellen weitgehend auf die Behörden selbst zurückfiel.

4

Seit 1875, als die erste afrikaanse Sprachbewegung begann, gibt es schreibende Dissidenten in verschiedener Form und Ausprägung. Die Verfechter der Sprache waren selbst Dissidenten, sieht man sie in dem größeren Zusammenhang des »Holländischen« Südafrika in der Kapkolonie und im Transvaal: ihre gewichtigsten Gegner waren die Mitglieder der Synode der Nederduitse Gereformeerde Kerk, die in der jungen Sprache eine Bedrohung all dessen sahen, was in der kirchlichen Tradition verehrungswürdig und »christlich« war. Aber im Rahmen des entstehenden Afrikaanerstaates waren diese Schriftsteller natürlich alle glühende Patrioten, die Durrells düsterer Beschreibung des Puritanismus gerecht wurden: »Eine puritanische Kultur hält sich in ihrem Kunstbegriff an das, was ihren moralischen Grundsätzen beipflichtet und ihrem Patriotismus schmeichelt...«

Und das heißt, daß man in diesen frühen Jahren, bis etwa 1920, Dissidententum nicht auf der augenfälligen, politischen Ebene suchen sollte, sondern anderswo: in Eugène Marais' eindringlicher Schilderung der Welt der Sān (der »Buschmänner«) in seinen besten Gedichten zu einer Zeit, als Gedichte selten mehr als Knittelverse waren, oder in seinen scharfsinnigen, wißbegierigen, wissenschaftlichen und populärwissenschaftlichen Exkursen über das Leben von Pavianen und Termiten, zu einer Zeit, als solche Unternehmungen für »antichristlich« gehalten wurden; im Mitgefühl des Dichters Leipoldt mit all den unschuldigen Kriegsopfern, obwohl von ihm nur engstirnigster Chauvinismus erwartet wurde; oder in der Art und Weise, wie er einen Stoff aus dem mittelalterlichen Katholizismus zu einem Theaterstück verarbeitete – in einer Gesellschaft extremistischer Calvinisten; oder in seinem Liebäugeln mit dem Buddhismus oder seinen provozierenden Aussagen zu allen Themen, die bei seinen Zeitgenossen als tabu galten, ob er nun vorschlug, kleinen Kindern lieber Wein statt Milch zu geben, oder ob er den Begriff des Nationalismus mit dem des Okkulten verband.

In den 20er Jahren wurden einige Dichter freimütiger, namentlich Toon van den Heever, der alle traditionellen Werte des Afrikaanertums – vom Calvinismus bis zur Etikette in Liebesdingen – mit beißendem Zynismus verwarf und damit seine Zeitgenossen ärgerte. Die ersten hartnäckigen Kritiker des Systems, die Generation eines Van Wyk Louw, erschienen in den 30er Jahren und stießen für die afrikaanse Literatur die Tür zur Außenwelt auf: die Philosophien Schopenhauers, Nietzsches, Hegels (vermischt mit einer ordentlichen Portion von *Mein Kampf*) hielten Einzug in die afrikaanse Dichtung; die körperliche, einschließlich der homosexuellen Liebe wurde als Thema eingeführt; vor allem verwarf diese Generation die Vorstellung vom Dichter als dem Sprachrohr seines Volkes und beharrte auf dem Vorrang des Individuums und seiner Wahrnehmung und Erfahrung der Welt. Aber auch wenn sie die Emanzipation der afrikaansen Dichtung bewirkten und die Fesseln des Kolonialismus sprengten, so überschritten sie mit ihren Exkursen doch nur selten die durch Begriffe wie »loyaler Widerstand« und »liberaler Nationalismus« recht vorsichtig gesteckten Grenzen. Erst in seinen späteren Werken nahm sich Van Wyk Louw die Freiheit heraus, an seinen »eigenen Leuten« beharrlich – wenn auch mit Verständnis und Mitgefühl – scharfe Kritik zu üben. Wenn die Schriftsteller dieser Generation den Zorn ihrer afrikaansen Zeitgenossen auf sich luden, dann nicht wegen ihrer kritischen Gedichte, sondern weil das, was sie schrieben, dem *volk* abstrus, unverständlich, obskur erschien. Doch wenigstens bei einer Gelegenheit von ungeheurer symbolischer Bedeutung stieß Van Wyk Louw offen mit der Obrigkeit zusammen. 1938 hatte er für die Hundertjahrfeier des Großen Trecks ein patriotisches Schauspiel geschrieben, in dem er im Leiden seines Volkes während seiner ganzen Geschichte die Daseinsberechtigung des Afrikaanertums fand: getreu den Anforderungen der Zeit hatte er genau das geliefert, was von einem »Nationaldichter« erwartet wurde. Doch als er den Auftrag erhielt, für das »Fest der Republik« 1966 ein neues Stück zu schreiben, wurde darin nicht das tüchtige *volk* gepriesen und seine Geschichte verherrlicht, sondern es war eine grundlegende Auseinandersetzung mit dem eigentlichen Wesen des Nationalbewußtseins. Statt allgemein anerkannte Werte zu bekräftigen, stellte Louw die Frage an den Anfang: »Was ist eine Nation?« – und gab im weiteren Verlauf des Stücks keine Antworten, sondern warf immer neue Fragen auf. Das zog ihm den Zorn des furchtbaren Premierministers Dr. Verwoerd zu, der in seiner Ansprache zum Tag der Republik einen vernichtenden Angriff auf Louw im besonderen und Schriftsteller im allgemeinen losließ. Ein Jammer, daß Louw auf eine Erwiderung verzichtete (»Wie kann ein Wal gegen einen Elefanten kämpfen?« fragte der Dichter D. J. Opperman in seinem Namen). Aber Louws Schweigen war wahrscheinlich beredt genug.

Erst mit der Generation der 40er kam wirklich so etwas wie offenes politisches Dissidententum in die afrikaanse Dichtung: in den ersten zögernden Fragen, die der farbige Dichter S.V. Petersen stellte (und über die später die wortgewaltige und zornige Lyrik Adam Smalls noch hinausging), und vor allem bei D. J. Opperman, dem ersten afrikaansen Dichter, der die komplexe Rassensituation Südafrikas offen untersuchte und bloßstellte und in unvergeßlichen und konkreten Bildern die fundamentale Menschlichkeit aller Bewohner dieses Landes erkennen ließ – ob schwarz oder braun oder weiß. Mitte der 50er Jahre verursachte sein kurzes Gedicht *Kersliedjie (Weihnachtslied)* einen Aufruhr unter den Etablierten, denn Christus wird darin als ein braunes Kind geschildert, das im Farbigenviertel des Sechsten Distrikts in Kapstadt zur Welt kommt. In *Staking op die suikerplantasie (Streik auf der Zuckerrohrplantage)* rüttelte Opperman an der altehrwürdigen Gleichsetzung von Weiß und Schwarz mit Gut und Böse, indem er die Elemente des Bösen und Chaotischen innerhalb der rein weißen Kultur enthüllte; in *Springbokke* zeichnete er eine apokalyptische Vision vom Afrikaanertum, das wie ein Rudel wild gewordener Springböcke geradewegs ins Meer stürmt; in zahllosen Gedichten bekräftigte er die unabdingbare Gleichheit aller Menschen, ungeachtet ihrer Hautfarbe – und immer überhöhte er das rein Politische auf einer Ebene visionärer Intensität.

In den 50ern bekam Opperman Unterstützung durch Peter Blum, einen seltsamen Kometen, der für kurze Zeit und mit blendendem Glanz über unseren südlichen Himmel raste: geboren in Triest und ohne Afrikaans-Kenntnisse als Student nach Kapstadt gekommen, lernte er rasch die Sprache und wurde einer ihrer glanzvollsten Dichter (mit nur zwei dünnen Bänden: danach packte er seine Habe wieder und emigrierte). Deutlicher als alle seine Vorgänger enthüllte Blum, wie wenig Einfluß der Afrikaaner auf das Land hatte, und er sah ihn auf die Apokalypse zugehen, ob nun mit einem großen Knall oder einem Winseln.

5

Die Generation der Sestiger (der Sechziger) verbreiterte die Basis der Auseinandersetzung in der afrikaansen Literatur. Da ihre Arbeit in den folgenden Essays immer wieder angesprochen wird, mag es hier genügen, kurz auf den äußeren Rahmen ihrer Erneuerung und auf die allgemeine Entwicklung der Bewegung einzugehen.
Es war eine Bewegung – sofern man die Arbeit einer kleinen Gruppe von sehr unterschiedlichen Temperamenten und Talenten als eine Bewegung bezeichnen kann – mit rein literarischen Ursprüngen: am Anfang stand die Auflehnung gegen abgedroschene Themen und veraltete Strukturen in der afrikaansen Dichtung. Aber weil so vieles davon von europäischem Denken inspiriert war – für die jüngeren Leser von größtem Reiz, doch für das Establishment auf allen Ebenen ein Kulturschock –, sorgte die bilderstürmerische Leidenschaft dieser Schriftsteller bald dafür, daß sie mit den meisten der etablierten religiösen und sittlichen Werte des »traditionellen« Afrikaanertums frontal zusammenstießen. Die Folge war, daß diese frühen Werke, obwohl größtenteils

ohne offene politische Tendenz, in ihrer Auswirkung eben doch politisch waren; besonders im Werk des »Vaters« der Bewegung, Jan Rabie *(Ons, die Afgod* [Wir, der Abgott] und *Bolandia*, ein Romanzyklus über die gemeinsame Geschichte von Weißen und *Coloureds)* wurden politische Themen offen zur Sprache gebracht. Die Heftigkeit des kulturellen Zusammenpralls und das Ausmaß der Erschütterungen im gesamten Afrikaanertum sind für den Außenstehenden nur dann zu begreifen, wenn er wirklich weiß, welches Entsetzen die Vorstellung auslöst, jemand könnte das *laager* verlassen.

Wegen der politischen Dimension, in der sich die Arbeiten der neuen Generation bewegten, war es nur eine Frage der Zeit, wann sich die betroffenen Schriftsteller mit den politischen Konsequenzen ihres frühen Interesses an menschlichen Beziehungen befassen würden. Gegen Ende der 60er Jahre kam es in dem Magazin *Kol* zu einem kurzen, aber heftigen Streit zwischen zwei Gruppen von Sestigern: die erste Gruppe mit so bekannten Autoren wie Etienne Leroux und Chris Barnard, verfocht das Prinzip einer *l'art pur;* Jan Rabie, Breyten Breytenbach und ich bestanden darauf, daß sich die Literatur um die soziopolitische Wirklichkeit Südafrikas kümmern und dagegen kämpfen müsse. Obwohl wir von oberflächlichen und seichten Formen eines sozialen Realismus, von Agitprop und Propaganda alle nichts hielten, waren wir der festen Überzeugung, daß die Literatur – in Anbetracht der Gesellschaft, in der wir arbeiteten – nur dann lebendig und kraftvoll sein konnte, wenn sie sich mit den fraglichen Themen innerhalb dieser Gesellschaft offen auseinandersetzte: selbst wer schwieg und sich nicht festlegte, verriet nach unserer Überzeugung eine politische Einstellung. In manchen Kreisen ist dieser Streit heute noch in vollem Gange; aber es ist bezeichnend, daß die meisten der Schlüsselfiguren unter den Sestigern, einschließlich derer, die sich ursprünglich sehr heftig gegen ein Engagement gewehrt hatten, im Laufe der 70er Jahre ihren Themenbereich erweitert und auf den gegenwärtigen südafrikanischen Schauplatz ausgedehnt haben. In *Magersfontein, o Magersfontein* zeichnet Etienne Leroux ein auf groteske Weise neues Bild von einer der geheiligten Begebenheiten des Afrikaanertums, der Schlacht von Magersfontein im Burenkrieg: ein Filmteam bemüht sich, den originalen Hergang zu rekonstruieren, und das Ganze endet unweigerlich in einer apokalyptischen Sintflut. Der Kurzgeschichtenschreiber Abraham de Vries hat in jüngster Zeit immer wieder aufrüttelnde Eindrücke von Menschen vermittelt, die in einer Apartheid-Gesellschaft auseinandergerissen werden. In *Donderdag of Woensdag (Donnerstag oder Mittwoch)* nutzt John Miles glänzend die Form des Thrillers – ein Politiker wird entführt, in dem auch der unbedarfteste Leser den ehemaligen Premierminister John Balthazar Vorster erkennt – zu einer vernichtenden Satire auf den südafrikanischen Sittenkodex. Selbst ein im wesentlichen unpolitischer Autor wie Karel Schoeman hat, besonders in *The Promised Land*, in erschreckenden Bildern die Folgen eines kompromißlosen Afrikaanertums aufgezeigt. Elsa Joubert, die sich von ihren frühesten Werken an von Afrika zutiefst fasziniert zeigt, machte in Afrikaanerkreisen Furore, als sie mit *Poppie Nongena* herauskam, einem herzzerreißend ehrlichen Bericht von den Bemühungen einer einfachen schwarzen Frau, ein Plätzchen zu finden, das sie ihr eigen nennen kann: es wäre keine Übertreibung, zu sagen, daß Elsa Joubert mit dieser fiktiven Biographie Afrikaanern das gegeben hat, was Patons *Cry the Beloved Country* drei Jahrzehnte vorher weißen Lesern im allgemeinen bedeutet hat. Wie ich im Nachtrag zu *Kultur und Apartheid* aufgezeigt habe, beweisen Werke wie dieses, daß die kulturelle Schizophrenie, wie die Sestiger sie erlebt haben, die in ihren frühen Werken ihre kosmopolitische Sicht der Dinge nicht mit der *laager*-Mentalität des Afrikaanertums in Einklang bringen konnten, letztlich die Konflikte in ihrem Innern löste: sie »kehrten heim« nach Afrika, im eigentlichen Sinn des Wortes.

Man sollte daraus nicht schließen, daß die afrikaanse Literatur blüht. Das Gegenteil ist der Fall. In den 70er Jahren haben die Zensur und Schikanen verschiedener Art Schriftsteller so eingeschüchtert, daß im letzten Jahrzehnt kaum ein neuer, auch nur einigermaßen bedeutender afrikaanser Romancier hervortrat. (Dagegen haben Lyriker in reichem Maße publiziert, ein Phänomen, das an anderer Stelle in diesem Buch erörtert wird.) Die oben erwähnten Autoren hatten sich bereits in den 60er Jahren etabliert, so daß es für die Behörden schwieriger war, sie zum Schweigen zu bringen. Die gewaltige Resonanz, die ihr Werk unter jungen Afrikaanern gefunden hat, verhindert, daß schärfere Maßnahmen gegen sie ergriffen werden. Allerdings sollte niemand die Hindernisse unterschätzen, die einem Schriftsteller in den Weg gelegt werden, wenn er entschlossen ist, sich klar und deutlich gegen die südafrikanische Regierung auszusprechen. Der aktive Einschüchterungskrieg, den die Sicherheitspolizei und andere gegen ihn führen, spielt im täglichen Leben und selbst in den persönlichsten Erfahrungen eines solchen Autors eine große und sehr reale Rolle. Und die ständige Gefahr, von seinen Lesern abgeschnitten zu werden – was in einer kleinen Sprache wie dem Afrikaans viel leichter zu bewerkstelligen ist als in einer der Weltsprachen –, bereitet dem Schriftsteller besondere Qualen. Diese Verwundbarkeit bestimmt weitgehend das Bewußtsein des Schriftstellers von seiner Funktion in einer eingeschränkten Gesellschaft und von seiner verantwortungsvollen Position in seiner Welt, einer Verantwortung, die die Mehrzahl der Essays in diesem Band angeregt hat.

6

Ich wurde in den ersten Frühlingstagen des Jahres 1960 auf einer Bank im Jardin du Luxembourg in Paris geboren.

Ich war natürlich auch schon früher geboren worden; und nach jenem kühlen strahlenden Frühlingsmorgen in Paris erlebte ich auch noch einige weitere Geburten, die einen leicht, die anderen traumatisch, aber keine war so entscheidend wie diese eine. Im europäischen Herbst des vorausgegangenen Jahres war ich nach Paris gekommen, um mich mit vergleichender Literaturwissenschaft zu beschäftigen. Ich erfuhr in den zwei Jahren, die ich an der Sorbonne verbrachte, zwar eine Menge über Literatur, aber mehr noch über die Welt, über das Leben, über mich selbst. Mehr als zwanzig Jahre lang hatte ich ein ruhiges, fast ereignisloses Leben in einer Reihe kleiner südafrikanischer Dörfer geführt, alle überwiegend afrikaans, alle äußerst konservativ, alle versunken in einer fast alttestamentarischen Welt calvinistischer Strenge. Auf den Bauerhöfen, wo ich als Kind oft die Ferien verbracht hatte, hatte ich zusammen mit den anderen – schwarzen und weißen – Jungen gespielt und mich nie mit unseren unterschiedlichen Braun- oder Rosatönungen aufgehalten. Ich stellte keine Fragen, und genau so akzeptierte ich später dann die allmähliche Differenzierung meiner Welt, die Tatsache, daß die Hautfarbe die Struktur der Gesellschaft bestimmte. Rasse und soziale Stellung waren identisch, und da es schlicht unmöglich war, einer schwarzen Person in einer anderen Rolle als der des Hausangestellten oder Hilfsarbeiters zu begegnen, kam die Frage nach der »Menschlichkeit« gar nicht erst auf. Wie alle meine Altersgenossen glaubte ich, der Unterschied zwischen den Rassen sei von Gott gefügt worden und sei eine Folge der Verfluchung Kanaans und der babylonischen Verwirrung. Nach dem Schulabschluß besuchte ich die Universität in

Potchefstroom, eine kleine Institution und ein Bollwerk des Calvinismus. Es gab dort natürlich keine schwarzen Studenten; in meiner Erfahrung existierten sie gar nicht. Im damaligen Südafrika konnte man – und für viele gilt das heute noch – sein ganzes Leben exklusiv in einem der zahlreichen, auf totale Rassentrennung bedachten Mikrokosmen auf dem Land verbringen, ohne jemals mit anderen Menschen – es sei denn auf einer ganz oberflächlichen Ebene – in Berührung zu kommen. Man wußte kaum, daß sie existierten. Wenn es wirklich andere Leute gab, dann waren sie eben *sie:* die schwarze Masse, die anderen. Bestenfalls konnte man sie mit missionarischer Arbeit für die Sache der Christen gewinnen, womit sich vielleicht die Gefahr verringern ließ, die sie für die weiße Zivilisation darstellten. Nicht mehr.

Und doch gab es, naturgemäß, allerlei kleine Vorfälle, die zunächst kaum wahrnehmbar waren, sich aber ständig ansammelten, sich im Unterbewußtsein versteckt hielten, um eines Tages aufzutauchen, wenn man reif genug sein würde, sie anzuerkennen. Mein Vater war Richter. An vielen Nachmittagen meiner Kindheit kauerte ich hinten in einer Ecke des Gerichtssaales, wo ich mit offenen Augen und Ohren und voller Ehrfurcht die Fälle verfolgte, die er zu verhandeln hatte. Die meisten dieser Fälle kamen aus einer Welt, die von meiner eigenen so weit entfernt war, daß sie mir nie ins Bewußtsein drangen. Solche Dinge passierten schwarzen Leuten; sie hatten mit mir wirklich nichts zu tun. Nur daß eine tief verwurzelte Achtung in mir wuchs, eine Achtung nicht nur vor dem Gesetz, das mein Vater vertrat, sondern vor der Gerechtigkeit, die er verkörperte. Daß Menschen einander Unrecht tun können und daß Schwarzen oft Unrecht geschah, grub sich mir tief ins Bewußtsein ein, wie auch die Erleichterung darüber, daß die Wiedergutmachung eines erlittenen Unrechts möglich war, bestimmt jedenfalls, wenn es von meinem Vater abhing.

Was sich jedoch im Gerichtssaal abspielte, geschah gleichsam aus zweiter Hand: es gab dort keine Verbrechen, sondern Gerüchte und Berichte von Verbrechen. Doch eines Tages kam ein schwarzer Mann zu uns nach Hause, blutüberströmt, ein gräßlicher Anblick. Er sei von seinem Master geschlagen worden, sagte er, und dann sei er zur Polizei gegangen, um sich zu beschweren, und auch dort hätten sie ihn geschlagen. Nun bitte er uns um Hilfe. Mein Vater war in dem Augenblick nicht da, aber als er nach Hause kam, tat er genau das, was ich von ihm erwartet hatte. Er nutzte seinen Einfluß dazu sicherzustellen, daß die Beschwerde des Mannes gehört wurde.

In meiner Studentenzeit machte sich ein schwarzer Junge, der immer im Garten von Freunden gearbeitet hatte, heimlich davon. Er wurde wieder eingefangen und zurückgebracht und in der Garage beinahe zu Tode geprügelt. Sein Master war einer der umgänglichsten und liebenswürdigsten Menschen, die mir je begegnet sind. Der Junge hatte natürlich unrecht getan, als er weggelaufen war. Mich aber traf die Erkenntnis, daß er nie selber hatte entscheiden können, wo oder wie er arbeiten wollte. Er war von dem Master eingestellt worden, das war alles. Schon die Prügel waren schrecklich gewesen, aber das war noch schlimmer: er hatte nie frei entscheiden können.

Eines Tages stattete ein führender schwarzer Akademiker, ein überaus gelehrter und kluger Mann, der verstorbene Professor Z. K. Matthews, unserer Universität einen Besuch ab und sprach zu den Studenten. Die Versammlungshalle war überfüllt. Er wurde mit großer Begeisterung aufgenommen, und einige von uns diskutierten noch lange danach über dieses Ereignis. Nicht so sehr über die Ansprache, obwohl sie allein schon bemerkenswert gewesen war, sondern vielmehr über die Tatsache, daß wir zum ersten Mal in unserem behüteten Leben einen schwarzen

Mann erlebt hatten, der weder Hilfsarbeiter noch Hausangestellter war.

1955 wurden in Sophiatown bei Johannesburg 60 000 schwarze Einwohner zur Räumung ihrer Häuser gezwungen und mit Waffengewalt umgesiedelt, da ihr bisheriges Zuhause als Wohngebiet für Weiße gebraucht wurde. Die afrikaanssprachigen Zeitungen – andere lasen wir an der Universität nicht – nannten es einen großen Schritt nach vorn, sowohl in sozialer als auch in politischer Hinsicht. Bald danach veröffentlichte Father Trevor Huddleston sein Buch über die Ereignisse, die in diesem schändlichen Akt kulminierten. Das Buch machte einen unauslöschlichen Eindruck auf mich: zum erstenmal hatte mir jemand so umfangreich und so detailliert »die andere Seite« erklärt. Bis zuletzt wehrte ich mich gegen die Enthüllungen von *Naught for Your Comfort;* wenn ich heute mein abgenutztes Exemplar durchblättere, finde ich auf jeder Seite meine wütenden Kommentare, meine Überlegungen, Zweifel, Attacken. Aber er zermürbte mich. Obwohl ich es damals nicht zugeben wollte – und meine konservative Umwelt machte es leicht, nichts zuzugeben –, hatte mir Father Huddleston die Augen für etwas geöffnet, das mir bis dahin nicht klar gewesen war.

In dieser Gemütsverfassung ging ich 1959 nach Paris, fest in meinen Überzeugungen, geborgen in meinem Chauvinismus, stark in meinem Glauben: und doch mit beunruhigenden, nagenden Zweifeln ganz tief in meinem Innern. Aber Paris war nicht Potchefstroom. Nach sieben Jahren an der Universität, in einem kleinen gemütlichen Ort, wo jeder jeden kannte, wo alle Reaktionen – auch vorsichtige Auflehnung – vorherzusehen und leicht einzudämmen waren, fand ich mich plötzlich in dieser gewaltigen Metropole, wo restlos alles, was ich immer für selbstverständlich gehalten hatte, nun überprüft, untersucht, neu bewertet und gegebenenfalls verworfen werden mußte.

Einfache Erfahrungen trafen mich wie ein Schock, etwa, als ich mich in ein Studentenlokal zum Essen setzte und feststellte, daß am selben Tisch Schwarze saßen. Was bis dahin so unmöglich gewesen war, daß es nie auch nur in den Bereich des Denkbaren gekommen wäre, geschah nun ganz selbstverständlich. Die Entdeckung, daß viele meiner neuen schwarzen Kollegen in der Lage waren, sich in Gesprächen über Literatur, Philosophie, Politik und tausend andere Themen zu behaupten und daß sie in Wirklichkeit viel mehr gelesen hatten und viel mehr wußten als ich, stürzte mich in eine fast immerwährende Benommenheit.

Als ich gerade ein paar Monate in Paris war, kam die Nachricht von Sharpeville, wo Dutzende von Menschen, die friedlich gegen die Paßgesetze demonstrierten, von der Polizei niedergeschossen worden waren. Tagelang sah es so aus, als werde das ganze Land untergehen. Daß ich von allem so weit weg war, ließ das Bild um so klarer und qualvoller erscheinen. All die banalen Dinge, die dazu beitragen, die allmähliche Entwicklung der Lage für den, der mittendrin steckt, zu verschleiern, entfielen nun, so daß die Konturen – wie das Skelett eines Fisches – schonungslos offengelegt wurden. So wie es aussah, gingen meine Leute unter. Instinktiv hatte ich das Gefühl, ich müsse augenblicklich hinfahren und mit ihnen untergehen. Aber das war natürlich lächerlich. Und die schreckliche Überlegung, mit der ich an diesem klaren Morgen im Jardin du Luxembourg fertigzuwerden hatte, sah ganz anders aus: wenn dies wirklich die Apokalypse sein sollte, wenn »meine Leute« wirklich untergingen – dann war es ihre eigene Schuld, die unvermeidliche Strafe für etwas, was sie selbst getan und andere hatten tun lassen; und ich hatte das Gefühl, wie einst in der hinteren Ecke eines schwach erleuchteten Gerichtssaals zu kauern und zu beobachten,

wie die unerbittliche Mühle der Gerechtigkeit mahlte und mahlte und malmte, außergewöhnlich klein.
Diese Erfahrung war so ungeheuerlich, daß ich sie nicht im Handumdrehen bewältigen konnte. Was damals wirklich passiert war, stellt sich mir aus heutiger Sicht so dar, daß die zwei Jahre, die ich in Paris verbracht hatte, zwar ausreichten, alle meine alten Standpunkte und Überzeugungen zunichte zu machen, daß die Zeit aber zu kurz war, um aus den Trümmern neue und positive Möglichkeiten entstehen zu lassen. In dem Stadium war die Literatur für mich nicht so sehr eine Angriffswaffe oder eine Zufluchtstätte, als vielmehr ein Mittel, mit dem ich den neuen, in mir heranreifenden Sinnzusammenhängen auf den Grund gehen konnte. Und dieser Prozeß konnte nur in Wechselwirkung mit der Gesellschaft stattfinden, deren Strukturen ich immer mehr in Frage stellte.
Als die frühen Romane meiner Sestiger-Phase ein starkes Echo auslösten – heftige Verdammung von seiten der Etablierten, Begeisterung bei der jüngeren Generation –, war das eine aufmunternde und zugleich qualvolle Erfahrung. Aufmunternd, weil das Schreiben zu einer so aufregenden Form der Auseinandersetzung geworden war, der Auseinandersetzung mit einer Gesellschaft im Zustand heftiger Bewegung; qualvoll, weil ich in bezug auf Menschen und Institutionen, denen ich einmal nahe gewesen war, mit der Realität ständiger Belästigung und Ächtung fertigwerden mußte.
Nach wenigen Jahren begann der anfangs so leidenschaftliche Einsatz der Sestiger zu schwinden: die meisten Nahziele, für die wir stritten, hatten wir erreicht. Und die Kämpfe hatten ihren Tribut gefordert: eine gewisse Müdigkeit, ausgelöst von der Entdeckung, daß man sich für ein paar periphere Freiheiten abgekämpft hatte, die von Schriftstellern überall sonst in der freien Welt längst für selbstver-

ständlich gehalten wurden. Unsere Ziele waren faktisch die Ausgangspunkte der anderen. So kam es uns jedenfalls Mitte der 60er Jahre vor: weil wir immer noch nicht eingestehen wollten, nicht mal uns selbst, daß wir in einer total politisierten Gesellschaft wie Südafrika einfach noch nicht weit genug gegangen waren. Unser eigener »literarischer« Anspruch wurde nach und nach zu unserem schlimmsten Feind.

Ende 1967 ging ich wieder nach Paris, diesmal mit dem Ziel, die Möglichkeiten eines endgültigen Umzugs nach Frankreich zu erkunden. Ich verbrachte das Jahr 1968 hauptsächlich in Paris und hielt dort sehr engen Kontakt zu dem Dichter Breyten Breytenbach, der dort freiwillig im Exil lebte, nachdem er einige Jahre vorher eine Vietnamesin geheiratet hatte.*) Ich war zwar in den Jahren davor mehrmals zu Besuch in Paris gewesen, aber 1968 war verständlicherweise alles ganz anders.

Unnötig, hier auf die neue Geburt einzugehen, die sich in meinem Inneren vollzog. Ich hatte zu dem Zeitpunkt schon angefangen, meinen Werken eine politische Dimension zu geben, insbesondere einem Roman *(The Saboteurs)*, der unveröffentlicht geblieben ist. Doch mit der Erfahrung, von Südafrika – wieder einmal – weit weg zu sein und damit alles klarer und zwingender zu sehen, gewann ich den Orientierungssinn, der mir bis dahin gefehlt hatte. Das hatte auch unmittelbar damit zu tun, daß ich in Paris war. Ich liebe diese Stadt wie keine andere; immer wenn ich französischen Boden betrete, fühle ich mich neu belebt, erfrischt, beflügelt; meine romantische Liebesaffäre mit dieser Stadt wird bestehen, solange ich lebe. Einige meiner besten Freunde lebten damals in Paris, und dennoch konnte ich nicht blei-

* Nach Südafrika zurückgekehrt, wurde Breytenbach ins Gefängnis gesperrt und dann, Anfang Dezember 1982, plötzlich wieder freigelassen. Er lebt jetzt wieder in Paris.

ben. Wenn die Studentenunruhen des Jahres 1968 ein Thema ganz besonders ins Blickfeld rückten, dann war es mit Sicherheit die Beziehung des einzelnen zu seiner Gesellschaft und die Notwendigkeit für den einzelnen, in dieser Gesellschaft Verantwortung zu übernehmen.

Wenn ich in Paris blieb, konnte das nur heißen, daß die Literatur für mich zu einem angenehmen Luxus geworden war, zu einem faszinierenden Zeitvertreib. Wenn mir andererseits das Schreiben so wichtig war, wie ich mir immer sagte, dann war es nur an einem Ort zu praktizieren: inmitten jener Gesellschaft, an die mich – das war mir nun klar geworden – eine tiefe und quälende Verpflichtung band. Wenn ich nach Südafrika zurückkehrte, bedeutete das nur eins: daß das Schreiben zu einer unerläßlichen Dimension meines Lebens geworden war und daß ich bereit war, für jedes Wort, das ich in Zukunft schreiben würde, die volle Verantwortung zu übernehmen.

Vom Augenblick meiner Rückkehr an habe ich mich in das, was in diesem Land geschieht, eingemischt und mich seither immer tiefer hineinziehen lassen. Ich habe mir Feinde gemacht; ich habe wunderbare neue Freunde gewonnen. Ganz besonders hänge ich an den Freundschaften, die über die künstlichen Grenzen der Rasse hinweg bestehen und die im Lauf der Jahre gewachsen sind und sich vertieft haben. Es ist nicht leicht gewesen. Jeder Schritt auf diesem Weg mußte erkämpft werden: nicht nur gegen die sichtbaren Hindernisse und Widersacher, die sich mir in den Weg stellten, gegen die Strukturen der Apartheid und ihre tödlichen Auswirkungen, sondern auch gegen die unsichtbaren Kräfte, die im Verborgenen gegen den Schriftsteller wirken – Kräfte, von denen viele Afrikaaner nichts wissen, weil sie einfach nicht glauben wollen, daß »ihre eigenen Leute« sich zu solchen Strategien herablassen könnten. Es bereitet besondere Genugtuung, der Taktik der Geheimhaltung mit Aufdeckung zu begegnen: das Dunkle fürchtet nichts so sehr wie das Licht. Das allein ist schon eine Rechtfertigung für das Schreiben und eine Fortsetzung des Schreibens.

Ich bin hier, weil ich hier sein *will*, weil ich tief in meinem Innern weiß, daß ich hier sein *muß:* weil mich mit diesem Land eine tiefe und furchtbare Liebe verbindet: nicht hier zu sein, würde seelischen Tod bedeuten.

Im eigentlichen Wortsinn ist das eine Erfahrung des *In-der-Situation*-Seins. Und das ist etwas völlig anderes, als »innerhalb des Systems« zu sein! Tatsächlich muß man nicht nur »in der Situation«, sondern, wenn irgend möglich *sur place* sein, wenn man sichergehen will, daß das System bloßgestellt und bekämpft und schließlich auch zertrümmert werden wird: im Namen jener Wahrheit, nach der alle Schriftsteller suchen, jener Freiheit, die nur aus der Auflehnung gegen die Unfreiheit geboren werden kann, und jener Gerechtigkeit, von der ich als barfüßiger Junge einen flüchtigen Eindruck bekam und die niemals schwinden kann – vorausgesetzt, man bekennt sich bedingungslos zu der Notwendigkeit, sie zu formulieren und neu zu formulieren und noch einmal und immer wieder, in alle Ewigkeit.

Die Stellung des afrikaanssprachigen Schriftstellers

[1967]

Wenn die Stellung des englischsprachigen Schriftstellers in Südafrika auch nicht gerade beneidenswert ist, so ist sie doch wenigstens eindeutig: was er schreibt, wird gebannt. Nicht alles natürlich, aber wenn der Fall Nadine Gordimers als Maßstab gelten kann, muß man in jedem Fall bei den gelungensten, *eindrucksvollsten* Werken eines englischsprachigen Schriftstellers damit rechnen, daß sie gebannt werden. Es bereitet den Behörden, gelinde gesagt, nicht die geringsten Skrupel, englischsprachige Werke zu bannen: diese Schriftsteller werden traditionell als die Feinde des Afrikaaners angesehen – was kann man also schon anderes von ihnen erwarten? Der afrikaanssprachige Schriftsteller lebt dagegen immer noch mit dem beunruhigenden Wissen, daß ihn die verantwortlichen Leute zwar hassen wie die Pest, daß sie aber (noch) nie offiziell gegen ein afrikaanses Buch vorgegangen sind. Ergibt sich daraus, daß die Stellung des afrikaanssprachigen Schriftstellers sicherer ist als die seiner schwarzen, braunen oder weißen Landsleute, die englisch schreiben? Ganz so einfach liegen die Dinge nicht. Auch wenn einem englischsprachigen Schriftsteller der einheimische Markt entzogen werden mag, so bleibt er, durch Sprache und Kultur, immer noch mit einer großen angelsächsischen Welt verbunden, in der er seine wahre Funktion als Schriftsteller weiterhin ausüben darf. Andererseits sollte man die seelischen Qualen nicht unterschätzen, denen ein Schriftsteller ausgesetzt ist, wenn seine Werke von den

Leuten ferngehalten werden, für die er sie zuallererst geschrieben hat: Nadine Gordimers gebanntes *The Late Bourgois World* sollte in erster Linie von Südafrikanern gelesen werden.

Dem afrikaanssprachigen Schriftsteller ist es bis jetzt noch möglich, seine Werke in seinem eigenen Land zu veröffentlichen – oder doch *einen Teil* seiner Werke, denn die Öffentlichkeit weiß, glaube ich, kaum etwas von der ernstzunehmenden und wachsenden Macht der der Veröffentlichung vorausgehenden Vorzensur, die von den meisten größeren Verlagen mit politischen Verbindungen angewandt wird. Ich glaube, nein, ich hoffe, daß letztlich jeder wirklich gute afrikaanse Roman einen einheimischen Verleger findet; aber das ist tatsächlich erst der Anfang des Kampfes, der im wesentlichen nichts anderes ist als ein Kampf gegen Lügen und gegen die Weigerung, Gerechtigkeit walten zu lassen.

Von einem bestimmten Standpunkt aus scheint es unnötig, einigen dieser »Organisationen«, die sich gern auf das Christentum oder den Nationalismus oder am liebsten auf beides berufen, zuviel Beachtung zu schenken: was sind sie denn schon anderes als die erbärmlichen und verzweifelten Kreuzzüge böser alter Männer? Bei dieser Art des Konservatismus, so ließe sich argumentieren, ist es einfach der uralte Konflikt zwischen Alt und Jung, der mit besonderer Heftigkeit und Bitterkeit zutage tritt. Diese selbsternannten Führer berufen sich auf das magische und mythische *volk* als die treibende Kraft hinter ihrem Donnern und Wettern, als *raison d'être* ihres hohlen Getöses – aber ist das *volk* wirklich daran interessiert? Oder reagieren nicht die meisten Leute einfach belustigt auf Christlich-Kulturelle Aktionskongresse und andere Versammlungen, die sehr wenig christliche Liebe und nur eine verzerrte Vorstellung von Kultur offenbaren?

Wenn der Widerstand gegen neuere afrikaanse Literatur auf

unbedeutende Männer und kleine Gruppen beschränkt wäre, würde es sich in der Tat erübrigen, zu lange dabei zu verweilen. Aber diese Aktionen erscheinen nur als Symptome eines viel tiefer gehenden Problems, und sie stehen in einem engen Zusammenhang mit den noch nie dagewesenen Streitereien und Kämpfen und Verleumdungen, die das Afrikaanertum derzeit erschüttern – aufeinanderprallende politische Ambitionen, Aufruhr in den Kirchen, kulturelle und industrielle Konflikte usw.

Politisch gesehen ist der Afrikaaner an der Macht. In der ersten Jahrhunderthälfte hielt allein schon der Kampf um diese Macht afrikaanssprechende Menschen zusammen; ein Afrikaaner war automatisch auch ein Anhänger der Partei und Mitglied in einer der drei »Schwesterkirchen« (auch wenn diese Schicksalsschwestern zuweilen wenig Bruderliebe zeigten). Als jedoch die politische Vorherrschaft erreicht war, fingen die für alle Gesellschaften typischen natürlichen Unterschiede zwangsläufig an, sich vorzudrängen. Unglücklicherweise geschieht das in einem Augenblick, da Südafrika in den Augen der Welt besonders verwundbar ist: wenn das Afrikaanertum abbröckelt, könnte – so wird argumentiert – das ganze Gefüge unserer Gesellschaft einstürzen. Das ist auch der Grund, weshalb diejenigen, die den Staat, die Kirche oder den organisierten Kulturbetrieb in der Hand haben, beharrlich beteuern, es sei jetzt nicht die Zeit, »zu überlegen, warum«, sondern einfach »zu handeln oder zu sterben« – was auch die außerordentliche Heftigkeit ihrer Reaktionen erklärt.

In dieser Gesellschaft nimmt der afrikaanssprachige Autor einen merkwürdigen und wichtigen Platz ein. Noch keine hundert Jahre sind vergangen, seit die erste Sprachbewegung anfing, Afrikaans als Sprache zu fördern; das erste afrikaanse Gedicht von einem gewissen literarischen Wert ist ganze sechzig Jahre alt. Der Schriftsteller soll also, nach der wohl

mehrheitlichen Ansicht der Afrikaaner, immer noch die Funktion ausüben, die er in der Gesellschaft hatte, als die noch in den ersten Anfängen ihrer Entwicklung steckte. Er soll seine Landsleute zur Solidarität ermuntern und ihre Gruppenidentität fördern – so wie das von Homer oder von den Erzählern des Nibelungenlieds erwartet wurde, von Afrikaaner-Pionieren oder von den Schriftstellern Sowjetrußlands oder Rotchinas. Inzwischen hat sich jedoch die Welt total verändert, und in der internationalen kulturellen Gesellschaft hat der Schriftsteller – auch der Afrikaaner – eine vollkommen andere Funktion. Der Künstler und Wissenschaftler gehören beide, wie Goethe vor zweihundert Jahren sagte, der ganzen Menschheit. Trotz des Auf und Ab im Leben einer Nation ist es die Pflicht des Schriftstellers, die Oberfläche zu durchstoßen, gefährliche Fragen zu stellen, grundlegende menschliche Wahrheiten zu entdecken.
Natürlich kann das den Schriftsteller in die notorische »Stechmücke der Gesellschaft« verwandeln; natürlich macht er sich damit bei dem politischen Führer unbeliebt, dem es ja um den gemeinsamen Nenner und nicht um Individuen geht: aber das ist die Pflicht des Schriftstellers. Wenn das fehlt, stagniert die Gesellschaft.
Nun ist es aber genau diese Funktion, die unsere Oberen den afrikaanssprachigen Schriftstellern wegnehmen wollen, ohne daß sie sich über die Folgen im klaren sind, jenen in Oppermans bewegendem Gedicht *Springbokke* plastisch geschilderten blinden Ansturm von Springböcken, die auf der Suche nach Salz geradewegs ins Meer stürmen. Wenn es Etienne Leroux wagt, in *Sieben Tage bei den Silbersteins* einige Mängel und Torheiten der südafrikanischen Gesellschaft aufzuzeigen, müssen alle möglichen Vorwände – von moralischen bis zu linguistischen Kriterien – dazu herhalten, sein Werk in Mißkredit zu bringen. Oder wenn jüngere Schriftsteller darauf hinzuweisen wagen, daß zu einer sittli-

chen Gesinnung mehr gehört als ein »Jawohl, Baas«, eine Ehe und Gebete im Familienkreis, oder daß Liebe eine metaphysische Erfahrung ist, die über die Bewunderung einer *princesse lointaine* oder verliebte Fummeleien in einem Bauernhaus hinausgeht, oder daß die moderne Gesellschaft städtisch ist und mehr umfaßt als nur die traditionellen Sorgen der Bauern, oder daß sich das Spektrum der Politik nicht im Nationalismus erschöpft, dann werden unsere Werke verboten und ihre Autoren geächtet. Und die Attakken beschränken sich nicht auf das Geifern selbsternannter Moralpäpste oder auf eine Lawine von Briefen an die Zeitungen, sondern sie erstrecken sich auch auf den Rundfunk (wo jüngeren Autoren jede Gelegenheit verweigert wird, ihre Ansichten zu erläutern), auf Schulen (wo Kindern verboten wird, jüngere Autoren zu lesen), auf Kirchen (wo Drucker und Verleger eingeschüchtert werden). Eine hinterhältige Kampagne gegen liberale Tendenzen bei jüngeren Schriftstellern soll die Nation überzeugen, daß sie außerdem Sendboten des Kommunismus sind – und auf diese Weise wird nach und nach ein Klima geschaffen, in dem, so hofft man, diese junge, blühende Literatur unterdrückt werden kann.

Es ist alles so unnötig. Wenn es einem Buch nicht gelingt, bedeutsame Strukturen in der Gesellschaft und in den Beziehungen von Individuen auszuloten, wird es von selber sterben – ob es von den Puritanern attackiert wird oder nicht; und ein wirklich gutes Buch wird unweigerlich überleben, ungeachtet aller Versuche, es zu unterdrücken, so wie einst *Madame Bovary* überlebt hat oder in unseren Tagen *Doktor Schiwago*.

Wenn jedoch ein Klima geschaffen wird, in dem afrikaanse Werke so leicht gebannt werden können wie englischsprachige, besteht die Gefahr, daß der afrikaanse Schriftsteller andere Märkte finden muß, wie Pasternak: denn ein Schriftsteller schreibt nicht für sich – er schreibt, um gelesen zu werden. Wenn ein englischsprachiger Schriftsteller in Südafrika gebannt wird, lebt er in einer englischen Kulturtradition im Ausland weiter, wie schmerzlich auch das Schweigen sein mag, das ihm zu Hause auferlegt ist; der Afrikaaner kann viel gründlicher entwurzelt werden. Wenn er gut genug ist, wird er überleben. Doch der Preis wird von seinem Land bezahlt. Und es ist ein Preis, den sich diese junge Gesellschaft nicht leisten kann. Schon nähert sich ein Gefahrenpunkt. Und wenn unsere Kultur blühen soll – wenn sie auch nur überleben soll –, wird Südafrika in seinem gepflegten kleinen Garten für Stechmücken und Bienen Platz machen müssen.

Schriftsteller und ihre Werke in der Welt

[1969]

Schriftsteller und ihre Werke existieren in der Welt: auch noch das persönlichste Gedicht, zum privaten Vergnügen des Dichters geschrieben und in der untersten Schublade versteckt, setzt einen Leser voraus. Solange es nicht in einen Kommunikationsprozeß einbezogen ist, bleibt es nur teilweise realisiert.
Heißt das aber, daß das literarische Werk in jedem Fall auf die Erfüllung einer sozialen Funktion abzielt? Kann es als erwiesen gelten, daß der Schriftsteller und sein Werk gesellschaftlich etwas bewirken?

1

Wenn man dieser Frage nachgeht, muß man natürlich sorgfältig zwischen dem Wesen eines Werkes und seiner möglichen Wirkung unterscheiden: es besteht ein gewaltiger Unterschied zwischen dem, was ein Werk *ist* und was es *bewirkt* – oder was mit ihm bewirkt werden kann. Notre-Dame de Paris ist unter anderem als Stall, als Kirche, als Gerichtshof und als Zufluchtsstätte für Verbrecher und Bettler benutzt worden: aber in der letzten Analyse bleibt es ein *Gebäude*. Und wie Gebäude sind auch literarische Werke in vielfältiger Weise gebraucht und mißbraucht worden – von Autoren und Lesern gleichermaßen. Man hat Bücher dazu benutzt, Tyrannen zu schmeicheln oder ihren

Sturz zu beschleunigen; Theorien zu beweisen oder zu widerlegen; sündige Lust zu bekämpfen oder den Leser sexuell anzuregen; Frauen zu preisen oder mit Schmähungen zu überschütten; sie sind dazu benutzt worden, Menschen zu erleuchten oder Schönheit zu vermitteln, Feuer zu entfachen oder wacklige Regale zu stützen.

Aber all die Zwecke, zu denen Bücher schon verwendet worden sind, brauchen mit der Funktion, die implizit in der Literatur steckt, nichts zu tun zu haben. Ein spezifisches Beispiel: so viele Kritiker haben den Sestigern vorgeworfen, ihre Bücher könnten der Moral jugendlicher Leser Schaden zufügen. Keiner dieser lautstarken Kritiker scheint der Bibel die Tatsache zu verübeln, daß sie viele Abschnitte und Kapitel enthält, von denen sich Heranwachsende immer wieder sexuell stimulieren lassen. Auch ein Buch, das mit den edelsten Absichten geschrieben wurde, kann von boshaften oder dummen oder sogar wohlmeinenden Lesern mißbraucht werden.

Aber das sollte uns nicht in eine andere Fallgrube – nämlich die der »Absicht des Autors« – stolpern lassen. Absichten von Autoren sind sprunghaft und nicht voraussagbar und höchst unzuverlässig. T. S. Eliot erklärte einmal – vielleicht mit der Weisheit, die erst der Rückblick ermöglicht –, er habe seinen *Mord im Dom* als Anti-Nazi-Propaganda beabsichtigt gehabt: es ist zu bezweifeln, ob das irgendein Leser erraten hätte, wenn nicht Eliot selbst darauf hingewiesen hätte. (Das könnte, nebenbei gesagt, auch für mehrere afrikaanse Werke gelten: Romane und Gedichte drücken ihre Gesellschaftskritik in kryptischen Symbolen aus, die in einem guten Werk aus sich selbst heraus Gewicht bekommen, in einem schlechten Werk dagegen zur bloßen Wirklichkeitsflucht degenerieren.) Ob Eliots Stück gegen die Nazis gerichtet ist oder nicht, hat jedoch nichts mit der Tatsache zu tun, daß es ein herausragendes Kunstwerk ist.

Und es gibt dafür ungezählte andere Beispiele. *Don Quixote* war ursprünglich als vernichtende Kritik an der Tadition der Schelmenromane und an den spanischen *conquistadores* gedacht, aber seine bleibende Größe hat wenig mit den Impulsen zu tun, dem es seine Entstehung überhaupt erst verdankt.

Der größte Roman in der niederländischen Literatur des neunzehnten Jahrhunderts, Multatulis *Max Havelaar*, wurde in der Absicht geschrieben, die unerträglichen Bedingungen in Ostindien zu enthüllen: das Buch endet mit einem persönlichen, leidenschaftlichen Appell an den Prinz von Oranien selbst. Das Buch war ein ungeheurer Erfolg: aber die Leute ließen sich so sehr von den einzelnen Charakteren mitreißen, daß niemand der schlimmen Lage der Javaner Beachtung schenkte.

Es gibt auch viele moderne Beispiele: wahrscheinlich hat es in unserem Jahrhundert keinen Dramatiker gegeben, der stärker »engagiert« gewesen wäre als Brecht: und doch versichert uns ein führender Regisseur, daß beispielsweise im polnischen Theater gerade dann, wenn reine Phantasie gefragt ist, Brecht zur Aufführung kommt. Andererseits ist jener »absurde« Klassiker der modernen Bühne, *Warten auf Godot*, in Polen als der Inbegriff des *théâtre engagé* aufgeführt worden: weil da das Warten Estragons und Vladimirs politisch als das Warten der Insassen von Auschwitz interpretiert werden konnte.

Es gibt noch ein derartiges Beispiel: als sich Pasternak erstmals offizieller Mißbilligung gegenübersah, zog er sich zurück und schwieg. Als er sich wieder zu Wort meldete, geschah das mit reinster Lyrik. Dennoch wurden diese Gedichte als politische Provokation gedeutet: da es eine Herausforderung besonderer Art bedeutet, Lyrik in einem gesellschaftlichen Umfeld zu veröffentlichen, wo politisches Engagement oder Loblieder auf das System nicht nur erwartet, sondern verlangt werden. Und damit sind wir wieder am Ausgangspunkt: d. h. die Absichten des Autors sind für die Qualität, die seinem Werk später beigemessen wird, fast immer unerheblich.

Dennoch läßt sich nicht leugnen, daß die überzeugende Eindringlichkeit im *Don Quixote* oder *Max Havelaar* gerade auf den Zorn eines engagierten Autors zurückzuführen ist und daß ohne dieses Feuer keine Menschenseele von diesen Werken angerührt worden wäre. Ähnlich sind es bei James Baldwin oder LeRoi Jones Schmerz und Wut, die die mitreißende Qualität ihrer Werke bestimmen: es ist, als werde die Leidenschaftlichkeit ihres Engagements innerhalb der Dimensionen ihres Werkes noch gesteigert.

Das geschieht auch in Nadine Gordimers *The Late Bourgois World*, nicht jedoch in *Anlaß zu lieben.* Und interessanterweise ist *The Late Bourgeois World* in Südafrika verboten, *Anlaß zu lieben* dagegen nicht, obwohl das letztere mit dem Thema der Liebe-über-die-Rassenschranken-hinweg bei den Gegebenheiten in Südafrika viel mehr »Zündstoff« zu enthalten scheint als das erstere. Aber dieses Feuer ist kurzlebig, während das Feuer in *The Late Bourgeois World* über den ursprünglichen Zorn hinausgeht und dabei immer »gefährlicher« wird – was in der Literatur oft als ein Synonym für »groß« erscheint.

2

Wir haben also festzuhalten, daß zwar die persönliche Absicht eines Autors mit dem Erfolg seines Werkes oft wenig zu tun hat, daß aber die *Qualität* seines Zornes das Gewicht seines Werkes steigern kann. Und offensichtlich gibt es zwischen der Qualität seines Zornes und den Ursachen dieses Zornes eine Verbindung, mag sie auch noch so schwach sein: der Wutanfall eines Kindes, das die erhoffte Süßigkeit nicht bekommt, mag für sich allein sehr heftig sein, ist aber in seiner »menschlichen Tragweite« viel enger begrenzt als die Wut eines Menschen, der angesichts herrschender Not um Gerechtigkeit kämpft. Ich werde zur gegebenen Zeit ausführlicher auf die Bedeutungen eingehen, die ich diesem vagen und zu häufig verwendeten Begriff der »menschlichen Tragweite« beimesse. Im Augenblick sollten wir uns an die Tatsache halten, daß wir mit der Frage nach dem Wesen und den Ursprüngen des Zorns unser Interesse vom *Werk* auf den *Autor* verlagert haben. Und obschon beide in der Welt als Vermittler wirken, sollten die Grenzen ihrer möglichen Funktionen nicht verwischt werden.

Ich habe von Pasternak gesprochen und von dem politischen Gewicht, das selbst seinen äußerst unpolitischen Gedichten angehängt wurde. Natürlich hat er auf die Weltöffentlichkeit mit seinem *Doktor Schiwago* einen noch größeren Einfluß ausgeübt. Und doch bleibt die Tatsache bestehen, daß Tausende, vielleicht Millionen im Westen Pasternaks »Haltung« bewunderten, das, was er darstellte – selbst wenn sie sein Buch vielleicht nie gelesen hatten. So wie Millionen von den beiden russischen Dissidenten Sinjawski und Daniel beflügelt wurden, obwohl die meisten von deren Werk nicht die geringste Ahnung haben.

Wir bewundern sie, weil sie sich beispielhaft gegen Unterdrückung zur Wehr setzen; weil etwas Mutiges in ihnen überlebt hat, nicht allein für sie, sondern für alle Menschen.

In einem viel, viel kleineren Maßstab zeigte sich das gleiche Phänomen mit der Ankunft der Sestiger in Südafrika. Mit ihrem Widerstand gegen die traditionellen Zwänge innerhalb der puritanischen Gesellschaft und mit ihrer Auflehnung gegen das Veralten von Bildungsnormen und ethischen Grundsätzen sorgten sie für eine Erneuerung, die weit über den Rahmen der Literatur hinaus wirkte. Ihre Werke wurden zuerst zu einem kulturellen, dann zu einem politischen Phänomen. Soziale Stellungen innerhalb des Afrikaanertums werden selbst heute noch danach beurteilt, ob einer »für« oder »gegen« die Sestiger ist. Und das gilt für Leute, die ihre Werke gelesen haben, ebenso wie für eine Vielzahl derer, die sie nicht gelesen haben. Die Wellen sind sogar über das Afrikaanertum hinausgeschwappt: für viele der Englisch sprechenden Südafrikaner und, noch bedeutsamer, für eine große Zahl von *Coloureds* und Schwarzen (die nie auch nur ein Wort von den Sestigern gelesen haben) bedeuten diese Werke mittlerweile eine Revolte gegen das ganze auf Unterdrückung beruhende System. So haben die Sestiger im Laufe der Zeit ein Gewicht bekommen, das in keinem Verhältnis zu dem steht, was sie tatsächlich in literarischer Hinsicht erreicht haben.

Ich will hier das, was von diesen Autoren geschrieben worden ist, nicht verunglimpfen. Tatsächlich sind einige herausragende Werke geschaffen worden, und die afrikaanse Literatur kann nach Breytenbach und Etienne Leroux, um nur zwei zu nennen, nie mehr das sein, was sie einmal war. Am meisten beschäftigt mich aber im Augenblick, daß die besondere gesellschaftliche Funktion, die von den Schriftstellern der Sestiger-Generation ausgefüllt wird (oder wird sie ihnen aufgezwungen?), uns allen eine gewaltige soziale, moralische und politische Verantwortung auferlegt.

Ob es uns – in unserer besonderen Situation, in *diesem* Land – paßt oder nicht, jedenfalls haben wir mit dem, was wir geschrieben haben, eine Verantwortung nicht nur für unser Metier übernommen, sondern auch für jeden einzelnen, der auf unsere Worte reagiert.

3

Kann man den Schriftsteller als eine durch die Welt ziehende Pippa beschreiben, die im Vorübergehen ein Lied singt und damit in jedem Zuhörer etwas verändert, etwas entstehen läßt? Vielleicht wird man seiner Funktion eher gerecht, wenn man ihn als Rattenfänger sieht: vorausgesetzt, das Bild vermittelt auch die grundlegende Tatsache, daß er, wenn er Ratten und Kinder von ihren gewöhnlichen Beschäftigungen weglockt, damit auch Verantwortung für sie übernimmt.
Aber es ist eine andere Verantwortung als die des Politikers, des Soziologen oder des Pfarrers. Der Schriftsteller bleibt ein *Schriftsteller:* die Art seiner Entscheidung – zu schreiben und nicht etwa ins Parlament zu gehen oder ein guter Calvinist zu sein – läßt auf eine andere Beziehung zur Welt schließen.
Wir müssen uns mit der einfachen Tatsache abfinden, daß die eigentliche Wirkung der Kunst an sich ganz privat und persönlich ist. Der Theaterkritiker Eric Bentley hat darauf hingewiesen, daß Beethovens *Neunte Sinfonie* zur Brüderlichkeit unter den Menschen weniger beigetragen hat als jeder Auftritt der Heilsarmee. Aber er betont auch, daß es lächerlich wäre, Beethoven aus dem Grund zu verschmähen. Was sich im Innern eines Menschen abspielt, wenn er den *Lear* sieht oder *Schuld und Sühne* liest oder *Guernica* betrachtet oder sich *Das Wohltemperierte Klavier* anhört, mag unbedeutend sein, vergleicht man damit die Auswirkungen einer Bombe, einer Rede Mao Tse-Tungs, eines neuen Gesetzes von Vorster oder eines Aufruhrs in Harlem . . . ; daß es aber eine Wirkung *hat,* die auf ihre eigene Art ungeheuer sein kann, läßt sich nicht leugnen. Und diese Wirkung sollte nie unterschätzt werden.
Das Kunstwerk kann nicht – und muß nicht – aus religiösen, politischen, moralischen oder anderen Gründen gerechtfer-

tigt werden. Aber es befriedigt ein Bedürfnis im Menschen, das so elementar ist wie der Hunger, auch wenn es vielleicht nicht so unmittelbar zu erkennen ist. Es ist, wie der Hunger, ein persönliches Bedürfnis. Aber es betrifft das Innerste im Menschen und ist daher von extremer Wichtigkeit, kann es doch das Bewußtsein von den Bedingungen des Menschseins erweitern.

Was der Schriftsteller tut, bedeutet im wesentlichen, daß seine Arbeit, wenn sie der Mühe wert ist, als ein Gewissen in der Welt fungiert.

4

Die Wirkung dieses Gewissens hängt weitgehend von der Beschaffenheit der Welt ab, in der es fungiert. Oder, um es präziser auszudrücken, davon, wie der Schriftsteller die Beschaffenheit seiner Welt wahrnimmt, da sich nur der Schriftsteller dem Schreiben zuwendet, der tief in die Probleme seiner Welt verstrickt ist.

Unsere Welt ist von ungezählt vielen Blickwinkeln aus definiert worden, und diese brauchen sich nicht gegenseitig auszuschließen. Aber die Diagnose, die John Berger in *Art and Revolution* gestellt hat, trifft meiner Meinung nach ganz besonders auf das Südafrika zu, in dem wir heute leben.

Nach Bergers Auffassung, die von vielen anderen geteilt wird, stehen die meisten Probleme in der Welt von heute in einem Zusammenhang mit der weltweiten Ausbeutung und Erniedrigung von Menschen und mit ihrem Kampf, sich von den besonders demütigenden Formen dieser Ausbeutung und Erniedrigung zu befreien. Vorrangig ist dabei der Kampf in der Dritten Welt, die sich vom Imperialismus Europas, der Vereinigten Staaten und Rußlands freimachen will – frei vor allem von der Ausbeutung: nicht nur der wirtschaftlichen, sondern auch der geistig-seelischen und moralischen Ausbeutung: es geht ihnen um die Befreiung von dem Standpunkt, andere Menschen seien dazu da, benutzt zu werden, nicht als Menschen, sondern als Gebrauchsartikel. Ganz so, wie Afrikaner, *Coloureds* und Inder in unserem Land zu Gebrauchsartikeln reduziert worden sind.

Lassen Sie uns diesen Aspekt der Lage in unserer Welt ganz klar herausstellen: zwei Drittel der Menschen in der Welt werden von dem anderen Drittel ausgebeutet, betrogen und erniedrigt. Wenn dieser Zustand akzeptiert oder, schlimmer noch, institutionalisiert wird (wie in Südafrika), kann er nur schlimmer werden. Denn der Imperialismus, ob wirtschaftlich oder moralisch, ist unersättlich. Wir haben einen Zustand erreicht, wo eine Anerkennung oder Rechtfertigung des Status quo unzulässig ist. Denn die »Verdammten dieser Erde«, die Enteigneten, die Enterbten, werden ihrer Identität beraubt. Und wenn einem Menschen die Identität versagt wird, fängt er an zu kämpfen und hört nicht auf, ehe er nicht seinen Platz und seinen Namen wiederbekommen hat. Dieses Leiden beschränkt sich nicht auf die ohnehin schon Benachteiligten: es tritt in besonders quälender Form in den Köpfen derer auf, die davon *wissen:* zur Folter wird uns, sagt Berger, die Tatsache, daß andere als Ungleiche existieren. (Fanon: »Verlaß dieses Europa, wo sie nie aufhören vom MENSCHEN zu reden, und gleichzeitig Menschen totschlagen, wo immer sie auftauchen.«)

Man könnte fragen: ist an diesem Zustand irgend etwas neu? Hat es nicht immer Elend und Ungerechtigkeit und Unterdrückung gegeben? Natürlich. Aber bis vor kurzem war der Zustand der Welt nicht ganz so unerträglich – weil die Wahrheit nicht in vollem Umfang bekannt war. Früher, erklärt John Berger, konnten sich die Europäer dadurch etwas vormachen, daß sie glaubten, sie verkörperten die

Menschheit in ihrer zivilisiertesten Form; so zwang sie nichts, ihren Glauben an die Gleichheit fallenzulassen, da diese Frage verschoben werden konnte, während sie die Ungleichheit ausbeuteten. Und den ausgebeuteten Eingeborenen der Welt war der ganze Umfang dessen, was ihnen angetan wurde, nicht bewußt. Inzwischen ist Südamerikanern, Asiaten und Afrikanern restlos klargeworden, was sich abspielt. Und das macht verzweifelt. Und wütend. (Baldwin: »Unser Leben ist Wut und Schmerz, Wut und Schmerz.«) Die Massenmedien haben diese Vorgänge auf der ganzen Welt verbreitet, und »kein Mensch kann behaupten, er habe den unerträglichen Zustand der Welt nicht MIT EIGENEN AUGEN gesehen«.

Und die Essenz dieses Zustandes ist, wie Berger so beredt ausführt, die Tatsache, daß eine Minderheit von Menschen die Märkte und die Gefühle der Mehrheit ausbeutet und glaubt, sie aufbrauchen zu können. Für Berger heißt das, daß jeder einzelne, der in unserer Welt den Imperialismus bekämpft, damit auch für ein sinnvolles menschliches Dasein kämpft.

Für mich steckt darin auch der Hinweis auf eine Funktion von Schriftstellern in unserer furchterregenden und schmutzigen Welt: die Stimme der Menschlichkeit am Leben zu erhalten; das Überleben menschlicher Werte sicherzustellen.

5

Natürlich sind diese »menschlichen Werte« – wie die »menschliche Tragweite«, von der ich oben sprach – ein notorisch vager Begriff. Aber es ist keinesfalls unmöglich, eine klarere Definition zu versuchen. Aus naheliegenden Gründen sollte eine solche Definition mit einem Blick auf das Individuum Mensch beginnen und feststellen, welche

Werte in ihm so kostbar und gleichzeitig so elementar sein können, daß der Künstler bereit ist, im Kampf um die Erhaltung ihrer Würde alles aufs Spiel zu setzen – Zeit, Ansehen, Seelenfrieden, Liebe, ja sogar Geld.

Wir können mit dem einfachsten Merkmal eines Individuums beginnen: es ist ein lebendes Wesen. Auch wenn die meisten Menschen eher tot als lebendig scheinen, ist es biologisch eine Tatsache, daß der Mensch kein totes sondern ein lebendes Wesen ist.

Und wenn dies die einfachste Charakterisierung des Menschen ist – daß er lebt –, dann gehört es zu seiner Würde, daß er ein Recht auf dieses Leben haben sollte und daß ihn niemand zwingen sollte zu sterben. Aber ist das wirklich so einfach, wie es aussieht? In einem Land, wo auf mehr Verbrechen die Todesstrafe steht als irgendwo sonst auf der Welt?

Fahren wir fort. Wir haben also gesagt, eine Person lebt. Aber was bedeutet das: *zu leben?* Es bedeutet, um wieder auf eine ganz elementare Stufe zu gehen: zu wachsen, sich zu verändern, sich zu bewegen. Am anderen Ende der Skala liegen Verfall und Tod.

Und wenn das Menschsein damit beginnt, daß der Mensch lebt, und wenn dieses Leben erforderlich macht, daß sich ein Mensch bewegen sollte, daß er wachsen und sich dabei verändern sollte, dann sind das menschliche Werte, für die es sich zu rebellieren lohnt: denn Menschen sollten das *Recht* haben, sich zu bewegen, zu wachsen und sich zu verändern. Und sie sollten nicht unnötigerweise Dingen ausgesetzt werden, die dem Wachsen und Sichbewegen und Sichverändern im Wege stehen und die Verfall und Tod herbeiführen.

Diese Attribute des Lebens sind nicht rein physische Prozesse. Sie haben metaphysische Entsprechungen. Denn auch Tiere und Pflanzen leben. Auch sie bewegen sich, wachsen, verändern sich. Doch der Mensch, so heißt es, unterscheidet sich von ihnen, weil er mit Vernunft begabt ist und weil er weiß, daß da noch »etwas anderes« ist, oder weil er nach diesem »anderen« strebt oder auch nur dessen Existenz bezweifelt. Der Mensch ist das einzige Wesen auf der Erde, das mit dem, was es ist, nicht zufrieden ist. Er will mehr sein, mehr werden, anders werden.

Ich will jetzt keinen Disput über die Seele anfangen. Akzeptieren wir einfach, was wir mehr oder weniger wissen und was wir mehr oder weniger beweisen können.

Der Mensch ist ein intelligentes Wesen. Das heißt, er erfährt nicht nur, er kann Erfahrung auch deuten, zuordnen, in Beziehung setzen, vorwegnehmen. Wenn er schon diese Fähigkeit besitzt, hat er auch die Pflicht, sie im Namen der Bewegung, des Wachstums und der Veränderung, die wir auf der biologischen Stufe identifiziert haben, zu gebrauchen und zu entwickeln. Und daraus ergibt sich wieder, daß die Menschen in dieser Würde respektiert werden sollten, die auf ihrem *Recht* beruht zu denken, in Beziehung zu setzen, zu deuten. Sie sollten in diesen Tätigkeiten nicht behindert werden: sie sollten nicht von ihrer Aufgabe abgehalten werden, das Heute zum Gestern und Morgen in Beziehung zu setzen.

Zu den Mitteln, die die Menschen entwickelt haben, um diese Prozesse auszudrücken und darzustellen, gehört die Sprache. Menschen können sprechen und lesen und schreiben: sie sollten ein Recht darauf haben, zu sprechen, zu lesen und zu schreiben.

Diese Tätigkeiten berühren alle den Drang des Menschen, sich mitzuteilen, möglicherweise sein dringendstes physisches und metaphysisches Bedürfnis. Und deshalb sollte er ein Recht darauf haben, sich mitzuteilen – oder wenigstens ein Recht auf den *Versuch*, sich auf all den Kommunikationsebenen mitzuteilen, die ihm zu Gebote stehen, auch der sexuellen, die nicht nur eine biologische Funktion, sondern auch der Ausdruck einer metaphysischen Suche ist. Und daher muß ich für ihn das Recht beanspruchen, seine Geschlechtspartner frei zu wählen und seine geschlechtliche Erfahrung zu deuten.

6

Doch mit der Kommunikation haben wir die Grenze zwischen dem Individuum als einem Einzelwesen und demselben Individuum als einem sozialen Wesen überschritten. Das ist die Auswirkung des menschlichen Bewußtseins – und vielleicht eines der edelsten Merkmale, die die Menschen von Tieren unterscheiden: sie können ihre Erfahrung zu der anderer in Beziehung setzen. Sie können vergleichen. Was der einzelne verlangt, verlangt er nicht nur für sich selbst, sondern auch für andere. Die Phylogenese ist unlösbar mit der Ontogenese verknüpft. Auch hier müssen wir akzeptieren, daß das Metaphysische im Physischen verwurzelt ist: denn wenn ein Mensch lebt, hat er den Drang, seine Existenz fortbestehen zu lassen und sie zu sichern.

In einem absolut persönlichen Sinn könnte das zur Negierung oder gar Vernichtung anderer führen. Aber wegen der sozialen Dimension bringt das Bedürfnis des einzelnen, sich selbst zu schützen, mit sich, daß er anderen keinen Schaden zufügen sollte – da er damit Vergeltungsmaßnahmen auslösen könnte. Folglich kann ich mich nur wahrhaft sicher fühlen, wenn ich mich auch für die Sicherheit anderer einsetze. Was immer man aus freier Entscheidung tut, sollte nie die Freiheit anderer über Gebühr beeinträchtigen. Das Maß der Freiheit muß demzufolge die Gerechtigkeit sein.

In einem absoluten Sinn schließen sich, wie Camus hervorhebt, diese Bedingungen gegenseitig aus: eine absolute Freiheit schließt die Freiheit des Starken ein, den Schwachen zu unterdrücken; eine absolute Gerechtigkeit schränkt alle gesonderten Freiheiten ein. Folglich können sie nur in einem relativen Sinn nebeneinander bestehen. Sie zwingen uns zu akzeptieren, daß der menschliche Bereich relativ ist; woraus sich gleichzeitig ergibt, daß unsere individuelle Freiheit und unsere individuelle Gerechtigkeit immer verbessert und vergrößert werden können. Und es bedeutet, daß sich der Schriftsteller ständig gegen die Umstände auflehnen sollte, die in *seiner* Gesellschaft und *seiner* Welt die Freiheit und Gerechtigkeit der Individuen einschränken.

In Anbetracht all dessen können wir nun zu dem Bild vom Schriftsteller als einem Rebellen zurückkehren, der im Namen der wesentlich menschlichen Werte kämpft – gegen alles, was das Menschliche bedroht, gegen alles, was im wesentlichen *unmenschlich* ist.

7

Wir sollten diese Aufgabe nicht unterschätzen, schon gar nicht, wenn es um den Schriftsteller und seine Arbeit in Südafrika geht. Denn nach den Sicherheitsgesetzen zu urteilen (verschlimmert durch die neue Einführung eines Staatssicherheitsbüros mit der treffenden Abkürzung Boss), den Paßgesetzen und Gesetzen zur Zuzugskontrolle, dem *Group Area Act* und dem *Immorality Act*... ist dies kein »menschliches« Land. Das gesamte System, das jeden Aspekt des Privat- und Gemeinschaftslebens im Land bestimmt, steht gegen all die grundlegenden Attribute, die wir als »menschlich« bezeichnet haben: Bewegung, Wachstum, Veränderung, Kommunikation; das Recht, zu denken, zu lesen, zu sprechen, zu schreiben; das Recht, einen Sexualpartner zu wählen und die eigene Erfahrung zu der anderer in Beziehung zu setzen; das Recht, nicht getötet zu werden; das kleine, kostbare, persönliche Recht, einfach zu existieren – im Bewußtsein, im Mitgefühl, in der Demut, im Trotz, im Zorn, im Schmerz und – wenn es denn sein muß – in der Gewalt.

Wenn ich mich jedoch für ein literarisches Anliegen einsetze, dann für eine Literatur, die ganz der Menschlichkeit verpflichtet ist und ein besonderes *Bewußtsein* bei denen erfordert, die in diesem Land schreiben, ein Bewußtsein nicht nur von den eigenen, subjektiven Problemen und nicht nur von der Situation, in der sich das *laager* aus ein paar Millionen Weißen befindet... sondern ein Bewußtsein vom Land insgesamt und von der brutalen Welt um uns her. Bewußtsein und Mut und Demut. Und ein Gefühl, der Wahrheit ebenso verpflichtet zu sein, wie der unbedingten Notwendigkeit, sie furchtlos auszusprechen.

Wird es irgendeine »Wirkung« haben? Ich habe darauf hingewiesen wie wirkungs*los* das Schreiben praktisch sein kann. Aber auch, so hoffe ich, wie weit die Grenzen für den Schreibenden gesteckt sind. Es gibt vielerlei Revolutionen in unserer Welt; Régis Debray, der junge französische Revolutionär, der eine dreißigjährige Haftstrafe in Bolivien verbüßt, schrieb: »Arm ist das Gewehr ohne ein Wort, arm das Wort ohne ein Gewehr.«

Wir leben in der Tat inmitten einer revolutionären Situation, die sich auf viele Arten und auf vielen Ebenen äußert.

Die Revolution, in die ich als Schriftsteller verstrickt bin, ist eine Revolution im Gewissen meines Volkes. Vielleicht kann ich nur wenig leisten – und ich muß von mir selber verlangen, daß ich ehrlich bin und zugebe, wenn ein Standpunkt zu einer rationalistischen Ausrede verkommt. Keine Frage, es ist ein langsamer Prozeß. Man dringt vielleicht heute zu einem Menschen durch und morgen zu einem anderen, und nach langer Zeit sind wir vielleicht immer noch nicht mehr als eine Handvoll. Aber ich erinnere mich an Eluards Worte:

> Sie waren nur eine Handvoll – Plötzlich waren sie eine Menge.

Und vor diesem Hintergrund möchte ich Debrays Maxime wiederholen und sie dabei umdrehen: »Arm ist das Wort ohne ein Gewehr: arm das Gewehr ohne ein Wort.«

Mahatma Gandhi heute

[1970]

Es macht mich sehr stolz und sehr demütig, daß mir die besondere Ehre zukommt, nur ein Jahr nach dem hundertsten Geburtstag der »Großen Seele« diese Gedenkrede zu halten. Fast dreiundzwanzig Jahre sind seit jenem tragischen Tag im Januar 1948 vergangen, als der Mahatma von der Kugel eines Fanatikers getötet wurde, so kurz nach einer der großartigsten Leistungen, die er mit seinem Fasten vollbracht hatte: die Versöhnung der zwei großen rivalisierenden religiösen Gruppen in Indien. Dieses Fasten war, wer wüßte es nicht, eine der Ausdrucksformen seiner zu Recht so berühmten, friedlichen Waffe, des *satyagraha,* der »Seelenstärke«, die er – viele Jahre vorher – auch in Südafrika im Kampf gegen die Unterdrückung eingesetzt hatte, unter der seine Landsleute in diesem Land zu leiden hatten.

In den letzten Jahren sind immer wieder irritierende Berichte von neuen Unruhen und neuem Streit, vom Wiederaufleben alter Feindschaften aus Indien zu uns gekommen. Und was dieses Land hier angeht, so ist der von Gandhi gegründete und auf dem nämlichen Prinzip des *satyagraha* beruhende »South African Indian Congress« seit langem gelähmt. Mehr noch: diese Prinzipien der Liebe und Zusammenarbeit von Menschen verschiedener Rassen auf einer Basis der Gleichheit werden vom alles erfassenden Unheil des Apartheidsystems täglich verletzt und verleugnet, denn das Apartheidsystem hat unsere Gesellschaft in seinem tödlichen Griff, wie eine Riesenschlange ihr Beutetier. Millionen von Menschen werden nur deshalb beleidigt und erniedrigt und unterdrückt und ihrer einfachsten menschlichen Würde beraubt, weil ihre Hautfarbe nicht so verblichen ist wie die eines Unterdrückers, der zu lange unter einem moralischen Schubkarren gelebt hat. Und viele Tausende, die mit Gandhis Glauben an die Gleichheit der Rassen und an die gemeinsame Würde aller Menschen übereinstimmen, schmachten im Gefängnis, in verschiedenen Formen der Bannung oder im Exil. In unserem schönen und unglücklichen Land bestimmt eine kleine Minderheit absolut über das Leben aller und veranlaßt den Tod von vielen. Und daher mag es so aussehen, als sei der Mahatma tatsächlich tot; und als habe uns sein Geist der Größe und des Mitgefühls wirklich verlassen.

Doch der Schein trügt; und das ist das Thema, über das ich heute reden möchte. Der Mahatma ist tot. Doch der Mahatma wird nie tot sein. Und wenn wir heute um Mohandas Karamchand Gandhi trauern, feiern wir auch das unvergängliche Vermächtnis, das er der Welt hinterlassen hat.

Mir wurde das in den letzten vierzehn Tagen eindringlich klar, im Zusammenhang mit einem anderen großen Mann, der auf seine Art so etwas wie ein Schüler Gandhis ist. In einem Brief in einer Kapstädter Zeitung setzte sich der ehemalige Richter Blackwell für eine Begnadigung Bram Fischers ein, der derzeit als alter und kranker Mann eine lebenslängliche Freiheitsstrafe im Gefängnis verbüßt. Angesichts der Regierung, die wir haben, bezweifle ich, daß sein Appell Gehör finden wird, auch wenn ich ihm von Herzen beipflichte. Aber ein anderer Punkt im Leserbrief des Richters berührte mich noch mehr. Bram Fischer, sagte er, laufe Gefahr, vergessen zu werden. Und das, glaube ich, sieht er falsch. Ich für meine Person – und das geht vielen anderen genau so, darunter etlichen Afrikaanern – werde nie den

Eindruck vergessen können, den Bram Fischer mit seiner tief bewegenden Erklärung auf der Anklagebank machte, bevor er verurteilt wurde. Glücklicherweise wurde über den Fall damals umfassend berichtet, und in der Entwicklung meines eigenen moralischen und politischen Denkens markierte Bram Fischers Erklärung einen Wendepunkt, einen entscheidenden Augenblick. Ich darf aus seiner Rede nicht in der Öffentlichkeit zitieren, denn selbst das ist in diesem freien Land verboten, das ja, wie der Premierminister ständig beteuert, kein Polizeistaat ist. Wichtig ist, daß seine Ideale von einem harmonischen Zusammenleben und Zusammenwirken der Rassen nicht mit ihm ins Gefängnis gegangen sind. Auch nicht die Erinnerung an sein Mitgefühl mit denen, die auf Grund ihrer Rassenzugehörigkeit zu leiden haben, sein Festhalten an dem Grundsatz, daß jedem Menschen zugestanden werden sollte, auf die Form der Regierung, die sein Leben gestaltet, Einfluß zu nehmen.

Die Regierung – *jede* Regierung – kann ein Individuum oder sogar eine große Zahl von Individuen effektiv zum Schweigen bringen oder handlungsunfähig machen, aber all die Bataillone der Angst und all die Organisationen des Hasses, die ganze furchteinflößende Macht von Armeen und Polizeitruppen, von Sarazenen und Gefängnissen, von Boss-Gesetzen und Verbannungen, sie alle sind nicht in der Lage, eine Idee zu zerstören, in der das Licht der Wahrheit brennt. Und als ich Richter Blackwells Brief las, ging mir durch den Sinn, daß diese Erklärung, die Fischer auf der Anklagebank abgab, selbst noch nach seinem Tod weiterleben würde – kraft der simplen Tatsache, daß ich, zusammen mit vielen anderen, sie nie vergessen kann. Und wenn auch wir eines Tages sterben, wird eine neue Generation bereitstehen und diese Ideale am Leben erhalten. Mir fällt dabei ein Essay des großen afrikaansen Dichters Van Wyk Louw ein, *Heerser en Humanis (Tyrann und Humanist)*, in dem ein zum Tode verurteilter Schriftsteller am Vorabend seiner Hinrichtung vom Staatsoberhaupt im Gefängnis besucht wird. Der Tyrann verspricht ihm, die Vollstreckung auszusetzen, wenn er öffentlich widerrufe. Andernfalls werde er sterben, und jedes Wort, das er je geschrieben habe, werde vernichtet werden. Mit ruhiger Zuversicht entscheidet sich der Humanist fürs Sterben, gestützt von der Überzeugung, daß er am Ende gewinnen wird. »Wie soll das gehen?« fragt der Tyrann. »Zwei Gründe sprechen dafür«, erwidert der zum Tode Verurteilte. »Der eine ist, daß dein Henker mich sterben sehen wird. Der andere, daß du es für nötig erachtet hast, mich heute abend zu besuchen.«

Es ist vielleicht nützlich, etwas länger bei Bram Fischer zu verweilen, der Leute wegen, die bereits angefangen haben, ihn zu vergessen. Und auch, weil er dem Geist Gandhis Licht und Glanz verlieh.

Die vielen, die es sich angewöhnt haben, Fischer zu verteufeln, in ihm ein Symbol des Finsteren und Bösen zu sehen, das Südafrika zu zerstören droht, sollten sich daran erinnern lassen, daß er einer der prominentesten Familien in der Geschichte des Oranje-Freistaates angehört. Sein Vater, ein angesehener Rechtsanwalt, vermittelte vor dem Zweiten Burenkrieg zwischen Transvaal und Großbritannien und wurde später Premierminister der Kolonie am Oranje. Er spielte beim Entwurf einer Verfassung für die Südafrikanische Union eine führende Rolle. Sein Sohn wurde einer der brillantesten Anwälte in der Rechtsgeschichte Südafrikas.

Doch dieser bemerkenswerte Mann wuchs als ein gewöhnlicher afrikaanser Bauernjunge auf. In frühen Jahren machte er sich die Doktrin zu eigen, daß die Rassentrennung eine Lösung für die Probleme seines Landes darstelle; und eine Zeitlang fand er es, nach seinem eigenen Eingeständnis, fast unmöglich, einem Schwarzen die Hand zu geben.

Erst eine mit Seelenqualen verbundene Phase der Gewis-

sensprüfung ließ ihn – während Hitlers furchtbarem Aufstieg – entdecken, wie die logische Folge einer Theorie der rassischen Überlegenheit aussah. Dennoch fiel es ihm schwer, seine alten Überzeugungen über Bord zu werfen. Eines Abends vertrat er in einer Diskussion mit einem älteren Afrikaner die abgedroschene Theorie, die Rassentrennung reduziere die Zahl der Reibungspunkte. Der alte Mann konterte mit dem Hinweis, wenn man die Rassen in verschiedene Lager trenne, dann wüßten die Bewohner beider Lager schon bald nicht mehr, daß die anderen auf dieselbe Art und aus denselben Gründen lachten und litten und lebten; und so würden sie bald mißtrauisch – bis sie lernten, voreinander Angst zu haben. Und das sei der Punkt, an dem jeder Rassismus anfange.
Aus diesen elementaren Anfängen heraus fand Fischer mit seinem unbeugsamen Intellekt bald zum Marxismus. Es war jedoch nicht in erster Linie die Theorie des Marxismus, die ihn anzog; es waren vielmehr die praktischen Realitäten des Landes, in dem er lebte. Diese Realitäten hatten zwei Seiten: erstens war da die Struktur der Unterdrückung, die die südafrikanische Gesellschaft kennzeichnet und beherrscht. Was würde geschehen, fragte er sich, wenn plötzlich alle Afrikaaner in den Oranje-Freistaat als ihr »homeland« getrieben und gezwungen würden, außerhalb dieses Gebietes immer einen Paß bei sich zu haben; wenn sämtliche Gold- und Kohlegruben des Freistaates in schwarzer Hand wären und wenn Afrikaaner, die woanders im Land arbeiteten, gezwungen würden, in zugewiesenen Bezirken und Lagern zu leben und sich auf ungelernte Arbeit zu beschränken, und wenn sie sich außerhalb des Freistaates nur unter stillschweigender Duldung einer anderen Rasse aufhalten könnten...? Zweitens entdeckte er, daß die einzigen Leute, die bereit waren, für Überzeugungen zu leiden, die seinen eigenen ähnlich waren – Leute waren, die sich jeden nur

denkbaren Luxus hätten leisten können, die sich jedoch so sehr mit der unterprivilegierten Mehrheit identifizierten, daß sie bereit waren, auf all das zu verzichten und Gefängnis, Bann oder gar den Tod in Kauf zu nehmen –, daß also diese Leute Mitglieder der Kommunistischen Partei waren. Zu der Zeit war die Partei in der politischen Szene Südafrikas natürlich völlig legal, so daß ein gesetzestreuer Jurist wie Fischer in ihr das natürliche Forum für seine Überzeugungen sah.

Als die Partei in den 50er Jahren verboten wurde, war Fischer klar, daß die Maßnahme sehr wenig mit dem Antikommunismus als solchem zu tun hatte, daß sie vielmehr im wesentlichen dazu diente, die Opposition zum Schweigen zu bringen, die dem immer schneller werdenden Prozeß galt, weiße Interessen auf Kosten schwarzer Freiheiten zu sichern. Und so blieb Fischer nach langen, quälenden Gewissensprüfungen Mitglied der verbotenen Partei, mit nur einer festen Absicht: dazu beizutragen, in dem Land eine wahrhaft demokratische Gesellschaft zu schaffen, in der Weiße und Schwarze in der Lage sein würden, über ihre gemeinsame Zukunft gemeinsam zu entscheiden.

Fischer sprach oft von seinem Glauben an die Zwangsläufigkeit des historischen Prozesses: in dieser Sehweise ist die Geschichte keine Aneinanderreihung chaotischer Fakten und Zahlen, sondern eine logische Entwicklung von einer Gesellschaftsform zu einer anderen. In einem frühen Stadium gewann er die Überzeugung, daß die einzige den Anforderungen des laufenden Jahrhunderts wirklich gerecht werdende Form der Sozialismus sei. Aber er glaubte auch, Südafrika sei dafür noch nicht reif, und deshalb lehnte er es ab, ihn dem Land aufzuzwingen. Er wußte, daß wir in der Geschichte des Kapitalismus und des Imperialismus ein Stadium der Zerrüttung erreicht hatten, da diese zwei großen Kräfte, die das neunzehnte Jahrhundert beherrscht hatten, nicht in der Lage waren, den Bedürfnissen der Menschen im zwanzigsten Jahrhundert zu genügen. Gleichzeitig sah er, daß genau in dem Augenblick, wo der Imperialismus überall in Afrika zusammenbrach und neue Staaten und Systeme entstehen ließ, eine kleine und verzweifelte Gruppe von Weißen in Südafrika versuchte, ihn aufrechtzuerhalten, was zu immer neuem Leiden und immer stärkerer Unterdrückung führte.

Solange Fischer in Freiheit lebte, wollte er immer für die Wiederherstellung der Menschenwürde arbeiten. Und er akzeptierte, daß das nur mit gewaltlosen Maßnahmen zu schaffen war. Immer und immer wieder betonte er, daß Blutvergießen zu unerträglichem Chaos führen werde. Gleichzeitig sah er, daß sich Südafrika immer mehr einem Zustand näherte, wo Terror und Bürgerkrieg herrschen würden: und nach der Erfahrung mit Algerien (aus heutiger Sicht hätte er auch Vietnam anführen können) war ihm klar, daß der Ausgang eines solchen Krieges von vornherein feststand. Diese Aussicht war gegen seinen Glauben, den er auch mit Nelson Mandela teilte – den Glauben an die Errichtung einer gerechten und toleranten, vielrassigen Gesellschaft, in der Weiße und Schwarze gemeinsam für die Zukunft des Landes wirkten, in dem sie alle lebten.

Und um Südafrika vor dem bösen Ende, das sein gegenwärtiger Kurs nehmen mußte, zu warnen, ging er schließlich über Gandhis Strategien hinaus und ließ sich zusammen mit anderen auf ein Programm der kontrollierten Sabotage ein. Kontrolliert, weil jedes Ziel so sorgfältig ausgesucht wurde, daß nie die Möglichkeit einer Gefahr für Leib und Leben bestand. Das Ganze war ein Akt der Verzweiflung; er wollte die Regierung vor ihrer eigenen Torheit warnen und ein Klima schaffen helfen, in dem ein starkes Zusammengehörigkeitsgefühl den Drang zur Isoliertheit, der sein Land zerriß, überflüssig machen würde.

Man kann vielleicht seine Methoden in Frage stellen, nicht aber seine Ziele. Heute, nach der Krise in Mozambik, sehen immer mehr weiße Südafrikaner, wie vernünftig es wäre, einer Verwirklichung der Ideale Fischers näherzukommen. Nur: er sah das viel früher und viel klarer und ohne Eigennutz oder persönlichen Ehrgeiz.

Obwohl er wußte, daß er damit sein Leben riskierte, kehrte er 1964 nach Südafrika zurück, nachdem ihm erlaubt worden war, nach England zu gehen und einen Fall vor dem Staatsrat zu vertreten. Er hätte als freier Mann draußen bleiben können. Doch er kam zurück, eine sichere Gefängnisstrafe und ein mögliches Todesurteil vor Augen. Als er nach seiner Verhaftung eine Kaution stellte, tat er das nicht, um die eigene Haut zu retten, sondern um für die Sache weiterarbeiten zu können, an die er glaubte – und für die so viele seiner Freunde mittlerweile im Gefängnis schmachteten. Er wußte, daß viele dieser Opfer die ganze Verantwortung für ihre Lage den herrschenden Afrikaanern aufgebürdet hatten. Und deshalb wollte er beweisen, daß ein Afrikaaner auch anders sein konnte.

Solange er in Freiheit lebte, bemühte er sich stets darum, das Bild des Afrikaaners zu erweitern; und wenn das Afrikaans letztlich als Sprache überleben wird, dann wird das zu einem großen Teil der Tatsache zu verdanken sein, daß Männer wie Bram Fischer bereit waren, alles zu riskieren, um zu beweisen, daß es mehr ist als nur die Sprache einer tyrannischen Minderheit und einer furchterregenden Ideologie – daß es tatsächlich das ist, als was es viele Verbannte heute bezeichnen: *menstaal*, »die Sprache von Menschen«.

Deshalb bin ich auch so zuversichtlich, daß Fischer in diesem Land nie vergessen werden kann. Und ich habe mich etwas ausführlicher mit ihm beschäftigt, weil er sich mit seinen Gedanken und seiner Fürsorge für andere, mit seinem Mitgefühl, mit seinem Kreuzzug gegen soziale und politische Mißstände als ein Mann erwies, der wahrhaft im Geiste der Großen Seele handelte, des Mannes, um den wir heute trauern und dessen Vermächtnis wir feiern: Mohandas Karamchand Gandhi.

Nur drei Wochen vor seinem Tod, zu Beginn seines letzten Fastens, verkündete Gandhi, daß er bereit sei, bis zum Tod durchzuhalten: »Kein Mensch hat, wenn er lauter ist, etwas Kostbareres zu geben als sein Leben. Ich hoffe und bete, daß ich diese Lauterkeit in mir habe und so den Schritt rechtfertigen kann.« Es war ein aktives Handeln, vor allem eine Bereitschaft, ein inneres Vorbereitetsein, vergleichbar der Opferung buddhistischer Mönche als Protest gegen die sinnlose Gewalt amerikanischer Aggressoren in Vietnam, vergleichbar auch der Selbstopferung eines jungen tschechischen Studenten als Protest gegen die russische Besetzung seines Landes im Jahr 1968. Mehr als an irgend etwas anderes erinnert mich der Mahatma an die Worte Christi: »Niemand hat größere Liebe denn die, daß er sein Leben läßt für seine Freunde.« Und ich stelle diese Verbindung bewußt her, denn Gandhi selbst hat als ersten großen Einfluß auf die Entwicklung seines eigenen Kredos immer wieder die Bergpredigt genannt: diese unsterblichen Worte von der Macht der Sanftmut, von der Kraft der Demut, vom unausbleiblichen Sieg des Mitgefühls. Gandhi wußte, daß Sanftmut nicht Schwäche bedeutete. Und mit der Hingabe seines Lebens bewies er auch, daß er wußte, was es heißt, wirklich zu protestieren.

Von Jean-Paul Sartre stammt die aus meiner Sicht klarste Unterscheidung zwischen einer Geste und einer Tat. Eine Geste, sagte er, ist Sache eines Schauspielers, sie ist für ein Publikum gedacht: wir können die Geste als gut oder schlecht bewerten, als gelungen oder mißglückt, aber in

Wirklichkeit existiert sie im leeren Raum: sie hat keine praktische oder gar moralische Bedeutung. Eine Geste hat keinen Bezug zu Ursache und Wirkung, sie bleibt ohne Folgen. Eine Tat dagegen bedeutet in Sartres Definition, in die ganze Kette von Ursache und Wirkung verwickelt zu sein: sie führt zu etwas, sie hat einen unmittelbaren moralischen oder praktischen Einfluß auf die Situation, in der sie ausgeführt wird; und dadurch *verpflichtet* sie den Menschen, der sie ausführt. In dieser Verpflichtung ist der grundlegende Unterschied zwischen einer Sartre'schen Geste und einer Tat zu suchen. Wir leben in einer Welt, in der verschiedene Formen des Protests, mit und ohne Gewalt, fast zu einer Lebensweise geworden sind. Aber so vieles davon – auch in diesem Land – ist nur Geste, ohne volle Verpflichtung. Gandhi kannte die einschneidenden Folgen, die eine Verpflichtung mit sich bringt; denn erst in der Bereitschaft zum Opfer erweist sich die wahre Verpflichtung. Das ist der Unterschied zwischen dem Demonstranten und dem echten Rebellen – in dem Sinn, in dem Buddha und Christus und Mohammed und Gandhi und Paul Kruger und Bram Fischer Rebellen waren.

Ich glaube an Rebellion als eine Dimension des Daseins, ja, eine Voraussetzung für das Leben. Ich rede nicht von blindem Rebellieren, sondern von Rebellion in dem Sinn, daß immer mehr Fesseln gesprengt werden, die die echte menschliche Freiheit einschränken. Der Sklave, der gegen seinen Herrn rebelliert, so Camus, tut das nicht nur, um frei zu sein: er tut es, um zu bekräftigen, daß die Freiheit eine notwendige Bedingung des menschlichen Daseins ist.

Mit anderen Worten, es ist eine Rebellion, die sich nicht einfach *gegen* etwas richtet, sondern auf etwas hinzielt. Sie ist nicht negativ, sondern positiv. Als sich Antigone – die erste Rebellin der westlichen Tradition – gegen den Staat auflehnte, wollte sie nicht die Ordnung zerstören, sondern bekräftigen, daß es über der vom Staat aufrechterhaltenen eine höhere Ordnung gab. Antigones Schlüsselwort ist: NEIN! Aber es ist eine paradoxe Angelegenheit, denn eigentlich meint sie: JA. *Nein* sagt sie zu all den Kräften, die das Menschliche zu verweigern suchen, *ja* zu all den Attributen eines würdevollen menschlichen Lebens. Gandhi fügte eine spezifisch religiöse Dimension hinzu, als er sagte: »Ich weiß, daß ich nie etwas von Gott wissen werde, wenn ich nicht mit dem Bösen ringe und es bekämpfe, selbst wenn es mich das Leben kostet.«

Diese ihrem Wesen nach menschliche, metaphysische Rebellion – die durchgehend auf allen Ebenen der menschlichen Existenz erfolgt – spielt sich in einer Welt ab, in der es notwendigerweise einen Konflikt zwischen Freiheit und Gerechtigkeit gibt. Gandhi war das instinktiv klar, während es Camus ausdrücklich formulierte. In ihrer absoluten Form schließen sich Gerechtigkeit und Freiheit gegenseitig aus: eine absolute Freiheit gibt mir auch die Freiheit, einem anderen Menschen die Freiheit zu beschränken, ja ihm das Leben abzuerkennen, ihn zu töten; eine absolute Gerechtigkeit übergeht die wesentlichen Gesichtspunkte der individuellen Situation und arbeitet nur mit gemeinsamen Nennern. Die absolute Freiheit macht das Individuum allmächtig; die absolute Gerechtigkeit macht die Gesellschaft zu einer absoluten Macht. Wir können also nie absolute Freiheit haben – aber wir können immer *mehr* Freiheit haben; und wir können nie absolute Gerechtigkeit haben – aber wir können immer *mehr* Gerechtigkeit haben. Im Spannungsfeld zwischen diesen beiden Kräften begegnen sich Individuum und Gesellschaft. Und genau in diesem Bereich führte Gandhi seinen Liebesfeldzug, seinen Friedenskrieg.

Diesen Feldzug können wir heute im Lichte der in Südafrika herrschenden Bedingungen und Bedürfnisse neu beurteilen. Dieser Feldzug stützt sich auf eine Reihe klar formulierter

Vorstellungen, die alle von der starken Religiosität der Gandhischen Philosophie und von der Demut und der elementaren Humanität seiner Persönlichkeit durchdrungen sind.
1. Gandhis *swadeshi*-Gelübde kommt vielen Leuten, besonders in der westlichen Welt, seltsam vor. Er selbst definierte es als »jene treibende Kraft in unserem Innern, die uns darauf beschränkt, unserer unmittelbaren Umgebung – unter Ausschluß der weiter entfernten – zu nutzen und zu dienen.« Für ihn hatte das eine eindeutige religiöse, politische und ökonomische Bedeutung, verwandt mit dem sehr alten Begriff des Patriotismus, der Loyalität zum eigenen Volk. In dieser Hinsicht wird man, wieder einmal, an Van Wyk Louws Begriff vom »loyalen Widerstand« erinnert.
In den Händen und Köpfen kleinerer Leute kann diese Idee der Loyalität sehr leicht zu einem bloßen Instrument des Chauvinismus werden; in den Händen der politischen Führer dieses Landes von heute wird sie als ein Slogan eingesetzt, der die Leute in einem kleinen und stickigen, von abgenutzten Traditionen beherrschten *laager* zusammenhalten soll: es ist ein negativer Ansatz, denn durch Angst sollen die Leute davon abgehalten werden, anderer Meinung zu sein oder auch nur Fragen zu stellen, und durch Zensur und Indoktrination sollen das Schreiben, das Lesen und letztlich das Denken einer ganzen Generation massiv beeinflußt werden.
Um dem entgegenzuwirken, würde ich für dieses Land zu diesem Zeitpunkt eine weitergehende Interpretation von *swadeshi* vorschlagen: ich würde vorschlagen, es nicht als Loyalität zu einer Partei oder einer Kirche oder einem Wirtschaftssystem oder einer Sprachgruppe oder einer Rasse zu verstehen, sondern als Loyalität zu Südafrika, zu diesem Land, das viel mehr ist als die Summe seiner Einwohner und viel dauerhafter als irgendeine Regierung. Ich würde *swadeshi* gerne als eine Forderung verstehen, eine entschiedene

und entschlossene Forderung nach den allerbesten und allerhöchsten menschlichen Werten für dieses Land: dazu gehört ein ebenso entschlossener Widerstand gegen alles, was die Menschlichkeit herabsetzt und Würde aberkennt, gegen alles, was kleine Cliquen begünstigt, gegen alles, was gebraucht und minderwertig ist, verdorben von respektlosen Politikern. Vor allem sollte unsere Form des *swadeshi* eine Forderung nach Wahrheit und Gerechtigkeit in diesem Land sein. Es gibt sehr wenig Wahrheit und sehr wenig Gerechtigkeit in der Welt. Aber Lügen und Ungerechtigkeit in irgendeinem Winkel dieser Welt dürfen uns nie dazu verleiten, sie hier zu entschuldigen. Auf diese Weise wird *swadeshi* zu einer Kraft, die das Böse und Heuchelei und Unmenschlichkeit zerstören und die heiligsten Werte einer vielrassigen Gesellschaft intakt erhalten kann. Diese Kraft umfaßt auch Gandhis eindeutige Feststellung: »Losgelöst von der Religion hat die Politik absolut keine Bedeutung.« Und sie will nichts mit Politik in der Form zu tun haben, wie sie heutzutage in diesem Land praktiziert wird, wo die Religion als eine Sklavin der Politik benutzt wird und als Vorwand dafür herhalten muß, daß die Mehrheit der Südafrikaner von einer Minderheit aufs übelste ausgebeutet wird. »Der indische Nationalismus«, sagte Gandhi, »ist weder exklusiv noch aggressiv noch destruktiv.« In Südafrika haben wir heute einen Nationalismus, der all das *ist* und der unweigerlich Formen des Widerstandes heraufbeschwört, die ebenso exklusiv, aggressiv und destruktiv werden können. Bestandteil unserer Interpretation von *swadeshi* sollte sein, daß wir die tückische Fälschung durch das Original ersetzen und nicht ruhen, bis die Fälschung ausgemerzt ist – im Namen des wahren Südafrika.

2. Gandhis moralische Lehre des *khaddar* (»handgesponnene Stoffe«, d. h. Arbeit im weitesten Sinne) ist eng mit *swadeshi* verknüpft. Er sah darin die spezifische Form einer

Heimindustrie, mit der sich die den imperialistischeren Formen des Kapitalismus innewohnende Ausbeutung unterlaufen ließ. Heute ist die Industrialisierung eine nicht mehr umkehrbare Tatsache. Doch in unserem Zusammenhang kann *khaddar* sicherlich in der Weise interpretiert werden, daß es die enge Beziehung eines Menschen zu seiner Arbeit bezeichnet: die Forderung, daß ein Mensch für seine Arbeit Verantwortung tragen sollte, um ihr Würde zu verleihen; und daß er an den Früchten seiner Arbeit beteiligt sein sollte. Mit anderen Worten: kein Mensch sollte in seiner Arbeit ausgebeutet oder durch seine Arbeit entfremdet werden. Die ganze südafrikanische Wirtschaft beruht darauf, daß Männer, Frauen und Kinder mit schwarzer Hautfarbe ausgebeutet werden, und die Politik der »homelands« ist ein unmöglicher und unmenschlicher Traum. Sie akzeptiert, daß man Menschen wegen der Arbeit, die sie leisten können, gebrauchen kann, ohne sie auch nur im elementarsten Sinne des Wortes als *Menschen* anzuerkennen.

Auf der Würde als einem wesentlichen Element der Arbeit zu beharren heißt, gegen das ganze System zu rebellieren, das der wirtschaftlichen und geistigen Ausbeutung eines Menschen durch einen anderen Vorschub leistet. »Das höchste Gut«, sagt Gandhi, »ist der Mensch.«

3. Diese Auffassung ist eng mit der religiösen Erfahrung Gandhis und seinem Leben als konservativer Hindu in einer indischen Kastengesellschaft verknüpft. Gandhi akzeptiert die Unvermeidlichkeit, in mancher Hinsicht sogar die Notwendigkeit der Kaste, aber – mit seinen eigenen Worten – »nicht zur Einschränkung oder Steuerung des sozialen Verkehrs«. Denn seine Sicht des Kastenwesens beruht auf seiner grundsätzlichen Annahme, daß er, selbst als frommer Hindu, den Hinduismus nicht als ausschließliche Religion akzeptieren kann. Mit anderen Worten: auch wenn er, als Prämisse, die Existenz verschiedener Religionen und ver-

schiedener Kasten akzeptierte, so tat er das doch in einem völlig »offenen« Sinn: »Laßt uns die Existenz Gottes nicht dadurch leugnen«, schrieb er in einem Essay, »daß wir einem Fünftel unserer Rasse das Recht bestreiten, mit den anderen auf gleichem Fuße zu verkehren.« Auf südafrikanische Verhältnisse übertragen, würde sich das so lesen: »Laßt uns nicht 80 Prozent unseres Volkes das Recht bestreiten, mit den anderen auf gleichem Fuße zu verkehren.«

Von der Existenz verschiedener Gruppen ausgehend, besteht Gandhi darauf, daß alle Männer und Frauen im Grunde Brüder und Schwestern sind. Einige fromme Fürsprecher der Apartheid erklären – und manche von ihnen glauben es tatsächlich –, daß dieses System mögliche Reibungen ausschließt und eine Atmosphäre glücklicherer und vollständigerer Selbstverwirklichung schafft. Dabei wird jedoch die wesentliche Tatsache geleugnet, daß eine Trennung und die Barrieren, die sie zwischen Menschen errichtet, nur zu Mißtrauen und Angst und Haß führen können. In einer ohnehin schon übervölkerten Welt, in der die Massenmedien und internationalen Kommunikationssysteme rasch alle künstlichen Barrieren eliminieren und Kontakte ausbauen, versucht nur Südafrika den Prozeß umzukehren und immer neue Barrieren zwischen Menschen zu errichten – mit dem Ziel des endgültigen Apartheid-Idealstaates mit separaten Himmeln, separaten Höllen und separaten Toiletten für jedermann.

Ohne von den natürlichen Unterschieden zwischen einzelnen Individuen und einzelnen Gruppen auch nur ein Iota abstreichen zu wollen, muß man feststellen, daß wir heute dringender denn je Gandhis Vision von der gemeinsamen Würde aller Menschen brauchen. »Das einzige, was sich wirklich lohnt«, sagte einmal ein Schriftsteller, »ist das Zusammensein.« Er dachte an Mann und Frau, an Liebende. Wir sollten dabei – so wie Gandhi – an Menschen denken –

an alle Menschen in diesem Land. Das erfordert nicht mehr als die Anerkennung der *Tatsache*, daß wir alle zusammen hier sind und dieses Land miteinander teilen und daß wir es alle gleichermaßen lieben.

4. Und nun kommen wir zu einem für einen Nicht-Hindu extrem schwierigen Aspekt des Gandhischen Kredos: ich meine sein zähes Festhalten an dem Hindu-Brauch, aus einer religiösen Verpflichtung heraus die Kuh zu schützen. Vielen mag das engstirnig oder überholt vorkommen. Für den Mahatma war es ein wesentlicher Bestandteil seiner Philosophie. Wichtig ist jedoch, daß er auch sagte: »Ich glaube an den Schutz der Kuh in einem viel weiteren Sinne als allgemein üblich.« Wenn ich das richtig verstehe, ist es nicht so sehr die Kuh *als Kuh*, die ihm wichtig ist – denn dann kann die Kuh-Verehrung leicht zu einem rückständigen Symbol verkümmern, das die wahre und volle Entfaltung einer Gemeinschaft verhindern kann. Vielmehr sah er die Kuh – in seiner eigenen herrlichen Wendung – als »ein Gedicht des Erbarmens«. Die Kuh, in der frühen Hindu-Gesellschaft höher geschätzt als alle Kostbarkeiten, verkörpert Sanftheit und leibhaftigen Reichtum. Das Leben der Gemeinschaft hängt von ihrer Milch ab: sie sollte beschützt und geliebt werden. Und sie ist nie aggressiv: geduldig trägt sie, was ihr an Schlimmem widerfährt – und das ist auch der Grund, weshalb sie letztlich überlebt. Darin erkenne ich, für unsere Situation, die demütige, aber notwendige Forderung nach einer *Ehrfurcht vor dem Leben.*

Wir leben in einer ihrem Wesen nach gewalttätigen Gesellschaft. Alkohol – Selbstmord – Mord – tätliche Angriffe – Wahnsinn – Verkehrsunfälle – das alles sind Symptome unserer gewalttätigen Gesellschaft. Selbst Südafrikas Nationalsport, das Rugby, ist wegen seiner Gewalttätigkeit populär. Ich möchte ja nicht pedantisch erscheinen, aber könnte nicht ein Grund für die unglaubliche Verbreitung der

Gewalt in Südafrika eine elementare Respektlosigkeit gegenüber dem Leben sein, eine Respektlosigkeit gegenüber anderen? Und warum? Wieder einmal finde ich die Wurzeln in der Apartheid. Ein System, das ganze Gemeinden entwurzelt, das achselzuckend über Todesfälle in Gefängnissen und Polizeiautos hinweggeht, das Familien auseinanderreißt und das sich auf diskriminierende Gesetze und erniedrigende Maßnahmen wie die Paßgesetze oder den *»Immorality Act«* stützt, das Menschen in ihrem beruflichen Weiterkommen hemmt und ihr Einkommen beschränkt, das die Mehrheit der Bürger zwingt, dritt- und viertklassige Strände und Vergnügungsstätten zu benutzen, und ihnen verbietet, Theateraufführungen und Sinfoniekonzerte zu besuchen... ein solches System geht von der Überzeugung aus, daß ein Menschenleben keinen Pfifferling wert ist. Es macht den Menschen zu einem Objekt, und wenn er erst entmenschlicht ist, kann man ohne Skrupel alles mit ihm machen. Gandhi hatte Ehrfurcht vor Kühen. Wir haben nicht einmal Ehrfurcht vor Menschen. Es ist Zeit, ein solches System zu beseitigen und den Menschen mehr Bewegungsfreiheit für ihr Leben zu geben, Zeit, eine Gesellschaft zu schaffen, in der Menschen einfach als das anerkannt werden, was sie sind: als Menschen.

5. Und damit sind wir bei den beiden letzten und grundlegenden Kräften in Gandhis Leben und Werk angelangt: seinem *Bekenntnis zur Wahrheit* und seinem *Bekenntnis zur Gewaltlosigkeit.*

Gandhis Verfügung, bei der Wahrheit zu bleiben, enthält die inhärente und offene Aufforderung, man solle nie Angst davor haben, die Wahrheit zu sagen oder sie ans Licht zu bringen. »Bei meinen Reisen durch Indien«, sagte er, »habe ich festgestellt, daß in meinem Land eine lähmende Angst herrscht. Wir dürfen in der Öffentlichkeit den Mund nicht aufmachen, wir dürfen nur im geheimen über unsere

Ansichten reden ... Ich erinnere euch daran, daß es nur einen gibt, den wir zu fürchten haben, und das ist Gott. Wenn wir Gott fürchten, werden wir keinen auch noch so hochgestellten Menschen fürchten; und wenn ihr dem Bekenntnis zur Wahrheit folgen wollt, dann ist es eine absolute Notwendigkeit, daß ihr ohne Furcht seid.«

Seine Beschreibung Indiens als eines Staates der Angst erscheint einem merkwürdig bekannt. Unsere Gesellschaft ist in der Tat von Angst geprägt. Die Behörden benutzen die Angst dazu, ihre Macht über die Menschen zu verstärken. Der einzelne fürchtet, daß man ihn verfolgen wird, wenn er die Wahrheit sagt. Laßt uns die Fesseln der Angst abwerfen und die Wahrheit verkünden, wo immer wir sie finden und wie gefährlich sie auch erscheinen mag. Die Wahrheit ist immer gefährlich: deshalb sind die Oberen bestrebt, sie vor uns zu verbergen. Und eine Wahrheit, die in Südafrika sehr sorgfältig verborgen wird, ist die Tatsache, daß die Gesellschaft kein von Gott verordnetes Schicksal ist, das man einfach so zu ertragen hat: die Gesellschaft ist nichts als ein praktischer Zusammenschluß von Menschen, durch Menschen, für Menschen – und sie kann und muß verändert werden, wenn sie die Wünsche und Bedürfnisse der in ihr zusammengeschlossenen Individuen nicht mehr angemessen verkörpert.

Nach zweiundzwanzig Jahren unter den Nationalisten kennt eine ganze Generation von Menschen in Südafrika keine andere Regierung mehr und scheint bereit, diese als unvermeidlich hinzunehmen. Aber diese Regierung braucht *nicht* als Schicksal hingenommen zu werden. Sie kann verändert werden. Sie muß verändert werden, denn sie hat längst aufgehört – ja, sie hat nie angefangen –, die Bedürfnisse und Wünsche der Mehrheit der Menschen im Lande zu verkörpern. Es gibt eine Macht, die jene Angst besiegen kann, die uns so oft zu lähmen droht, wenn wir die Wahrheit ans

Licht bringen wollen. Diese Macht ist die Liebe, die »die Angst vertreibt«.

Denn die Liebe steht im Mittelpunkt der Lehre Gandhis vom *ahimsa*, das Milton als »die unwiderstehliche Macht der Sanftmut« bezeichnet hat. Wörtlich bedeutet *ahimsa* »nicht tötend«. Daher wird es üblicherweise als »Gewaltlosigkeit« oder »passiver Widerstand« übersetzt, beides Begriffe, die Gandhi absolut mißfielen. Denn es ist keine negative, sondern eine positive Kraft. Und die Macht, die darin steckt, ist die Liebe: »Bei dem, der dieser Lehre folgt, ist für einen Feind kein Platz ... Aber ich gehe weiter. Wenn wir uns über die Handlungsweise eines Freundes oder eines sogenannten Feindes ärgern, bleiben wir immer noch hinter dieser Lehre zurück.«

Dann folgt die sehr wichtige Einschränkung: »Wenn ich sage, wir sollten uns nicht ärgern, dann sage ich nicht, wir sollten einwilligen.« Tatsächlich stellt Gandhi fest, daß es das Gegenteil von Einwilligung bedeutet; er macht deutlich, daß ein Chirurg mit seinem Messer einen Eingriff am Körper des Patienten zu dessen Wohl vornehmen kann, daß er die Krankheit herausschneidet, um zu heilen, und daß er dabei »das reinste Ahimsa« praktiziert. Ähnlich verlangt *ahimsa* von uns, daß wir uns aktiv gegen alles Böse auflehnen und nicht ruhen, bis es vernichtet ist: »Ahimsa ist ein positiver Zustand der Liebe, in dem selbst dem Übeltäter Gutes getan wird. Es bedeutet nicht, daß du dem Übeltäter hilfst, weiterhin Unrechtes zu tun oder daß du es durch passives Stillhalten duldest. Im Gegenteil: die Liebe erfordert, daß du dem Übeltäter widerstehst, indem du von ihm abrückst, selbst wenn ihn das kränken oder körperlich verletzen sollte.«

Das ist die entscheidende Botschaft Gandhis, wie er sie mit seinem ganzen Leben und speziell mit seinem *satyagraha* in Südafrika beispielhaft veranschaulicht hat: an seinem Widerstand gab es nichts »Passives« – und ganz sicher keine

Rücksichtnahme auf persönliche Bequemlichkeit oder Sicherheit. Seine Inhaftierung und ständige Verfolgung sind dafür beredte Beweise. Er übte diese Form des Widerstandes so konsequent aus, wie er sie predigte: »Die Seelenstärke ist der körperlichen Stärke unendlich überlegen. Wenn die Leute, die ein Unrecht wiedergutmachen wollen, von der Seelenstärke Gebrauch machten, würde das derzeitige Leiden wesentlich eingeschränkt. Bei der Anwendung dieser Art von Stärke gibt es kein Scheitern. ›Wehre dich nicht gegen das Böse‹ heißt, daß das Böse nicht durch Böses sondern durch Gutes zurückgedrängt wird.«

Was mit Gewalt erreicht worden ist, kann, wie Gandhi richtig sagt, nur mit Gewalt behauptet werden. Was aber dadurch erreicht wird, daß sich eine rührige Seele darauf konzentriert, Liebe zu schenken und Gutes zu tun und Bösem mit Gutem zu begegnen, das läßt sich allein schon dadurch bewahren, daß man sich weiterhin des Erreichten würdig erweist.

Man könnte einwenden, daß Gandhis Widersacher, die Briten, bei denen es zumindest nominell Tradition ist, sich »als Gentleman« zu benehmen, für eine starke moralische Position anfälliger gewesen seien, als von der südafrikanischen Regierung unter ähnlichen Umständen zu erwarten sei und daß Gandhis *satyagraha* gegen Hitler nichts geholfen hätte. Man könnte auch einwenden, daß es Situationen gibt, die so unentwirrbar mit Gewalt verbunden sind, daß nur Gewalt aus der Sackgasse herausführen kann. Gandhi wollte nur zeigen, daß die Gewalt mit ihren allzu groben Vereinfachungen immer eine Beleidigung für die Menschheit ist – für den, der Zuflucht zu ihr nimmt, ebenso wie für das Opfer. Und eins wird bei Gandhi besonders deutlich: Ganz gleich, welchen Weg Südafrika in Zukunft einschlagen wird, ob den eines gewalttätigen Umsturzes oder den einer relativ friedlichen Veränderung, es kann keinen Sieg über das Böse geben, wenn keine Seelenstärke im Kampf ist, wenn wir, die wir uns dem Kampf gegen die Unterdrückung und Ungerechtigkeit verschrieben haben, unseren Widersachern nicht auch *moralisch* überlegen sind.

Wenn wir im Lichte all dessen, was Gandhi verkörperte, die Situation in Südafrika heute bewerten und uns einig sind, daß eine dringende und radikale Veränderung erforderlich ist, sollte uns sein Beispiel daran erinnern, daß zu einer Veränderung mehr gehört, als das Bestehende zu vernichten, mehr, als ein System gegen ein anderes auszutauschen: es ist ein Prozeß, der ebensosehr nach innen gerichtet ist wie nach außen, ebensosehr an das Selbst wie an die anderen. Dazu gehört, wie es in einem vom Mahatma geschätzten Gedicht heißt, eine Bewegung vom Unwirklichen zum WIRKLICHEN, vom Dunkel zum LICHT, vom Tod zur UNSTERBLICHKEIT. Wir müssen das Land so verändern, daß sich besser in ihm leben läßt, und wir müssen uns selbst so verändern, daß wir es mehr wert sind, in diesem Land zu leben.

Über Kultur und Apartheid

[1970]

Ziel dieses Aufsatzes ist es, einige Aspekte der kulturellen Situation in der südafrikanischen Apartheidgesellschaft zu untersuchen, dabei besonders auf die sozialen Auswirkungen einiger spezieller kultureller Phänomene zu achten und schließlich zu versuchen, einige Möglichkeiten der sozialen Veränderung im Lichte der kulturellen Entwicklung zu beurteilen. Mein Beitrag soll nicht mehr sein als eine kurze Einführung in das Thema, und obwohl ich mich um Objektivität bemühen werde, muß gleich zu Beginn deutlich gesagt werden, daß meine Untersuchung persönlichen Charakter haben wird.

Das bedeutet, daß die Grundlagen meiner Betrachtungsweise definiert werden müssen.

1. Auch wenn dieser Aufsatz Teil eines spezifisch *christlichen* Projektes ist, muß ich betonen, daß ich kein Christ bin und deshalb nicht als Christ an das Thema herangehen kann. Ich trete jedoch für die christlichen Grundwerte ein: Gerechtigkeit; Mitgefühl, das über die Gerechtigkeit hinausgeht; individuelle Freiheit, die die Freiheit anderer respektiert; eine Auffassung von Menschenwürde, die akzeptiert, daß alle Menschen gleich sind; vor allem aber *caritas* im weitesten Sinne.

2. Ich bin Schriftsteller, nicht Politiker. Und so ist mein Ansatz vielleicht nicht immer der des Praktikers. Ich bestreite jedoch mit allem Nachdruck, daß moralische Grundsätze als unpraktisch oder unbrauchbar zu gelten

haben, nur weil es sich um Ideale handelt. Überzeugungen können, wenn sie stark genug sind, fast jedes Ideal in eine praktische Möglichkeit verwandeln.

3. Ich glaube an den metaphysischen Begriff der Revolte, wie Camus ihn definiert. Ich glaube, daß Apartheid eine Absage an alles ist, was der Menschenwürde und dem Begriff der Liebe zugrundeliegt; deshalb habe ich mich dem Ideal verschrieben, sie abzuschaffen. Mit friedlichen Mitteln, wenn möglich, da meiner Meinung nach die Gewalt nicht nur demjenigen die Menschlichkeit versagt, gegen den sie sich richtet, sondern auch dem, der sie ausübt. Gleichzeitig räume ich – mit Camus – ein, daß es gewisse Situationen geben kann in denen Gewalt für viele die einzig gebotene Möglichkeit scheint: und es sieht ganz so aus, als nähere sich Südafrika rasch dem Punkt, von dem es kein Zurück mehr gibt und wo Gewalt möglicherweise nicht mehr zu vermeiden sein wird. Ich bin gleichzeitig überzeugt, daß es im augenblicklichen Stadium immer noch möglich ist, die Veränderung mit friedlichen Mitteln zu bewirken. Doch das heißt *Veränderung*, nicht *Kompromiß*. Kompromiß, Anpassung, Scheinwiderstand – das alles kann vom System »geschluckt« werden, ja, es kann sogar bedeuten, daß dem System verziehen wird. Und wenn ein System so hassenswert und unmenschlich ist wie die Apartheid, verletzt jede Verzeihung, die ihm zugestanden wird, die eigene Integrität.

4. Im Idealfall sollte der Begriff »Kultur« erst einmal präziser definiert werden, aber das würde einen eigenen Aufsatz erfordern. (1968 war eine ganze UNESCO-Konferenz mit der Untersuchung dieses Begriffes beschäftigt, ohne letztlich zu einem klaren Schluß zu kommen.) Wenn man in der Kultur die Gesamtsumme all dessen sieht, was der Mensch im Verlauf der Zivilisation »erworben« hat, um seine Position und sein Verhalten und seine Standpunkte in der Gesellschaft zu definieren und zu ordnen und zu gestalten – dann

sollte klar sein, wie umfassend dieser Begriff wirklich ist. Für die Zwecke dieses Aufsatzes können wir uns auf einige landläufige Erscheinungsformen der Kultur beschränken: Kunstgewerbe, Sprache, Entspannung und Unterhaltung, Sport usw. (Offensichtlich macht auch die Religion einen Teil davon aus, und der ganze »Lebensstil« eines Volkes findet sich darin wieder – wie es Politik und Justiz und Schulbildung und Wohnungsbauprogramme organisiert –, aber diese Apsekte werden von anderen *Spro-cas*-Kommissionen behandelt und gehen deshalb über den engeren Rahmen dieser Arbeit hinaus.) Im vorliegenden Kontext ist es sinnvoll, die Kultur als die Gesamtheit von Gewohnheiten, Konventionen und Verhaltensmustern zu verstehen, die es einem Individuum erlaubt, sich in einem sozialen Kontext auszudrücken und verstanden zu werden: jene Gesamtheit der Muster und Strukturen also, die eine Gesellschaft, eine Nation und manchmal eine Rasse von einer anderen unterscheidet, ohne die allen zugrundeliegende »menschliche Universalität« zu verleugnen.

1

Als erstes ist die Tatsache zu bedenken, daß es eine einzige »südafrikanische Kultur« gar nicht gibt: wir haben es hier mit einer multikulturellen Gesellschaft zu tun. Seit in der ersten Hälfte des neunzehnten Jahrhunderts Stockenström die Siedlung am Kat River gründete, und Sir Benjamin D'Urban die Verwaltung des ersten »Bantu homeland« (der Provinz Queen Adelaide) übernahm, hat sich die Konzeption separater Gruppen und separater Gruppenkulturen als »der südafrikanische Lebensstil« immer mehr verfestigt. Dieses System, weitgehend von britischen Kolonialisten durchgesetzt, hat zur Isolierung verschiedener lokaler Kulturen seinen Teil beigetragen. Auf der anderen Seite haben starke Kräfte *gegen* eine kulturelle Isolierung gewirkt: die politische Vereinigung im Jahre 1910, die – in Wirtschaftsdingen – vielfältige wechselseitige Abhängigkeit der verschiedenen Gruppen, die verhältnismäßig gute Zugänglichkeit zweier offizieller Sprachen, die Verstädterung, die rasche Entwicklung nationaler und internationaler Kommunikationsmöglichkeiten, der starke Einfluß der Massenmedien usw. Mit anderen Worten: obwohl in Südafrika eine Reihe von Kulturen nebeneinander existierten, mehrten sich bis etwa 1948 die Anzeichen dafür, daß eine Tendenz zur Angleichung bestand, zu einer allmählichen Entwicklung hin zu einer neuen ganzheitlichen kulturellen Struktur. (Zumindest auf einem Gebiet hatte sich das bis 1948 gezeigt: es gab eine kulturelle Einheit von Afrikaanern und *Coloureds.)*

Die Einführung der Apartheid als einer politischen Struktur machte der Verschmelzung als einem »natürlichen Impuls« (Lewis Nkosi) ein Ende. Im Bereich der Kultur ging die Apartheid davon aus, daß eine getrennte Entwicklung allen Gruppen die gleichen Möglichkeiten bieten würde. Mit der Erhaltung ihrer »eigenen Identität« würden dann alle Gruppen ihr kulturelles Potential voll entfalten und, um es mit dem alten Spruch zu sagen, ihrem eigenen Selbst treu bleiben. So hochgesteckt war dieses Ideal, daß Dr. Verwoerd, ohne mit der Wimper zu zucken, verkünden konnte: »Wir werden den Beweis dafür antreten, daß die Diskriminierung erst und gerade dadurch, daß wir getrennte Nationen ins Leben rufen, auf lange Sicht verschwinden wird.« (4. Dezember 1963. Man beachte im übrigen den tieferen Sinn des Ausdrucks »ins Leben rufen«!) Nach 1948 wurde diese Trennung immer dogmatischer und strenger: getrennte sportliche Betätigung, getrennte Konzerte, getrennte Strände, getrennte Büchereien, getrennte Kirchen, getrennte

Schulsysteme (mit Unterricht in der Muttersprache für alle afrikanischen Gruppen), getrennte Rundfunkprogramme, getrennte Universitäten.

Wenn diese unglaubliche Struktur strikter Trennung tatsächlich alle – oder auch nur einige – der verschiedenen Kulturen in ihrem Wachstum beflügelt hätte, wäre es schwierig gewesen, dieses System rundweg abzulehnen. Aber in Wahrheit ist leider das Gegenteil eingetreten.

Erstens einmal waren die Einrichtungen und Annehmlichkeiten, die für die verschiedenen Gruppen bereitgestellt wurden, einander *nicht* ähnlich. So veraltet oder heuchlerisch das aus dem Amerika des neunzehnten Jahrhunderts stammende Schlagwort »Getrennt, aber gleich« auch sein mag, so hätte es dennoch eine gewisse Wirkung haben können, wenn die erforderliche Gleichheit tatsächlich respektiert worden wäre. Aber das war nicht der Fall. Es erübrigt sich, Statistiken anzuhäufen. Ein Blick auf die Verteilung der Strände auf die verschiedenen rassischen Gruppierungen genügt, um die Farce der »gleichen kulturellen Möglichkeiten« bloßzustellen. Ein zusätzlicher Blick auf Büchereien bestätigt das. (1964 besaß die Weiße Bibliothek in Pietermaritzburg 4890 Nachschlagewerke; die afrikanische Zweigstelle besaß 2 Bände.) Die fast unüberwindlichen Schwierigkeiten der regionalen Komitees für die darstellenden Künste beim Versuch, gelegentliche Aufführungen für ein nicht-weißes Publikum zu organisieren, sprechen für sich. Der akademische Standard an den Universitäten für Afrikaner und *Coloureds* ist erschreckend. Der Zustand, in dem sich die Bildungseinrichtungen der Afrikaner befinden, ist eine Schande für jede verantwortungsbewußte Regierung (der Staat gibt für die Schulbildung eines weißen Kindes *zehnmal* soviel aus wie für die eines schwarzen Kindes). Sportstätten für Schwarze sind von einer grotesken Unzulänglichkeit...

Mit anderen Worten: die kulturelle Trennung hat fast allen nicht-weißen Gruppierungen *kulturelle Entbehrung* gebracht. Schwarze Schulkinder können Aufführungen von vorgeschriebenen Theaterstücken nicht besuchen, wenn diese von Weißen herausgebracht werden; es ist für einen Schwarzen fast unmöglich, ein Sinfoniekonzert zu besuchen oder auch nur den Auftritt eines ausländischen Popsängers mitzuerleben. Kaum zehn Prozent aller Filme, die hierzulande in die Kinos kommen, werden einem nicht-weißen Publikum vorgeführt. Die Folge ist, daß diese Gruppenkulturen, die zwar die überwältigende Mehrheit der südafrikanischen Bevölkerung repräsentieren, denen aber fast jede Anregung von außen vorenthalten wird, gezwungenermaßen nur das Material verarbeiten können, das innerhalb jeder Gruppe unmittelbar verfügbar ist – und selbst dafür gibt es kaum die notwendigen Einrichtungen oder Geldmittel. Das bedeutet, daß die »Kultur« zum Privileg für eine kleine Minderheit geworden ist. Und das, obwohl die Kultur ihrem Wesen nach kein Privileg, sondern ein Grundrecht jedes Menschen ist, eine unerläßliche menschliche Dimension. In einer ätzend scharfen und berechtigten Kritik an der südafrikanischen Kultur machte Breyten Breytenbach der »weißen Sippe« des Landes den Vorwurf, sie »reduzierten Kultur auf Folklore«. Die weiße Vorstellung von afrikanischer Kultur, sagt er, beschränkt sich auf Ndebele-Hütten, Xhosa-Töpfe oder Zulu-Perlenschmuck. Die »Kultur« der *Coloureds* erschöpft sich für Weiße im »Cape Coon Carnival« am 2. Januar – und selbst da wird inzwischen starr reglementiert: das einzige authentische, spontane einheimische Volksfest im Land ist einer strengen Kontrolle unterworfen worden, weil die privilegierten Weißen nicht gestört werden sollten, in deren Straßen die Tänzer traditionell ihren fröhlichen Umzug abhielten.

Es wäre jedoch falsch, zu glauben – ob bedauernd oder

schadenfroh –, nur Nicht-Weiße seien durch kulturelle Unterernährung geschädigt worden: die weiße Kultur, ob englisch oder afrikaans, ist ebenso stark, wenn auch auf subtilere Art, beeinträchtigt worden. Noch vor kurzem mußte Guy Butler zugeben, daß die meisten englischsprachigen südafrikanischen Dichter nach wie vor London oder New York als ihre geistige Heimat ansehen: ich glaube, das hat nichts mit einer atavistischen kolonialen Gesinnung zu tun, sondern mit der Tatsache, daß der Zugang zu einheimischen südafrikanischen Kulturen (der Afrikaner, der *Coloureds,* der Inder) für englischsprachige Autoren immer schwieriger geworden ist. Jedenfalls gilt das mit Sicherheit für viele afrikaanse Schriftsteller.

Eine der schärfsten Anklagen, die die Geschichte gegen die Apartheid erheben könnte, wird sein, daß der afrikaanse Schriftsteller von Afrika abgeschnitten worden ist. Als Breyten Breytenbach 1968 in der Zeitschrift *Kol* fragte, warum sich afrikaanse Schriftsteller nie die Mühe machten, afrikanische Schriftsteller zu besuchen, erwiderte ein afrikaanser Autor: »Welcher afrikanische Autor hat denn *mich* schon mal besucht?« Man könnte das als ein bloßes Symptom eines Überlegenheitsanspruchs abtun, aber man sollte es im Zusammenhang mit einer anderen, unlängst in der Londoner *Times* zu lesenden Aussage desselben Autors sehen. Wir afrikaanse Schriftsteller, sagte er, sehnen uns nach Afrika, und wir brauchen es ... aber Afrika scheint uns nicht zu brauchen. Wieder einmal kann man seine Bestürzung nicht verbergen: warum, zum Teufel, sollte Afrika die Werke der Sestiger bedeutend oder auch nur im geringsten relevant finden? Aber das zeigt nur von neuem, welche erbärmliche – wenn nicht tragische – Rolle die kulturelle Apartheid spielt. Zu einem Zeitpunkt, da Afrika dem größten Teil der Menschheit tief ins Bewußtsein gedrungen ist, zu einem Zeitpunkt, da Afrika von jungen Leuten auf der ganzen Welt entdeckt wird, verweigert man *uns, die wir hier leben,* den direkten Zugang zu dem Kontinent, in dem wir leben, dem Kontinent, der uns geformt hat. Es ist unmöglich, die meisten afrikanischen Länder zu besuchen – wegen der Apartheid. Es ist fast unmöglich, mit afrikanischen Schriftstellern Umgang zu haben – da die Apartheid diese Schriftsteller entweder aus dem Land vertrieben oder ins Gefängnis gebracht oder dafür gesorgt hat, daß sie fast unmöglich zu erreichen sind (auch im übertragenen Wortsinn). Wo die Apartheid solche Kontakte nicht physisch unmöglich macht, errichtet sie Barrieren des Mißtrauens, des Argwohns und der offenen Feindseligkeit – zwischen Menschen, die auf Grund ihrer gemeinsamen Interessen *normalerweise zueinander hingezogen sein würden.*

In dieser Situation sieht sich der (jüngere) afrikaanse Schriftsteller in einer eigenartigen Lage. Fast alle Schriftsteller der jüngeren Generation leiden an einer kulturellen Schizophrenie. Weil die meisten von ihnen längere oder kürzere Zeitabschnitte in Europa verbracht haben und weil sich der Schriftsteller naturgemäß zu den größeren Philosophien und Ideen seiner Zeit hingezogen fühlt, schreiben sie ihre Bücher aus einer Welt heraus, deren gemeinsame Nenner von Sartre und Camus, von Henry Miller und Ionesco und Beckett geschaffen worden sind: aus einer internationalen und kosmopolitischen Welt. Andererseits bindet sie allein schon ihre Sprache an eine spezifische kulturelle Gruppe – eine Gruppe, die durch die Apartheid, durch die geographische Notwendigkeit und durch die Strenge des Calvinismus aus dem Isolationismus eine Tugend gemacht hat; eine Gruppe, die fast ohne jede Verbindung zur »Außenwelt« ist. Und es wird zunehmend schwierig, diese Dualität aufzulösen, besonders, weil sich die jüngeren Schriftsteller in ihrer Mehrzahl emotional und geistig sehr stark mit »unseren Leuten« verbunden fühlen und es vorziehen, der feindseligen Außenwelt

gegenüber eine defensive Haltung einzunehmen. Das bedeutet, daß – entgegen den fast überall zu beobachtenden Trends – jüngere afrikaanse Schriftsteller das Establishment offen oder stillschweigend unterstützen; und das führt zu der extremen Situation, daß sie den Nationalismus der Afrikaaner – und die Apartheid – ausdrücklich oder ohne große Worte billigen, verzeihen, unterstützen. Die Angst vor Zurückweisung ist in der afrikaansen Gesellschaft unglaublich stark – weil diese Gesellschaft ständig vom Rest der Welt isoliert gewesen ist (auch geographisch). Aus dieser Gemeinschaft ausgestoßen zu werden heißt buchstäblich, »in die Wüste geschickt zu werden«. Wegen seiner Beziehung zu Europa und Amerika fühlt sich der Schriftsteller vielleicht nicht ganz so ohnmächtig wie einige seiner Vorfahren – daher in letzter Zeit ein annehmbares Maß an Revolte in der afrikaansen Literatur. Es ist sicherlich bedeutsam, daß die einzige neuere kulturelle Entwicklung innerhalb des Apartheid-Systems auf einer Revolte beruht. Im großen und ganzen war und ist es jedoch eine relativ sichere Revolte: sie weiß, wie weit sie mit ihrer Frontstellung gegen religiöse und sittliche Tabus gehen kann, ohne die politischen Fundamente ins Wanken zu bringen. Dementsprechend wird selbst diese zaghafte »Literatur der Revolte« vom System bislang weitgehend in Schach gehalten.
Andererseits ist vieles, was schwarze Südafrikaner in jüngster Zeit geschrieben haben, von einer einengenden Bitterkeit gekennzeichnet – höchst verständlich, denn sie waren oft persönlicher Verfolgung ausgesetzt; und die Bücher der meisten von ihnen wurden gebannt. Fast alle führenden afrikanischen und *coloured* Schriftsteller des Landes sehen sich mittlerweile gezwungen, im Exil zu leben. (Und wer interessiert sich schon für sie? Nat Nakasa hat die schreckliche Wahrheit ausgesprochen: »Die meisten weißen Südafrikaner haben einfach nie die Tatsache zur Kenntnis genom-

men, daß es in diesem Land neben den Weißen auch noch andere Menschen gibt. Sie fügen keinem ›anderen‹ etwas zu, sondern einer anonymen Masse aus Eingeborenen.«) Wie sollen sie sich jemals von ihren persönlichen Haßgefühlen freimachen? Doch der Verlust der Kreativität, der Verlust größerer *Dimensionen* in einem großen Teil dieser Werke – unmittelbar der Apartheid zuzuschreiben – ist eines der Hauptargumente gegen die gezielte Trennung von Kulturen, die nicht zur Entfaltung, sondern zur Stagnation führt. Die Engstirnigkeit in der weißen Literatur tritt ebenso deutlich zutage. Die meisten afrikaansen Werke sind von dem ermüdenden Bewußtsein durchdrungen, daß es »sie« gibt und »uns« – das Menschsein des anderen wird geleugnet; in vielen englischsprachigen Werken spielt das »Anliegen« eine so wichtige Rolle, daß eine Identifizierung mit lebenden Individuen kaum deutlich wird.

Die Zensur hat die Lage verschärft. Trotz massiven Widerstandes von (weißen) Künstlern und Schriftstellern ist das Publikationsgesetz 1963 in Kraft getreten. Dieses Gesetz, das sich vorgeblich in erster Linie gegen Angriffe auf religiöse oder sittliche Werte richtet, ist im wesentlichen ein politisches Instrument. Im Gegensatz zu vielen Schriftstellern war der Regierung damals klar, daß eine religiöse und sexuelle Befreiung in der Tat politische Folgen hat: wollte sie also den »traditionellen Lebensstil« sichern, mußte sie diese neugewonnenen Freiheiten rechtzeitig beschneiden. In dieser Hinsicht steht das südafrikanische Zensurgesetz in direktem Gegensatz zu modernen Liberalisierungstendenzen, die überall in der freien Welt zu beobachten sind.

Es stellte sich bald nur allzu deutlich heraus, wie wirkungsvoll sich das Gesetz anwenden ließ. Nicht nur, daß damit Tausende von Büchern (darunter Werke von einigen der größten Schriftsteller und Philosophen der Welt) aus dem Land ferngehalten und fast 90 Prozent aller wichtigen Auslandsfilme gebannt wurden: das Gesetz schuf auch die Möglichkeit, die Werke fast aller führenden südafrikanischen Schriftsteller, ob Afrikaner oder *Coloureds*, ebenso zu bannen wie die Werke etlicher englischsprachiger südafrikanischer Autoren, darunter auch Nadine Gordimer und Jack Cope.

Bis jetzt ist noch kein Werk eines afrikaansen Schriftstellers gebannt worden. Es könnte sein – wie im Spaß auch gesagt worden ist –, daß es sich bisher bei keinem afrikaansen Werk gelohnt hat, es zu bannen. Aber es könnte auch auf andere Gründe zurückzuführen sein (denn in mehreren Fällen ist von einflußreichen Gruppen der Afrikaaner sehr starker Druck ausgeübt worden, den Bann auszusprechen). Dazu mag auch jenes mystische, aber äußerst wichtige Gefühl der »Afrikaaner-Einheit« gehören: wenn ein einzelner Afrikaaner sich dagegen sträubt, in die Wüste geschickt zu werden, sträubt sich die Afrikaaner-Obrigkeit selbst dagegen, ein »Mitglied der Familie« auszustoßen, solange es nicht absolut unvermeidlich wird. Auch das hat wahrscheinlich wieder historische und geographische Wurzeln: in der Wüste sollte man das *laager* nicht schwächen. Wenn also dem afrikaansen Schriftsteller bisher mehr Spielraum gewährt worden ist als seinen englischsprachigen, *coloured*, indischen oder afrikanischen Landsleuten, dann könnte das daran liegen, daß das etablierte Afrikaanertum einen offenen Bruch fürchtet und es deshalb – auf absehbare Zeit – vorzieht, von seinen eigenen Kindern mehr hinzunehmen, als zu der schrecklichen Maßnahme der Ausstoßung zu greifen. Leider sieht es so aus, als hätten afrikaanse Schriftsteller den ihnen zugestandenen Spielraum nicht genügend genutzt. Sie hatten doch beträchtlich viel Freiheit: warum haben sie nichts daraus gemacht?

Die Zensur arbeitet natürlich nicht immer offen oder legal. Das Klima der Angst und des Mißtrauens, das durch die

Existenz eines Zensurgesetzes geschaffen wird, hemmt oft viel stärker als irgendeine Aktion, die sich auf das eigentliche Gesetz beruft. Es läßt sich unmöglich feststellen, ob infolge von Angst vor der Zensur irgendwelche bedeutenden Werke ungeschrieben geblieben sind – obschon Äußerungen von Etienne Leroux und anderen darauf schließen lassen, daß etliche Romane, die sie gerne geschrieben hätten, nicht geschrieben worden sind. Mit Sicherheit läßt sich jedoch sagen, daß das vom Zensurgesetz geschaffene Klima dazu geführt hat, daß mehrere Werke unveröffentlicht geblieben sind. 1964 planten mindestens vier zu den Sestigern zählende Schriftsteller Bücher, die sich um Sabotage, Inhaftierung ohne Prozeß und ähnliche Themen drehten. Davon wurden wenigstens zwei zu Ende geschrieben, Jan Rabies *Die Agitator* und mein *Die Saboteurs.* Ich weiß im einzelnen nicht, wie es Rabies Roman erging. Ich weiß aber, daß meiner nach literarischen Kriterien zur Veröffentlichung angenommen wurde – und, nachdem sie sich mit Anwälten beraten hatten, an mich zurückging. Und ich weiß, daß Breytenbachs Roman *Om te Vlieg* zweimal (auf Empfehlung von mindestens zwei Literaturprofessoren) angenommen und dann zurückgeschickt wurde – das erstemal, weil auf die Leiter des Verlages politischer Druck ausgeübt wurde, und das zweitemal, weil den Druckern das Risiko zu groß war – aus Angst vor Strafverfolgung. Selbst aus Breytenbachs letztem Gedichtband *Kouevuur (Kaltes Feuer)* mußten einige der besten Gedichte gestrichen werden, weil Drucker Strafverfolgung befürchteten – und weil sie befürchteten, von anderen einflußreichen und wohlhabenden Kunden diskriminiert zu werden. Eine Firma lehnte es ab, gewisse Bücher zu drucken, weil es sie das Wohlwollen der Niederländisch-reformierten Kirche hätte kosten können; eine andere ist von der Heilsarmee eingeschüchtert worden. Ich könnte noch andere Beispiele anführen, aber die genannten sind wohl deutlich genug.

Die Fürsprecher der Apartheid beteuern, daß die vom System geschaffenen Härten und Ungerechtigkeiten (kultureller und anderer Art) nur vorübergehend seien und ihrem ganzen Wesen nach zu einer Übergangszeit gehörten; das sind natürlich die gleichen Argumente, die seit Jahrzehnten von politischen Führern in Rußland, Ungarn, China oder der DDR geltend gemacht werden. Außerdem: wenn Nicht-Weiße in Südafrika kulturell benachteiligt bleiben sollen, bis sie ihre eigenen Staaten voll aufgebaut haben – wie, um alles in der Welt, können sie dann ganz von vorn anfangen? Künstlich eine Kultur zu »schaffen«, ist so unmöglich wie Verwoerds Traum, Nationen zu »schaffen«. Die harte Realität unserer kulturellen Situation ist jedenfalls so, daß sie für die Weißen eine Verengung ihrer Welt, Inzucht oder Flucht in eine Phantasiewelt bedeutet; anderen bringt sie Einschränkungen, Strafverfolgung und Zurückweisung.
Vielleicht sollte noch einmal betont werden, daß unsere Form der Zensur eine grauenvoll logische Folge der Apartheid-Mentalität ist: sie stützt sich auf die Annahme, daß eine Handvoll Menschen das – gottgegebene? – *Recht* haben, zu entscheiden, was andere tun oder lesen oder schreiben oder denken oder sein dürfen. Und das macht deutlich, daß diese Haltung nicht nur unmenschlich, sondern anti-menschlich ist. Wäre es denn tatsächlich so widersinnig, unsere hohe Quote tödlicher Verkehrsunfälle wenigstens zum Teil der Apartheid-Mentalität zuzuschreiben, die einer anderen Person die Menschlichkeit absprechen muß, um selbst zu überleben: wenn einem anderen die Menschlichkeit erst abgesprochen wird, kann er vernichtet werden, da er nun keine *Person* mehr ist. In diesem Zusammenhang wird die Apartheidgesellschaft – vor allem in ihren Auswirkungen auf die Kultur – zu einem bestürzenden Beweis des existentiellen, schizoiden Zustands, wie ihn Ronald D. Laing in *Das geteilte Selbst* beschreibt.

Ezekiel Mphahlele: »Was das schöpferische Schreiben angeht, so empfinde ich die Lage als ganz hoffnungslos... Unsere Energie fließt in so hohem Maße in diesen Konflikt, daß kaum noch etwas für eine schöpferische Tätigkeit bleibt. Nun könnte man fragen: ›Warum sollte das kein Ansporn zu schöpferischem Schreiben sein?‹ Ich glaube, es lähmt eher. Als Schriftsteller entwickeln wir fertige, stereotype Reaktionen, die in dem, was wir schreiben, immer wieder zum Vorschein kommen. Zudem ist die kulturelle Arbeit in Südafrika so zersplittert. Wir befinden uns in zwei Gettos, zwei verschiedenen Strömen, und in einer solchen Gesellschaft kann es zu keiner wirklich dynamischen Kunst kommen. Es wird, glaube ich, keinen großen weißen und keinen großen schwarzen Roman geben, solange wir nicht integriert sind. Wenn der weiße Mann erst einmal begriffen hat, daß er ein Afrikaner und kein Europäer mehr ist, wird er anfangen, einen afrikanischen Roman oder ein afrikanisches Gedicht zu schreiben. Im Augenblick fühlt er sich noch als Teil Europas.«

2

Ich habe skizzenhaft zu zeigen versucht, wie die Apartheid in all den Kulturen, die sie so idealistisch »entwickeln« wollte, der Stagnation und Zersplitterung Vorschub leistet. Und ich bleibe dabei, daß dies einer natürlichen Tendenz zuwiderläuft, sich gegenseitig zu beeinflussen und zusammenzutun. Ich habe erwähnt, daß die Kultur das in sich schließt, was eine Gesellschaft oder Nation von einer anderen unterscheidet. Aber es stimmt auch, daß unsere Welt nach dem Zweiten Weltkrieg ihrem eigentlichen Wesen nach mehr und mehr zu einer internationalen Osmose neigt, ausgehend von der Erkenntnis, daß das Menschsein allen

Menschen gemein ist. Der Anführer der Schwarzen Panther, Eldridge Cleaver, weist darauf hin, daß der *Wettbewerb* gewöhnlich als eines der Hauptmerkmale des Menschseins gesehen wird: für ihn verkörpert diese Triebkraft das Gesetz des Dschungels, und er hält *Kooperation* für den Schlüsselbegriff einer echten Zivilisation. Es ist ja interessant, daß Chruschtschows Begriff der »friedlichen Koexistenz« mittlerweile von der Nationalen Partei in Südafrika übernommen worden ist: die Auslegung des Begriffs spricht jedoch seiner tatsächlichen Bedeutung ebenso Hohn, wie das bei Chruschtschow der Fall war: in einer Apartheidgesellschaft wird keine echte Koexistenz angestrebt: in den kleinen isolierten Gruppen, die von einem solchen System geschaffen werden, kommt es irgendwann so weit, daß jede die anderen ausschließt, den anderen mißtraut, die anderen fürchtet und haßt.

In wenigen Stunden kann man von einer Hauptstadt des Westens zu einer anderen reisen; Massenmedien neigen dazu, große Teile der Welt in gemeinsamen Erlebnissen zusammenzuführen; die Erkundung des Mondes wurde weltweit als eine große Leistung des *Menschen* und nicht unbedingt als Leistung der Amerikaner erlebt. Die Internationalisierung des Sports schafft neue Verbindungen. Internationale Programme zur Bekämpfung des Hungers, zur Erforschung des Meeres, zum sparsamen Umgang mit Wasser, zum Kampf gegen die Luftverschmutzung usw. schaffen ein Bewußtsein für gemeinsame Ziele. Auf kulturellem Gebiet ist der Film zu *dem* modernen, weltweiten Medium geworden: die Experimente der Avantgarde in Italien, Amerika, Brasilien, Polen oder Frankreich verraten bemerkenswerte Gemeinsamkeiten; das gleiche gilt für Bildhauerei und Malerei und Musik; dank der modernen Verkehrsmittel kann eine Peter-Brook-Inszenierung in der Tschechoslowakei oder in den USA gastieren und Grotowski kann in

London oder New York auftreten; das Janáček-Trio oder I Musici können in einer einzigen Konzertsaison die ganze Welt bereisen; und Tennisprofis wie Gonzales können in allen Ländern der Welt antreten. Was in New York oder Tokio oder Prag oder Sharpeville geschieht, ist für alle lebenden Menschen von unmittelbarer Bedeutung. Das ist im Verlauf der Studentenproteste in Europa und Amerika nach 1967 verblüffend klar geworden: der Generationskonflikt unserer Zeit äußert sich vollkommen anders als je zuvor – weil das internationale Gewissen zum Leben erwacht ist. Ein junger Demonstrant in Paris oder Washington ist an den Geschehnissen in Südafrika nicht nur *interessiert,* sondern unmittelbar davon *betroffen;* sie wirken sich auf seine persönliche Zukunft aus, denn Donnes Worte gelten in unseren Tagen mehr denn je: *Kein Mensch ist eine Insel, vollständig für sich* ... Wir haben dieselben Ziele und dieselben Ängste; wir werden von derselben Bombe bedroht und vom selben Weltraum gepeinigt. Die Barrieren, die einem wirklichen Internationalismus im Wege stehen, sind Klassen- und Rassenschranken; es ist daher – für alle Menschen – unumgänglich, daß diese Schranken eingerissen werden. Und deshalb zieht sich Südafrika wie eine Kloake durch das Gewissen der Welt.

Kulturelle Ereignisse im Rest der Welt *müssen* Südafrika einfach beeinflussen. Fast jeder Teenager im Lande kennt *Hair,* obwohl es in Südafrika gebannt ist. *Bonnie und Clyde,* das ebenfalls gebannt wurde, ist für den jungen Kinogänger genauso Realität wie *Romeo und Julia.* Dieses allgemeine kulturelle Bewußtsein kollidiert mit unserer tatsächlichen Isolierung und verursacht eine wachsende Frustration, die zu einem Gefahrenpunkt werden könnte. In einem solchen Klima gedeiht die Rebellion der Jungen. Wenn der südafrikanische Rundfunk die Beatles bannt, ist das für die jüngere Generation erst recht ein Grund, sie zu hören. Miriam

Makeba wird auch von weißen Südafrikanern geliebt und bewundert und ist in ihren Häusern fast ebensooft zu hören wie »unser« internationaler Opernstar Mimi Coertze. Und das Gesicht Che Guevaras blickt auf ungezählte Teenagerbetten in Südafrika herab.

Mit anderen Worten: trotz Zensur und gezielter isolationistischer Absichten der Apartheid sind wir fortwährend einem kulturellen Trommelfeuer aus der ganzen Welt ausgesetzt. Aber auch im Land selbst gibt es unter den verschiedenen kulturellen Gruppen starke Bewegungen gegen die Isolierung. Im Augenblick haben diese Bewegungen wenig mit Kultur zu tun, aber sie haben kulturelles Potential. Trotz aller Apartheid-Ideale kann das Land ohne die gegenseitige wirtschaftliche Abhängigkeit all ihrer Gruppen nicht existieren; und es ist sicher unnötig, noch einmal darauf hinzuweisen, daß trotz Zuzugskontrolle und Rückführungsprogrammen (die größtenteils nur auf dem Papier bestehen) die Zahl der Afrikaner in den Städten weiter zunimmt. Der beispiellose wirtschaftliche Aufschwung wirkt sich ebenfalls auf alle Gruppen aus, denn er schafft neue Kontakte und erzeugt in den weniger privilegierten Gruppen ein stärkeres kulturelles Bewußtsein und damit mehr kulturelle Bedürfnisse. Mehr Leute haben mehr Geld, und deshalb haben mehr Leute Zugang zu manchen Kulturprodukten, oder aber sie werden in ihren Forderungen ungeduldiger. Das ist so einfach wie ein Naturgesetz und vermutlich ebensowenig zu unterdrükken. Die Apartheid schafft eine immer paradoxere Situation, wo eine erzwungene Isolierung von Gruppen gegen natürliche und unvermeidliche Kontakte kämpft.

3

Es ist immer leichter, eine Situation zu beschreiben, als Vorschläge zu ihrer Verbesserung zu machen. Aber ich glaube, aus der Einschätzung der Lage, die ich hier wiederzugeben versucht habe, läßt sich auch schließen, daß einige ganz bestimmte Aktivitäten möglich sind, die entweder das Scheitern der Apartheid beschleunigen oder – wenigstens das – dafür sorgen können, daß für die Zeit nach der Zerschlagung des Systems ein Klima der »Bereitschaft« zu vollem kulturellem Wachstum vorbereitet wird.

1. Ich halte nichts von Boykottmaßnahmen auf kulturellem Gebiet: wenn man Bücher, Theaterstücke und Universitätslehrer von Südafrika fernhält, bewirkt man das Gegenteil dessen, was man anstrebt. Wenn die Welt draußen auch nur im geringsten an die Überzeugungskraft von Ideen glaubt, sollte sie die Menschen in Südafrika möglichst viel mit Ideen konfrontieren, anstatt denen im Land die Hände abzuhakken, die zur Verstärkung ihres eigenen Kampfes um Veränderungen das Gewicht revolutionärer Ideen brauchen. Was einen Wirtschaftsboykott angeht, so sind die Erkenntnisse im augenblicklichen Stadium einfach zu widersprüchlich, als daß eine unzweideutige Entscheidung getroffen werden könnte. Daß aber Boykottmaßnahmen im Sport ein wertvolles Druckmittel im Hinblick auf Veränderungen in Südafrika darstellen, daran ist nicht zu zweifeln. Neuere Meldungen aus der Welt des Sports weisen alle in diese Richtung. Es mag über die kulturelle und geistige Entwicklung der Südafrikaner im allgemeinen und der Afrikaaner im besonderen eine Menge verraten, aber es ist nun mal eine Tatsache, daß der Sport zu den Bereichen gehört, in denen die Apartheid am verwundbarsten ist. Es stimmt zwar, daß Opposition, daß Protestmärsche im Ausland und die Isolierung am Ort manchmal den masochistischen Regungen

gerade der Afrikaaner entgegenkommen und sie in ihrer Entschlossenheit bestärken, »hart zu bleiben«. Gleichzeitig fällt es solchen Leuten jedoch schwer, die Tatsache hinzunehmen, daß wir gerade jetzt isoliert dastehen sollen, wo der südafrikanische Sport in so vielen Bereichen erfolgreich ist. Meiner Meinung nach sollten Spitzensportler ihren Namen gezielt dazu nutzen, das System anzuprangern oder für Veränderungen zu plädieren. Ein paar isolierte Fälle genügen nicht. In Amerika haben das Establishment und die führenden Black-Power-Leute schon vor langer Zeit begriffen, wie wichtig es ist, in ihren Kampagnen zugkräftige Prominente einzusetzen; selbst Präsidentenwahlkämpfe werden mit Hilfe von Komikern, Filmstars oder Jazzsängern bestritten. Man kann einen klar umrissenen Versuch machen, die in Sportlerkreisen weitverbreitete Unzufriedenheit auf einen Nenner zu bringen und, wenn nötig, entscheidende Kraftproben gezielt zu provozieren. Es genügt nicht, Überzeugungen zu haben; man sollte auch bereit sein, etwas dafür zu tun. Es nützt nichts, einfach zu sagen, man sei dagegen: man sollte es durch Taten beweisen. Auch ein unzweideutiges »Erziehungsprogramm« kann in die Tat umgesetzt werden und der großen Leserschar eines Magazins oder einer Zeitung offen und vernünftig deutlich machen, *warum* Studenten und andere Menschen im Ausland gegen die »Springboks« und andere südafrikanische Sportler protestieren. Es war erstaunlich, die Wirkung eines einzigen Briefes zu verfolgen, den ein Afrikaans-Student aus Oxford geschrieben hatte, um zu erklären, warum er sich an den Demonstrationen beteiligte: natürlich wandten sich viele Leute mit heftigen Reaktionen gegen ihn, aber nicht wenige Leser zeigten sich beeindruckt und fingen wenigstens an, über das »Warum« nachzudenken. Wären auf diesen Brief andere gefolgt, hätte er sich als noch viel nützlicher erweisen können. Hier, wie in allen anderen kulturellen Bereichen, scheint mir Koordination absolut notwendig. Es ist insbesondere nötig, daß weitere derartige »Enthüllungen« von Afrikaanern kommen, denn die ganze Lage in diesem Land rückt den Afrikaaner in eine Position, wo seine Kritik mehr Gewicht hat als die jedes anderen: er ist schließlich kraft seiner Hautfarbe und kraft seiner Sprache ein Mitglied des Establishments.

2. Das gleiche gilt für Künstler und Literaten. Der beste Beweis ist das Breytenbach-Syndrom. Aus rein persönlichen Gründen heiratete Breytenbach die Vietnamesin, die er liebte, und als ihm ein Literaturpreis zuerkannt wurde, steckte er plötzlich und unverhofft mitten in einem Aufruhr: er mußte feststellen, daß er nicht nach Hause fahren und sich den Preis abholen konnte, weil seine Frau, obschon weißer als viele Afrikaaner, nach dem Buchstaben des Gesetzes keine Weiße war. Dieser Vorfall zwang einen unpolitischen Menschen in die politische Arena. Auf vernichtend logische Art und Weise entwickelte er seine politische Philosophie bis zu einem Punkt, wo er sein Land öffentlich angreifen mußte. Und nun will er von einer Rückkehr – selbst wenn sie ihm erlaubt würde – nichts mehr wissen, solange nicht alle seine nicht-weißen im Exil lebenden Landsleute ebenfalls zurückkehren können: denn warum sollte seinetwegen eine Ausnahme gemacht werden, nur, weil er zufällig weiß und afrikaans ist?

Der springende Punkt im Zusammenhang mit Breytenbachs Position ist der: er ist in der Tat einer der größten Dichter, die die afrikaanse Literatur bisher hervorgebracht hat; was ihn jedoch *politisch* relevant macht, ist die Tatsache, daß er für die überwältigende Mehrheit der Menschen, die nie auch nur eine Zeile von ihm gelesen haben, zu einem Symbol des Widerstandes gegen die Unterdrückung geworden ist. Vielen Afrikanern, *Coloureds* und Indern hat er neue Hoffnung gegeben: wegen seiner Heirat und wegen seiner Überzeugungen. Die Folge davon ist, daß jede Zeile, die er schreibt – und sei es auch die reinste Lyrik –, *politische* Bedeutung erhält. Viele aus der jüngeren Generation der Afrikaaner reagieren auf ihn wie andere auf Guevara. Seine neueste Veröffentlichung, *Kouevuur,* ist ein bewußter Akt der Herausforderung, nicht nur wegen des Inhalts, sondern einfach deshalb, weil er das Buch geschrieben und in Südafrika veröffentlicht hat. Und sein besonderer Einfluß hat viel mit der Tatsache zu tun, daß er Afrikaaner ist. Wir sollten uns, um es noch einmal mit anderen Worten zu sagen, darüber im klaren sein, daß es sich hier um eine Funktion von kulturell einflußreichen Leuten handelt, eine Funktion, die aktiviert werden und dazu beitragen kann, die Apartheid zu Fall zu bringen. Ich habe erwähnt, daß viele afrikaanse Schriftsteller die Apartheid immer noch entschuldigen. Zugleich sind sie aber mit einem großen Teil der von der Regierung zu verantwortenden Schandtaten unzufrieden. Diese Unzufriedenheit kann eingespannt und genutzt werden. Wünschenswert wäre das Erscheinen afrikaanser Romane von beträchtlichem Gewicht, die die ganze schreckliche Wahrheit über das südafrikanische System entlarvten. Aber man kann von einem Schriftsteller nichts »verlangen«: wenn er auf Bestellung schreibt, entsteht oft genug Schrott. Relevant kann jedoch die Position des Schriftstellers in der Gesellschaft sein – einfach auf Grund der *Tatsache, daß er Schriftsteller ist.* Millionen Menschen auf der ganzen Welt haben sich von Solschenizyns Beispiel inspirieren lassen, ohne ein Wort von ihm gelesen zu haben.

3. Vielleicht sollte ein Kongreß südafrikanischer Schriftsteller in die Wege geleitet werden: es dürfte nicht sonderlich schwerfallen, einen internationalen Sponsor zu finden. Im Idealfall sollten an diesem Kongreß Schriftsteller aus allen Gruppen im Lande teilnehmen – einschließlich der im Exil lebenden. Aus dem Grund müßte er möglicherweise in

Swasiland oder einem anderen Nachbarstaat abgehalten werden. Wenn es ein solcher Kongreß – besucht auch von einigen führenden afrikaansen Schriftstellern – schafft, der von der Apartheid verursachten kulturellen Sterilität eindeutig den Kampf anzusagen und auf der Solidarität der Schriftsteller, ungeachtet ihrer Rasse oder Sprache, zu beharren, könnte das eine Wirkung haben: nicht notwendigerweise mit unmittelbaren, praktischen Folgen, aber im Rahmen eines Prozesses, der dem Land bewußtmachen soll, was tatsächlich vor sich geht.

4. Es sollte nach dem oben Gesagten klar sein, daß ein Programm in der Art des brasilianischen *conscientização* hier von großem Wert sein kann. Das kann in der Form kleiner Kulturgruppen sein, die sich überall im Land und über alle Rassenschranken hinweg etablieren, um gemeinsam an Kulturprojekten zu arbeiten. In Bloemfontein stellte ein afrikaanser Schauspieler eine bunt gemischte Gruppe zusammen und begann Theater zu machen. In Grahamstown entsteht derzeit eine Gruppe, die so etwas wie Peter Brooks *US* erarbeiten will, jedoch mit der Apartheid als Thema: Ziel ist es, eine gemischtrassige Gruppe zu werden. Das gleiche ist mit Debattierclubs möglich, mit literarischen Diskussionsgruppen, Workshops für angehende Schriftsteller, Amateurtheatergruppen, Musikgruppen, »Folk«-Gruppen – sie alle können eine kulturelle Integration anstreben. Man sollte unter allen Umständen den Eindruck einer kulturellen Missionsarbeit vermeiden, die ebenso widerlich wäre wie organisierte Nächstenliebe. Diese Gruppen sind nicht dazu da, etwas »auszuteilen«: sie wollen miteinander etwas schaffen. Dies läßt sich mit einem reinen Bildungsprogramm für Afrikaner koordinieren –, ausgerichtet am brasilianischen Beispiel –, nicht nur, um den dürftigen und einseitigen Unterricht der staatlichen Schulen zu ergänzen, son-

dern um den Leuten gezielt beizubringen, was sie in der Schule *nicht* lernen.

5. Die Zensur spielt bei der Aufrechterhaltung kultureller Rückständigkeit eine große Rolle: also muß die Zensur scharf angegangen werden. Es genügt nicht, sie anzuprangern, das haben schon viele vergeblich getan. Die Zensur muß frontal angegriffen werden. Mein Vorschlag wäre, daß mehrere führende Autoren und/oder Professoren – darunter so viele Afrikaaner wie möglich – Anklage gegen sich selbst erheben, weil sie im Besitz gebannter Bücher sind: nach Möglichkeit sollten es die Bücher weltberühmter Schriftsteller und Philosophen sein. Diese Autoren (zu denen ich gerne gehören will) müssen Geldstrafen ablehnen und sich fürs Gefängnis entscheiden. Wenn nur fünf bereit sind, das gemeinsam durchzustehen, wird die Wirkung sehr groß sein. Das Gesetz wird vielleicht nicht abgeschafft werden, aber klimatisch wird sich etwas ändern: eine bestimmte Gruppe wird enger zusammenrücken, aber eine andere wird ihre Basis verbreitern. Selbstverständlich darf das alles nicht um eines oberflächlichen Märtyrertums willen geschehen! Aber eine solche Aktion kann etwas bewirken – auf lange Sicht.

6. Bei einer Aufführung von Fugards *Boesman und Lena* vor einem farbigen Publikum im Luxurama kam ein Lehrer auf Fugard zu und sagte: »Ich möchte Ihnen nur sagen, daß wir gelacht haben, weil wir das für besser hielten. Wenn wir erst angefangen hätten zu weinen, hätten wir nicht mehr aufhören können.« Und als bei der Aufführung von *Da leben Leute* einer auf der Bühne dem anderen vorwarf, er verstecke sich hinter seiner weißen Haut, sprang das gesamte Publikum auf und brüllte: »Ja!«

In einer Gesellschaft, in der das passieren kann, ist das Theater ein elektrisierendes Medium. Auf dem europäischen Kontinent und in England, wo die Reflexe verbraucht sind, stirbt das Theater – es sei denn, es wird in neuen Formen wie dem »Theater der Grausamkeit«, dem »Living Theatre« usw. wiederbelebt. In Südafrika jedoch *hat das Theater etwas zu sagen*. Es ist die sozialste aller Kunstformen. Und man kann es dazu ermuntern, seine soziale Funktion noch stärker auszufüllen. Auch in dem Rahmen, der von den Regionalen Kunsträten gesteckt wird, läßt sich viel Bedeutsames leisten. Darüber hinaus können Amateurgruppen gefördert und dazu angehalten werden, ein wahrhaft soziales »Theater der Revolte« hervorzubringen.

7. Viel ist auch mit Filmen zu erreichen, obwohl die Zensur überaus streng vorgeht. Es gibt eine wachsende Zahl junger Schauspieler und Filmspezialisten, die darauf brennen, mit diesem aufregenden Medium zu experimentieren: das kann als sozio-kulturelles Mittel dazu verwendet werden, den Bewohnern dieses Landes auf schockierende Weise bewußt zu machen, was im Namen der christlichen Apartheid Menschen tatsächlich zugefügt wird. Selbst große kulturelle und soziale Revolutionen beginnen mit elementaren moralischen Fragen im Gewissen einiger weniger.

Man sollte sich nicht entmutigen lassen, nur weil ein günstiges »Klima« fehlt. Ein Klima läßt sich beleben oder sogar schaffen. Das ist keine Frage der Quantität, sondern der Qualität.

8. In den Köpfen vieler Menschen wird die afrikaanse Sprache mit dem Establishment und der Apartheid in Verbindung gebracht. Dies könnte zu einer kulturellen Tragödie führen. Es ist daher dringend erforderlich, afrikaansen Schriftstellern noch deutlicher ins Bewußtsein zu rücken, daß sie zusätzlich zu ihrem normalen menschlichen Gewissen als Schriftsteller eine ungeheure soziale Verantwortung zu tragen haben. *Sie müssen der Welt beweisen, daß die afrikaanse Sprache etwas anderes sein kann – und muß – als die Sprache der Apartheid.*

9. Ein rein semantischer Punkt mag hier fehl am Platz scheinen, aber ich glaube, er hat erhebliche Bedeutung. Afrikaaner, selbst die progressiven unter ihnen, beharren mit einer seltsamen Hartnäckigkeit darauf, Schwarze als *Kaffern* zu bezeichnen; viele aus der englischsprachigen Bevölkerung, selbst Leute mit einer liberalen Gesinnung, reden von den *boys* und *girls* in ihren Diensten, selbst wenn die so Angesprochenen älter sind. Allein schon die Tatsache, daß sich manche wohlmeinenden Leute der Anstößigkeit solcher Begriffe nicht einmal bewußt sind, ist entlarvend. In einem »rein semantischen Punkt« kommt die Essenz der südafrikanischen Tragödie zum Ausdruck: daß die meisten Weißen noch nicht einmal angefangen haben, in Schwarzen *menschliche Wesen* zu sehen.
Mit Begriffen wie *Kaffer, Bantu, boy* oder *girl* wird einer anderen Person die menschliche Individualität abgesprochen (so wie amerikanische Soldaten von *Gooks* und *Viets* sprechen – bis sie den »Feind« so entmenschlicht haben, daß sie Frauen und Kinder massakrieren können). Es wäre wohl ein einfaches, aber bemerkenswert effektives Heilmittel, für jeden in diesem Land, ungeachtet der Hautfarbe, die Begriffe »Mann«, »Frau« und »Kind« zu gebrauchen und zu verbreiten. In Situationen, wo es sich aus irgendeinem Grund absolut nicht vermeiden läßt, nach der Hautfarbe zu unterscheiden (und man wird, glaube ich, entdecken, daß das überraschend wenige Situationen sind), sollte es keine Mühe bereiten, von einem schwarzen Mann oder einer weißen Frau oder einem braunen Kind zu sprechen.

4

Wir leben in einem unzufriedenen Land, einem unglücklichen Land, einem gewalttätigen und tragischerweise zersplitterten Land. Aber grundsätzlich gehören wir alle hierher – und nur hierher. Zwischen uns bestehen zwar gewaltige Unterschiede, aber diese Unterschiede können letzten Endes alle beseitigt werden, wenn wir von einer Position der Liebe und des Verständnisses ausgehen. Und Liebe und Verständnis können sich aus einer kulturellen Reife heraus entfalten, aus einer wahren Wechselwirkung einheimischer und fremder Kulturen. Wir brauchen nie anzunehmen, andere seien uns in jeder Hinsicht ähnlich; es ist nicht nötig, daß wir uns gegen Unterschiede verschließen. Es kann jedoch verhängnisvoll sein, den anderen als so vollkommen verschieden anzusehen, daß wir nicht nur ihm (oder ihr) die Menschlichkeit absprechen, sondern uns selbst gleich dazu. Ich glaube, daß wir auf dem Weg, für den dieses Land sich entschieden hat, einer Explosion der Gewalt entgegengehen. Ich glaube allerdings auch, daß sie immer noch zu vermeiden ist – nicht durch Ausweichen oder durch Selbsttäuschung, sondern durch kreative Bereitschaft. Gerade die allgegenwärtige Unruhe und Unzufriedenheit kann in Kreativität umgemünzt werden, die dann schließlich zu einer wahrhaft lebendigen südafrikanischen Kultur führen könnte.

Nachtrag (1982)

In den zwölf Jahren, die seit der Niederschrift dieses Artikels vergangen sind, hat sich die südafrikanische Szenerie in so mancher Hinsicht verändert. Nun stellt sich natürlich die Frage, ob diese Veränderungen bedeutsam oder lediglich »interessant« sind.

1. Viele Hotels, Theater und Restaurants im Land haben ihre Türen für die nicht-weiße Bevölkerung geöffnet, anfangs über ein umständliches Zulassungssystem, heute mit einem nicht mehr so auffallend bürokratischen Verfahren. Die Entfernung der Hinweise »Nur für Weiße« in Postämtern und anderen öffentlichen Gebäuden hat kein Blutvergießen und keine Revolution zur Folge gehabt. Weiße Fernsehzuschauer haben sich daran gewöhnt, Schwarze in Rollen sozialer und moralischer Gleichheit – und manchmal Überlegenheit – zu sehen. Für die jüngere Generation der Afrikaaner ist die Hautfarbe nicht mehr automatisch das Zeichen für einen Klassenunterschied, wie das noch in meiner Jugend war. Ein Prozeß historischer Entwicklung – Nkosis »natürlicher Impuls« – hat die starren Formen der Apartheid als eines allumfassenden Systems nach und nach ausgehöhlt. Diese Entwicklung ist auch durch das von der Regierung durchaus unterstützte Heranwachsen eines schwarzen Mittelstandes gefördert worden. Und seit der heftigen Entladung von Soweto im Jahr 1976 sieht sich die Regierung, wenn auch widerstrebend, gezwungen, den Meinungen der Führer anderer Bevölkerungsgruppen und den Forderungen schwarzer Gewerkschaften mehr Beachtung zu schenken.
Man sollte sich jedoch davor hüten, diese Veränderungen als eine Demontage der Apartheid zu deuten. Solange die Eckpfeiler der Ideologie intakt bleiben – das Gruppenwohngesetz und damit die Zersplitterung des Landes in eine bunt gewürfelte Landkarte mit vielen »homelands« und ein gewaltiges Programm der Zwangsumsiedlungen; getrennte Schulsysteme; der *Immorality Act;* ein ganzes Wirtschaftssystem, das auf Ausbeutung beruht –, solange wird die Apartheid bestehen. In den letzten Jahren haben wir eine Modernisierung, eine Verfeinerung des Systems erlebt, aber keinesfalls eine Entwicklung hin zu seiner radikalen Zerschlagung.

2. Eine besonders spektakuläre Entwicklung hat sich – als direkte Folge des internationalen Drucks und der Boykottmaßnahmen – mit der Integration des Sports in Südafrika vollzogen. In vielen Fällen – beispielsweise im Rugby – ist das immer noch eine Scheinintegration; in anderen Sportarten wie im Boxen oder Fußball ist die Rassenfrage kaum noch ein Thema. Inzwischen ist ein Stadium erreicht, wo es viele – insbesondere »wohlmeinende« – Südafrikaner schmerzlich berührt, daß das Land trotz solcher Veränderungen zu den meisten internationalen Wettkämpfen noch nicht wieder zugelassen ist: sie protestieren nachdrücklich gegen die Politisierung des Sports. Der springende Punkt ist natürlich, daß gerade Südafrika als eines der ersten Länder den Sport politisiert hat (und nicht nur den Sport, sondern jeden Aspekt des menschlichen Daseins, bis in den persönlichsten Bereich hinein); und nachdem sich die besondere Macht des Sports gezeigt hat, im Zusammenhang mit Südafrika Druck auszuüben und auf Veränderungen zu drängen, nicht nur nach Art und Umfang oberflächliche oder symbolische Veränderungen, und nicht nur Veränderungen im Sport selbst, würde sich die Welt unklug verhalten, wenn sie diesen einen Hebel, den sie so wirkungsvoll angesetzt hat, aus der Hand geben würde. Schließlich sind in diesem Land nicht nur die Spielregeln so zu ändern, daß Menschen verschiedener Hautfarbe nach demselben Ball treten oder schlagen dürfen: zu ändern sind die ganzen Grundlagen, auf denen sich diese Gesellschaft aufbaut und von denen die Begegnungen im Sport nur ein unbedeutendes Symptom sind. Da sich der Sport im System der Apartheid als Achillesferse erwiesen hat, sollte diese Art des Drucks ausgeübt werden, bis das ganze System zusammenbricht.

3. Das Bildungswesen in Südafrika hat einige vielversprechende Veränderungen erlebt, besonders nach Soweto. Heute werden größere Anstrengungen unternommen, den

beklagenswerten Standard schwarzer Schulbildung zu heben; und auf der Universitätsebene ist neuerdings festzustellen, daß schwarze Studenten grüppchenweise weiße Universitäten besuchen. Es ist durchaus möglich, daß diese Entwicklung eine eigene Dynamik gewinnt und eines Tages die schändlichen Barrieren einreißt, die nicht nur verschiedene Bevölkerungsgruppen voneinander trennen, sondern auch den Lernwilligen vom Lernen und den Wissensdurstigen vom Wissen abhalten. Solange sich jedoch die Regierung weigert, ein einheitliches Bildungssystem für alle Rassen zu akzeptieren – wie 1981 von ihrer eigenen De-Lange-Kommission empfohlen –, wird dies einer der Gefahrenpunkte im Lande bleiben. Es ist sicher ein Gebiet, auf dem Druck gemacht und auf kulturelle Veränderungen gedrängt werden sollte; und mir scheint, Universitäten können eine bedeutende Rolle spielen, wenn es darum geht, für eine solche Entwicklung das passende Fundament zu errichten. Die Möglichkeiten dazu, seien sie auch noch so klein, sind geschaffen worden. Jetzt kommt es darauf an, daß beharrlich und unablässig Druck gemacht wird.

4. Auch wenn es nicht ganz in den Rahmen dieses Artikels paßt, so meine ich doch, daß im Bestreben, die Kirche selbst als einen Faktor für Veränderungen zu aktivieren, viel mehr getan werden kann. Von Anfang an durfte die Apartheid über das Schicksal von Südafrikanern vor allem deshalb entscheiden, weil sich ein politisches System bei seiner moralischen und religiösen Rechtfertigung unbeirrbar auf die Niederländisch-Reformierten Kirchen berufen konnte. Angesichts der wachsenden Unruhe in afrikaansen Theologenkreisen scheint es wahrscheinlich, daß dieser zentrale Pfeiler abbröckeln wird, und vielleicht wird dann der ganze Tempel Dagons einstürzen und die Philister unter sich begraben. Der Ausschluß der afrikaansen Kirchen aus der internationalen Gemeinschaft der Protestanten (und die

Wahl eines charismatischen jungen farbigen Theologen, Dr. Alan Boesak, zum Präsidenten des »Weltbundes der Reformierten Kirchen«) wird unweigerlich zu einer größeren inneren Polarisierung beitragen: einer gehässigen rechtsgerichteten Reaktion wird – hoffentlich – eine offenere, humanere, ja christlichere Betrachtungsweise gegenüberstehen. Und schon das allein kann auf dem Weg zu einer wesentlichen kulturellen Veränderung im Allgemeinen einen Schritt weiterführen.

5. Speziell auf dem Gebiet des Schreibens sind einige der wirklich wesentlichen Veränderungen eingetreten. Als ich 1970 meinen Artikel schrieb, waren es vor allem zwei Aspekte, die mich zutiefst beunruhigten: die kulturelle Schizophrenie afrikaanser Schriftsteller und die getrennte Entwicklung verschiedener Literaturen im Land. In beiden Bereichen hat es im Verlauf der 70er Jahre bemerkenswerte Entwicklungen gegeben.

Als den afrikaansen Schriftstellern klar wurde, welche Beschränkungen sie sich selbst mit dem Versuch auferlegt hatten, eine Revolution – mit starken moralischen und religiösen Untertönen – nur in der Ästhetik herbeizuführen, folgten wenigstens ein paar von ihnen dem Pionier Jan Rabie und akzeptierten wie er die vollen politischen Auswirkungen, die das Schreiben in einer eingeschränkten Gesellschaft mit sich bringt. Die Folge war, daß ihre Betrachtungsweise nun immer mehr mit Südafrika, Afrika und der Dritten Welt und immer weniger mit Europa identifiziert wird. Trotzdem hat das nicht zu jenem Provinzialismus geführt, der vor den 60er Jahren dem größten Teil der afrikaansen Dichtung zum Schicksal geworden war. Im Gegenteil, viele dieser neueren Werke haben allem Anschein nach bessere Chancen, internationale Barrieren zu durchbrechen, eben weil sie nicht mit den Werken anderer, westlicher Schriftsteller »konkurrieren«, sondern etwas wesentlich Afrikanisches bieten. In

profunder Weise rühren sie auch an eine Solidarität mit der wesentlichen Erfahrung des Afrikaaners selbst als eines Produkts dieses Kontinents. Verständlicherweise ging der Konflikt mit dem Afrikaaner-Establishment weiter, ja, er hat sich sogar verschärft: aber er entfremdet den Schriftsteller nicht mehr, weil der in seiner Arbeit endlich die Dinge bewältigt, die in seinem Wesen am tiefsten gründen. Wir sind schließlich doch noch *heimgekommen*.
Dies – und auch das Wissen um einen gemeinsamen Feind – hat alle Schriftsteller im Land, ungeachtet ihrer Rasse oder Sprache, zu größerer Solidarität angeregt (vgl. den Essay *Englische und der afrikaanse Schriftsteller)*. Eine besonders lohnende und beeindruckende Erfahrung war Ende der 70er Jahre die Gründung eines PEN-Zentrums in Soweto, in dem Autoren aus allen Sprachgruppen zusammenarbeiteten. Bedauerlicherweise hatte das Ganze nur ein kurzes Leben, vor allem infolge des Drucks, der auf schwarze Schriftsteller von ihrer eigenen, jede Spur einer Zusammenarbeit ablehnenden Gemeinschaft ausgeübt wurde. Gewiß, die Organisation selbst ist auf diese Weise der Apartheid zum Opfer gefallen, aber mir scheint die Tatsache wichtig, daß die vorher geknüpften, engen persönlichen Beziehungen zwischen Schriftstellern verschiedener Rassen in einer lohnenden und anregenden Art fortbestehen.
5. Die Zensur ist seit der ersten Niederschrift dieses Artikels unermeßlich viel schlimmer geworden; sie richtete sich schließlich auch gegen afrikaanssprachige Werke, und als das geschehen war, wurden afrikaanse Autoren einer Schrekkensherrschaft unterworfen, die das, was unsere englischsprachigen Landsleute inzwischen gewohnt waren, noch übertraf. Eine der Folgen war, daß die afrikaanse Literatur in den 70er Jahren wie gelähmt war; aber es gab immer noch einige Autoren, die sich nicht einschüchtern ließen und das Regime weiterhin mit jedem neuen Buch herausforderten.

Und als die Zensoren mit der Bannung eines Romans von Etienne Leroux einen Schritt zu weit gingen und damit sogar den lautstarken Widerstand des afrikaansen literarischen Establishments herausforderten, schlug die Zensurbehörde eine neue Richtung ein: sie wurde nach 1979 in einigen Punkten liberaler und ließ beklommen an eine Art Prager Frühling denken. (Ausführlicher wird das in dem Essay *Literatur und Zensur* erörtert.)

In dieser Zeit kamen endlich Werke an die Öffentlichkeit, die bis dahin in die Schublade verbannt gewesen waren: Breytenbachs *Om te Vlieg* wurde 1971 herausgebracht; Rabies *Agitator* wurde überarbeitet und 1977 als *Ark* veröffentlicht; mein eigener Roman *Saboteurs* wurde in seiner ursprünglichen Form zurückgezogen, aber Teile davon wurden in *Looking on Darkness* (1974) und *Rumours of Rain* (1978) wiederbelebt. Die Gedichte, die aus Breytenbachs *Kouevuur* entfernt worden waren, wurden 1971 in einem kleinen Privatdruck veröffentlicht, und ein paar von ihnen wurden später (1977) in eine Auswahl seiner Werke aufgenommen.

Das bedeutet nicht, daß Südafrika auf dem Weg zu jenem radikalen und tiefgreifenden Wandel seiner Standpunkte und seiner Strukturen, der allein eine erträglichere Zukunft für alle Bewohner des Landes garantieren kann, wirklich wesentliche Fortschritte gemacht hat. Tatsächlich erscheint die Gesamtsituation in vieler Hinsicht düsterer als je zuvor. Wenn einerseits die Selbstzweifel und die Gewissensprüfung in Afrikaanerkreisen größere Ausmaße angenommen haben als vorher, so ist andererseits auch eine reaktionäre Bewegung auf der Rechten viel offenkundiger geworden, und es weist einiges darauf hin, daß sich die Regierenden, die solchermaßen in der Klemme stecken, bei ihren weiteren Entscheidungen von Kleinmut und Kurzsichtigkeit werden leiten lassen.

Der besondere Ernst der Lage legt jedoch nahe, daß der

Druck auf dem Gebiet der Kultur verstärkt und nicht verringert oder gar aufgegeben werden sollte. Denn Kultur hat mit Standpunkten zu tun, mit Denkprozessen, Sympathien, Modalitäten, mit Bewußtsein – und das bleibt das Nervenzentrum, ja, sogar die Voraussetzung jeder wirklich wesentlichen Veränderung auf anderen Gebieten einschließlich der Politik.

Englisch und der afrikaanse Schriftsteller

[1970]

> Es ist, als werde dem aufstrebenden jungen Schriftsteller, einschließlich des afrikaanssprachigen, gesagt: »Wenn du etwas zu sagen hast, mein Junge, dann schreib es auf englisch! Und wenn deine Englischkenntnisse nicht ausreichen, dann verbessere sie wie Joseph Conrad: aber schreib auf englisch und rette deine Seele!«
>
> *N.P. Van Wyk Louw*

1

Englisch hat in der Welt des afrikaansen Schriftstellers schon immer eine wichtige Rolle gespielt, seit einige der frühesten Formen des geschriebenen Afrikaans in den Werken englischsprachiger Autoren aufgetaucht sind (vgl. Andrew Geddes Bains *Kaatje Kekkelbek* von 1846). Zur Zeit der Ersten Sprachbewegung (in den Jahren nach 1875) wurde Englisch als die Sprache des Unterdrückers empfunden (C.P. Hoogenhout: »...'s ist Englisch, Englisch, nichts als Englisch; Englisch, das man sieht und hört./In den Schulen, in den Kirchen, Englisch unsre Sprach zerstört...«), aber die eigentliche Kampfansage galt in diesem Stadium dem Niederländischen. Die Auseinandersetzung mit dem Englischen erfolgte in Form einer offenen, konventionellen Kriegsführung, die zwei verschiedene Gruppen, zwei getrennte kulturelle Identitäten zusammenführt; die Auseinandersetzung mit dem Niederländischen glich eher einem unübersichtlichen Nahkampf, einem erbitterten Bürgerkrieg im Guerillastil. Das Englische stellte eine materielle und politische Bedrohung dar, aber das Niederländische stellte gleich die Daseinsberechtigung des Afrikaans in Frage, wertete es als eine »Küchensprache« ab, ein minderwertiges und weitgehend ungeschriebenes Patois.

Viele der Pioniere der afrikaansen Literatur waren bereit, englisch zu schreiben, wenn es ihnen gerade paßte – aber nicht niederländisch. In einem sehr realen Sinn war Niederländisch in der Kapregion absolut zu einer Fremdsprache geworden (im Transvaal wurde es durch Präsident Krugers Gerissenheit und Starrsinn künstlich am Leben erhalten). Und nach fast einem Jahrhundert britischer Herrschaft war Englisch – mochte es als die Sprache des Unterdrückers noch so verhaßt sein – ein Fenster zur Welt geworden, wohingegen Niederländisch – von kirchlichen Kreisen, die enge Beziehungen zu Holland aufrechterhielten, einmal abgesehen – fast jede Bedeutung verloren hatte.

Dies mag bis zu einem gewissen Grad die besondere Haßliebe erklären, die Afrikaans und Englisch verband, nachdem der Kampf gegen das Niederländische gewonnen war: die große und etablierte Weltsprache Englisch schien eine Bedrohung für das Überleben der kleinen neuen Sprache, die im Land erste zarte Wurzeln geschlagen hatte; aber gleichzeitig bot Englisch die Möglichkeit, sich mit der ganzen Welt dort draußen zu verständigen. Und es ist bezeichnend, daß der standhafteste Chauvinist im Kampf um das Afrikaans und einer der unermüdlichsten Pioniere in der Begründung einer literarischen Tradition, C.J. Langenhoven, viele Jahre lang dafür eingetreten war, Englisch zur einzigen offiziellen Sprache des Landes zu machen, ehe er für das Afrikaans auf die Barrikaden ging.

Mehrere Dichter der ersten Generation afrikaanser Autoren im zwanzigsten Jahrhundert haben einen großen Teil ihrer Werke in englisch geschrieben. Eugène Marais gab sein

Debut als englischsprachiger Dichter, bevor er 1905 jene Verse veröffentlichte, die heute im allgemeinen als das erste rundum gelungene afrikaanse Gedicht angesehen werden. Mehrere seiner wichtigen Sachbücher, die aus seinen reiferen Jahren stammen, sind ebenfalls in englisch geschrieben (darunter auch *The Soul of the Ape)*.

Louis Leipoldt, der wie Marais einige Jahre zu Studienzwekken in England verbrachte, behauptete oft, er habe seine ganze Lyrik erst englisch geschrieben und dann übersetzt – eine zweifelhafte Behauptung, die er so lange aufrechterhalten haben soll, bis er eines Tages aufgefordert wurde, doch einmal ein paar Zeilen aus einem seiner Gedichte auf englisch zu zitieren.

Selbst in den frühen Jahren war den Werken der Schriftsteller, die ausschließlich in afrikaans schrieben, der englische Einfluß anzumerken. Mehr als ein Spritzer Schottisch findet sich bei J.H.H. de Waal, auch wenn seine hauptsächliche Inspiration der niederländische Romancier Van Lennep gewesen sein muß; und Jan Celliers' *Die Vlakte* geht in großen Teilen auf Shelleys *Cloud* zurück – auf dem Umweg über Jacques Perk. Und das wurde auf viele Jahre hinaus wirklich zu einem Kennzeichen der Beziehung zwischen afrikaansen Autoren und der englischen Literatur: obwohl in den Jahrzehnten zwischen den zwei Weltkriegen Englisch in den Werken afrikaanser Autoren praktisch nicht vorkam, so blieb es doch ein Ansporn, oft eine Quelle der Inspiration. Selbst dort, wo diese Inspiration von Werken in anderen Sprachen wie Französisch herrührte, diente Englisch oft als Medium für die Vermittlung des Originals. Es sei aber gleich angefügt, daß der afrikaanse Schriftsteller traditionell immer ein recht beachtlicher Linguist gewesen ist, der sich eine Vielfalt anderer Literaturen – von der griechischen und lateinischen bis zur italienischen und deutschen – im Original erarbeitet hat. Diese Aktivität hatte unter anderem zur

Folge, daß die Zahl der afrikaansen Übersetzungen aus anderen Sprachen epidemische Ausmaße annahm – ein Phänomen, das offenbar auch für andere geographisch mehr oder weniger eng begrenzte Sprachen wie Finnisch, Isländisch, Schwedisch, Dänisch oder Norwegisch kennzeichnend ist. Wenn aus dem Englischen vergleichsweise weniger Werke ins Afrikaans übersetzt worden sind als aus Sprachen wie dem Französischen oder Deutschen, dann ist das der offenkundigen Tatsache zuzuschreiben, daß das Englische den meisten afrikaansen Lesern ohnehin zugänglich ist.

2

Zwei extreme Tendenzen traten während der 30er Jahre in Erscheinung. Zum einen wuchs da ein linguistischer Purismus heran, der schließlich zum Puritanismus ausartete: eine übertriebene und oft lächerliche Angst vor englischen Einflüssen im Afrikaans endete in einer Hexenjagd, deren Ziel es war, alle Anglizismen aus der Sprache zu eliminieren – eine Aktivität, die am Anfang von sehr realen Ängsten ausgelöst worden war, die aber viel länger anhielt, als nötig gewesen wäre, so daß am Ende dem Afrikaans selbst Verarmung und Unterernährung drohte. Heute überlebt diese Haltung vor allem als ein Symptom politischer Überzeugung (auf der extremen Rechten), aber ursprünglich waren die Ziele durchaus löblich und positiv – nämlich beim Versuch, mit neuen Herausforderungen sprachlich fertigzuwerden, den »leichten Ausweg« zu vermeiden; man wollte nicht einfach Lösungen aus dem Englischen borgen und ergründete statt dessen die syntaktischen, semantischen und morphologischen Möglichkeiten des Afrikaans selbst. Trotzdem waren die Ergebnisse oft auf seltsame Weise mißlungen. So wurden zum Beispiel die Werke Sangiros (eines bekannten

Verfassers von Tier- und Naturgeschichten) häufig gelobt –, weil sich herausstellte, daß sie »völlig frei von Anglizismen« waren. Daß sie vor Germanismen strotzten und daß wesentliche Teile sogar Plagiate aus dem Deutschen waren, schien niemanden zu stören.

Auf der anderen Seite geschah es zum erstenmal, daß ein afrikaanssprachiger Autor mit der gleichen Leichtigkeit und mit dem gleichen Glücksgefühl in afrikaans und in englisch zu schreiben begann, und zwar aus freier Entscheidung und nicht als Folge seiner Herkunft (wie im Falle Leipoldts und Marais') oder der Politik (wie im Falle Langehovens). Der Autor ist natürlich Uys Krige. Was das Schreiben von Gedichten und Dramen angeht, so geht Krige einigermaßen konsequent vor: gewöhnlich schreibt er erst in afrikaans und übersetzt dann später, manchmal nach einer jahrzehntelangen Pause, bei Prosa dagegen scheint er sich willkürlich für die eine oder andere Sprache zu entscheiden. Manche seiner besten Arbeiten wurden zuerst in englisch geschrieben *(The Way Out, Death of a Zulu)*, aber mindestens ebensoviele in afrikaans. Von besonderer Bedeutung ist, daß bei Krige die afrikaansen und englischen Texte nie absolut identisch sind. Sehr wenig zeugt von einer »Übersetzung« im üblichen Wortsinn: in jedem einzelnen Fall wird die »Übersetzung« zu einem Überdenken, zu einem Umarbeiten des Originals entsprechend den Ausdrucksmitteln der neuen Sprache.

Und wo sich Sprachen – vor allem in der Syntax – so radikal unterscheiden wie Afrikaans und Englisch, führt das zu Varianten, die eine genauere Analyse wert sind. Besonders in Kriges Kurzgeschichten und seinen nicht-fiktiven Schilderungen sorgt die in den beiden Sprachen unterschiedliche Handhabung der Erzählzeit für bemerkenswerte und oft erregende Zeitverschiebungen. In seinen Gedichten ist die übersetzte Version ausnahmslos länger als das Original (ob es sich nun um ein Gedicht von ihm selbst oder, sagen wir,

von Lorca handelt; sogar seine großartige Wiedergabe von *Was ihr wollt* enthält die charakteristischen und brillanten »Krige-Kadenzen«); in seinen Theaterstücken ist die übersetzte Version – überraschend! – oft drastisch gekürzt. In jedem Fall gibt es – das ist naheliegend – eine thematische Ähnlichkeit; aber die Wiedergabe in der neuen Sprache zeugt von einem gründlichen Neu-Erfahren des Ausgangsmaterials. Es kommt oft vor, daß nach der Übersetzung eines Textes auch das Original überarbeitet wird – und das ist dann tatsächlich so etwas wie eine Rückübersetzung in die Ausgangssprache. Bemerkenswert sind in dieser Hinsicht vor allem Kriges Einakter, zuerst in Afrikaans geschrieben, dann ins Englische umgeschrieben und schließlich in eine neue afrikaanse Form gebracht.
In den 30er Jahren war Uys Krige in dieser Hinsicht einzigartig, und in vielen Punkten bleibt er auch im Kontext der gesamten afrikaansen Literatur einzigartig. Aber interessanterweise gibt es zumindest eine Autorin und Zeitgenossin von ihm, Elisabeth Eybers, die ebenfalls zu einer geschickten und höchst feinfühligen Übersetzerin ihrer eigenen Gedichte wurde. Neben diesen Übersetzungen ins Englische schreibt sie gelegentlich auch ein Gedicht nur auf englisch – um so beachtenswerter, als diese Dichterin seit über einem Jahrzehnt im freiwilligen Exil in Holland lebt.

3

Seit dem Zweiten Weltkrieg kommt es zunehmend vor – auch wenn es noch keineswegs der Normallfall ist –, daß Werke afrikaanser Schriftsteller in englischen Fassungen vorgelegt werden: entweder in Übersetzungen von anderen (Chris Barnard, Etienne Leroux) oder in ihren eigenen Übersetzungen (Jan Rabie, W. A. de Klerk). Ein Autor wie

De Klerk, der gleich nach dem Krieg mehrere Jahre in Großbritannien gelebt hat, publiziert inzwischen auch Originaltitel auf englisch (etwa sein *Puritans in Africa)*, aber nur Sachbücher und aus allzu offensichtlichen Gründen vorwiegend politische. Unter den jüngeren Dichtern gibt es allem Anschein nach mehrere, die gleich gut (oder, in ein paar Fällen, gleich schlecht) Afrikaans und Englisch schreiben. Und es gibt andere, unter denen Wopko Jensma hervorragt, die die Sprache der schwarzen townships in einem Mischmasch aus afrikanisiertem Afrikaans und Englisch verwenden, bei denen man, wo es besonders gelungen ist, Ansätze zu einer neuen poetischen Sprache zu erkennen meint. Erkennbar wird das auch in den neuesten Gedichten schwarzer Poeten wie Sipho Sepamla.

4

Historisch läßt sich also die Bedeutung der englischen Sprache für den afrikaansen Schriftsteller, nicht nur als Quelle der Inspiration, sondern auch als Ausdrucksform, ohne jedes Problem feststellen. Bedeutender im Zusammenhang mit der gegenwärtigen Szene ist jedoch das Aufkommen eines Klimas, das in gewissem Sinn Van Wyk Louw schon 1963 in seinem berühmten, gegen die Zensur gerichteten Brief an *Die Bürger* (aus dem auch das diesem Artikel vorangestellte Motto stammt) vorausgesehen hat:

»Bei einer Preisverleihung befand ich mich vor kurzem zufällig in der (zumindest geistigen) Nähe einer Landsmännin, die englisch schreibt. Sie veröffentlicht ihre Bücher im Ausland und verdient offenbar ganz gut mit ihnen; keine südafrikanische Zensur kann ihr etwas anhaben (vielleicht hat sie sogar einen Nutzen davon!); sie kann ihre Tantiemen aus der ganzen Welt nach Südafrika bringen, und die Regierung wird diesen »Kapitalzustrom« begrüßen. Mir ging durch den Sinn: Sie kann unsere Zensur ignorieren. Aber was ist mit mir und meinen afrikaansen Kollegen? Wir werden versuchen müssen, uns unter dieses Joch zu beugen. Oder...?

Ich frage mich, ob Lord Milner persönlich eine wirksamere Methode hätte finden können, das Afrikaans zu lähmen und dem Englischen freien Lauf zu lassen. Es ist, als werde dem aufstrebenden jungen Schriftsteller, einschließlich des afrikaanssprachigen, gesagt: Wenn du etwas zu sagen hast, mein Junge, dann schreib es auf englisch! Und wenn deine Englischkenntnisse nicht ausreichen, dann verbessere sie wie Joseph Conrad: aber schreib auf englisch und rette deine Seele!

Wahrhaftig: als ein Afrikaaner, der aus seinem Nationalismus nie einen Hehl gemacht hat, weder hier noch im Ausland, kann ich nicht begreifen, welcher Beweggrund eine dem Nationalismus verpflichtete Regierung dazu verleitet haben könnte, ein ganz und gar gegen afrikaanse Interessen gerichtetes Gesetz von einer so zweifelhaften ›Moral‹ zu verabschieden.«

So wie ich das sehe, sind in der augenblicklichen Situation zweierlei Faktoren am Werk. Der eine davon – die Zensur, wie es Louw sieht – ist negativ: Englisch wird als eine Form des Überlebens gebraucht. Doch die andere ist positiv: Englisch wird dazu benützt, die im Afrikaans gemachte Erfahrung zu ergänzen, und umgekehrt. So wird das Ganze zu einer doppelten, gleichsam bifokalen Untersuchung einer einzigen Erfahrung – der Erfahrung eines Lebens in (Süd-) Afrika.

Wenn man das richtig einschätzen will, reicht ein schlichter historischer Überblick nicht aus. Denn um auf die Frage

Warum sollte ein afrikaanser Autor in englisch schreiben? eine Antwort zu finden, muß man erst fragen: *Warum eigentlich in afrikaans schreiben?*

5

Auf den ersten Blick wirkt diese Frage fast lächerlich, denn die Antwort scheint auf der Hand zu liegen. Schließlich verwendet jeder Schriftsteller die Sprache, die für ihn am natürlichsten ist. In den meisten Fällen wird das die Sprache sein, mit der und in der er aufgewachsen ist. Wenn sich seine Umwelt – einschließlich seiner sprachlichen Umwelt – ändert, liefert sie ihm oft einen Anreiz, die Lauterinnerungen seiner Muttersprache noch genauer zu erforschen als vorher: Breyten Breytenbach oder Lawrence Durrell fingen erst an, auf französisch zu schreiben, als sie ihr Geburtsland verlassen hatten. Aber in etlichen Fällen mußten Schriftsteller in der Sprache ihrer neuen Umgebung zu schreiben beginnen, gewöhnlich dann, wenn sie keine Hoffnung – oder kein Interesse hatten, mit ihrer alten Gesellschaft weiterhin in Verbindung zu bleiben. Und so traten ein Joseph Conrad oder ein Vladimir Nabokov in Erscheindung. Im Rahmen der afrikaansen Literatur haben wir Jan van Melle, der seine besten Werke in afrikaans und nicht in seiner niederländischen Muttersprache schrieb; und wir haben vor allem den extravaganten Peter Blum, der seine angestammte deutsch-französisch-italienische Umwelt hinter sich ließ und einer der strahlendsten – wenn auch kurzlebigen – Kometen an unserem Dichterhimmel wurde.

In Ländern mit zwei oder mehr Sprachen können soziale, politische oder andere Umstände einen Schriftsteller aus einer Sprachgruppe veranlassen, in einer anderen Sprache zu schreiben, die er ebenfalls beherrscht und in der er sich mehr oder weniger heimisch fühlt: Maeterlinck und De Ghelderode waren beide Flamen von Geburt und Erziehung, doch beide zogen es vor, französisch zu schreiben. Besonders dort, wo die Muttersprache geographisch oder anderweitig begrenzt ist, besteht oft eine starke Neigung, für literarische Projekte eine Weltsprache zu verwenden (die meisten führenden französisch- oder englischsprachigen Schriftsteller aus Afrika gehören in diese Kategorie), obwohl natürlich die gleiche Situation ein Anreiz sein kann, die ortsübliche Sprache zu fördern: schließlich war das einer der zentralen Beweggründe für das Entstehen so mancher Nationalliteratur in der Renaissance, ja noch im neunzehnten Jahrhundert (was Mistral für das Provenzalische geleistet hat, ist genau das, was führende Schriftsteller hier immer für das Afrikaans tun wollten).

In einer Gesellschaft mit einem besonders starken und aktiven Gruppennimbus wie dem der Afrikaaner mußte es erst recht naheliegen, die Muttersprache als literarisches Ausdrucksmittel zu verwenden, auch wenn das die Zahl der Leser ganz erheblich beschränkte. Zum Ausgleich dafür genoß man – mit Sicherheit jedenfalls bis zum Zweiten Weltkrieg – die besondere Wertschätzung der eigenen Gesellschaft. In afrikaansen Kreisen pflegte der Schriftsteller die altehrwürdige Funktion der *vates* zu erfüllen – wahrscheinlich weil die Schriftsteller ganz am Anfang des Sprachenstreites auch politische oder nationale Führer waren. Selbst Schriftsteller, die in ihren politischen oder moralischen oder religiösen Auffassungen entschieden »anders« waren (wie Marais, der Paul Kruger beleidigte und zum Morphinisten in einer puritanischen Gesellschaft wurde, oder der rätselhafte Leipoldt mit seinen höchst unorthodoxen Anschauungen zu allem, vom Wein bis zur Religion, oder Toon van den Heever mit seiner *mania blasphematoria* ...), wurden nicht nur geduldet, sondern weitgehend akzeptiert und gelegentlich verehrt.

Der Zusammenstoß Van Wyk Louws mit Verwoerd in den frühen 60er Jahren und der mehr oder weniger gleichzeitige Aufstieg der Sestiger brachten einen drastischen Wandel. Louw, in den Augen der breiten Masse immer undurchsichtig und elitär, hatte als Weiser und Wahrsager dennoch genügend Prestige gewonnen, um, zumindest in Kulturkreisen, »akzeptabel« zu bleiben. Doch die bilderstürmerischen Sestiger sorgten für Bestürzung, Verwirrung und unglaubliche Feinseligkeit – um so mehr, als sie von der Mehrzahl der afrikaansen Zeitungen unterstützt wurden, genau den Organen also, die traditionell die Verfechter der nationalen »Sache« des Establishments gewesen waren.
In der Vergangenheit hatten afrikaanse Schriftsteller oft ihr Volk gegeißelt. Das gilt für Marais und Leipoldt ebenso wie für Van Wyk Louw. Und sie scheuten sich nie, das Establishment anzugreifen: Van Wyk Louw schrieb bissige Gedichte gegen den »Unterdrücker« der 30er Jahre; W. E. G. Louw veröffentlichte eine Reihe von geifernden Sonetten gegen den »abtrünnigen« General Hertzog (Gedichte, die, würden sie heute von einem Vertreter der schwarzen South African Students' Organization geschrieben, dem Verfasser eine Gefängnisstrafe einbringen könnten). Aber irgendwie war es »schon in Ordnung« – entweder weil der »Unterdrücker« ein anderer war, oder, wahrscheinlicher, weil alles »in der Familie« blieb. Bei den Sestigern war das anders. Die meisten von ihnen hatten die Feuerprobe längerer oder kürzerer Aufenthalte in einer Gesellschaft zu bestehen gehabt, die völlig anders war als ihre eigene: sie waren in Paris gewesen. Diese Erfahrung war für sie zum wichtigsten gemeinsamen Nenner geworden: im wesentlichen die Erfahrung existentieller Qualen, denn man war gezwungen gewesen, alles zu überprüfen, was man bis dahin für selbstverständlich gehalten hatte, auch die eigene Identität, die eigene Vergangenheit, die Bindeglieder zwi-

schen dem einzelnen und der Gemeinschaft. Wo die physische Entfremdung von Südafrika mit Umwälzungen, wie Sharpeville sie ausgelöst hat, zusammenfiel, wurde die Erfahrung noch einschneidender. Und als diese jungen Autoren zu »ihrem eigenen Volk« zurückkehrten, folgten Zusammenstöße und Mißverständnisse. Je verzweifelter sie in einem herkömmlichen Sinn »dazugehören« wollten, desto mehr Grund gab man ihnen, sich wegen ihres »Andersseins« zurückgestoßen zu fühlen – aber das erwies sich dann wieder als höchst belebend und kreativ. Im wesentlichen wurden sie zwischen verschiedenen Kräftefeldern hin- und hergerissen: zwischen Europa auf der einen (auf Grund des existentiellen Charakters ihrer Erfahrung und ihrer Selbstfindung) und Afrika auf der anderen Seite (auf Grund ihrer Sprache), zwischen den örtlichen und weltweiten Gegebenheiten, zwischen der Gruppe und dem Individuum.

Wichtig war, daß sie alle auf afrikaans schreiben wollten. Was nicht so einfach war, wie es sich anhören mag, denn ihre geistige Welt hatte sich inzwischen so radikal verändert, daß das Afrikaans sie kaum noch »fassen« konnte. Auf der elementarsten Stufe fehlte dem Afrikaans einfach das angemessene Vokabular, mit dem sich die wesentlichen existentiellen Erfahrungen hätten ausdrücken lassen, ganz zu schweigen von einem Vokabular, mit dem sich die (sexuelle) Liebe ausdrücken ließ. Es mußte erfunden, neu geschaffen, bearbeitet werden. Im Bemühen, die großartige Wirkung seiner Übersetzung von *Was ihr wollt* zu erklären, äußerte Uys Krige die Ansicht, das Afrikaans befinde sich heute im gleichen Entwicklungsstadium wie das Elisabethanische Englisch. Und sicher ist dieser Eindruck der jugendlichen Kraft und Potenz und Formbarkeit dieser jungen Sprache beim Schreiben immer einer der erfrischendsten Aspekte gewesen. Jeder Satz wurde für uns zu einer Forschungsreise. Jede Seite, die wir schrieben, wurde auch zu einer Karte, die neue, abenteuerliche Landschaften erschloß: nicht nur, was die ausgedrückte Erfahrung anging, sondern vor allem auch im Hinblick auf die *Sprache*.

Und daraus ergibt sich, glaube ich, der wichtigste Anhaltspunkt für die Antwort auf unsere Frage: *Warum eigentlich in afrikaans schreiben?*

Die Antwort liegt in dem der Sprache innewohnenden »Eigencharakter«. Die Holländer brachten eine Reihe von Dialekten, die in einer schwierigen Entwicklungsphase steckten, mit nach Afrika; sie wurden in den Schmelztiegel einer völlig neuen Umgebung gezwungen, wo sie allen möglichen äußeren und inneren Einflüssen ausgesetzt waren – und nach und nach entstand eine neue Sprache, die den Bedürfnissen dieser neuen, afrikanischen Situation angepaßt war. Immer mehr Linguisten vertreten heute tatsächlich die Auffassung, Afrikaans sei daraus entstanden, daß sich Nicht-Niederländer bemühten, in einer afrikanischen Umgebung niederländisch zu sprechen. Daher bedeutete die bloße Entwicklung der Sprache eine Dimension der forschenden Auseinandersetzung mit der afrikanischen Erfahrung, einen der Sprache selbst innewohnenden Prozeß.

Mit den überheblichen Tönen seiner Zeit pries Langenhoven das Afrikaans als »die einzige Sprache der Weißen, die in diesem Land geschaffen und nicht gebrauchsfertig aus Europa importiert wurde«. Natürlich ist damit auch eine Einschränkung verbunden: das Afrikaans, gezielt als Sprache gefördert, war seinem Wesen nach afrikanisch (insofern, als es sich in, für und aus Afrika entwickelte), aber es war nicht auf die gleiche Weise afrikanisch wie beispielsweise Zulu, Xhosa oder Swahili. Es war eine »weiße« Sprache (obschon diese Bezeichnung den kaum abzuschätzenden Anteil ignoriert, den speziell die *Coloureds* zu ihrer Entwicklung und Ausprägung beigetragen haben). Mit anderen Worten: das Afrikaans war ein politisches Instrument; und *zu der Zeit* war das ein wesentlicher Teil seiner besonderen Stärke und einer der Hauptgründe, weshalb es sich schließlich als eine offiziell anerkannte Sprache durchsetzen konnte.

Die ersten afrikaansen Schriftsteller genossen es freudig und staunend, sich selbst, ihre Zeit und ihr Land in einer Sprache ausloten und ausdrücken zu können, die noch keine feste Form hatte, sondern in jeder Hinsicht den Anforderungen ihres Erlebens angepaßt werden konnte. In Anbetracht der Tatsache, daß viele von ihnen im Handwerk des Schreibens (noch) nicht sehr bewandert waren, erwiesen sich viele oder fast alle ihre Versuche als literarische Fehlschläge. Da aber ihr handwerkliches Können stetig zunahm – und da sie mit immer feiner geschliffenen und gefeilten Instrumenten arbeiteten –, entwickelte sich eine Literatur, die eine aufregende und rundum befriedigende Verschmelzung der europäischen und der afrikanischen Erfahrungen darstellte.

Das erklärt auch, warum es den meisten afrikaansen Schriftstellern nicht möglich war, etwas anderes als afrikaans zu schreiben. Englisch erwies sich immer noch als zu »europäisch«, von den Realitäten der afrikanischen Erfahrung oft so weit entfernt wie Niederländisch oder Deutsch, während den ganz einheimischen Sprachen wie Zulu oder Xhosa die europäische Dimension fehlte, die für weiße Autoren nach wie vor einen wichtigen Teil ihrer Erfahrung bildete.

Damit wird nun auch deutlich, wie es bestimmte afrikaanse Autoren schaffen konnten, Englisch parallel zu Afrikaans als Ausdrucksmittel zu verwenden: Uys Krige, so viele Jahre lang ein Wanderer, ein »Zugvogel«, emotional an sein Volk gebunden, aber von Natur aus ein Einzelgänger, erkundete die ganzen musikalischen Möglichkeiten des Afrikaans – aber schaltete auch ganz natürlich auf Englisch um, wenn er über Erfahrungen in Europa oder über Erfahrungen mit einem breiteren menschlichen Spektrum schrieb. Elisabeth

Eybers begann mit der englischen Sprache zu experimentieren, nachdem sie Südafrika verlassen hatte; De Klerk tat es, als er sich von seinem eigenen »Volk« geächtet und bei den Leuten, die englisch sprachen, willkommen fühlte. Ähnliches läßt sich wohl auch von den Sestigern sagen; sicher machte ihnen die befreiende Wirkung ihrer Pariser Ekstasen und Qualen Weltsprachen leichter zugänglich.
Doch ihre erste Regung war, sich dem Afrikaans zuzuwenden. (Das gilt selbst für Jan Rabie, der während seiner sieben Jahre in Paris fast all die kurzen Prosastücke, die dann den Sammeltitel *21* bekamen, zuerst auf englisch veröffentlichte. Breytenbach dagegen schrieb in den fünfzehn Jahren, die er im freiwilligen Exil in Paris verbrachte, nicht ein einziges Wort in einer anderen Sprache als Afrikaans.) Ehe sie sich dem Englischen zuwandten, mußte erst etwas anderes geschehen: in Südafrika mußte sich etwas tun, und die englische Sprache selbst mußte in einem neuen Licht gezeigt werden.

6

Das Englisch, so wie es irgendwann am Kap angekommen war – gleich, ob man nun das Jahr 1875 oder 1803 oder 1820 dafür ansetzt –, war etwas völlig anderes als die Anhäufung holländischer Dialekte im Jahr 1652. Natürlich entwickeln sich alle Sprachen weiter und verändern sich, aber das ans Kap verpflanzte Englisch war unbestreitbar eine bereits weitgehend formalisierte und strukturierte Sprache; was sich seither noch verändert haben mag, hat sich auf die grundlegenden semantischen, morphologischen und syntaktischen Systeme der Sprache kaum ausgewirkt, und der Londoner von heute hat (abgesehen von kleinen Schwierigkeiten mit dem Akzent) kaum irgendwelche Probleme damit, das in

Südafrika gesprochene Englisch zu verstehen. (Dagegen sträuben sich niederländische Literaturzeitschriften mit einer sehr gebildeten Leserschaft, irgend etwas auf afrikaans zu veröffentlichen, wenn keine niederländische Übersetzung dabei ist.)
Dazu kommt, daß 1820 zwar die Mehrheit der britischen Kolonisten aus den unteren Klassen stammte, daß aber allein schon die wirtschaftliche Lage in Südafrika genügte, Englisch rasch als eine *bourgeoise* Sprache auf dem Kontinent zu etablieren. (Ganz anders das Afrikaans, dem seine Beziehungen zur Arbeiterklasse mindestens bis zum Zweiten Weltkrieg erhalten blieben.) Sich an das Afrika des neunzehnten Jahrhunderts anzupassen, war für die englische Sprache in der Tat so schwierig, wie es für einen Gentleman in Frack und Zylinder schwierig gewesen wäre, sich auf ein Leben im Busch einzustellen. Aber sie *hat* sich angepaßt und darauf eingestellt, ganz ohne Zweifel – und die derzeitige Renaissance der englischsprachigen Literatur in Südafrika ist dafür ein glänzender Beweis –, aber lange Zeit, so scheint mir, war der bloße Charakter der Sprache ein Hemmschuh für die Entwicklung einer bedeutenden einheimischen Literatur. Im Rückblick scheint es fast unglaublich, daß die *Geschichte einer afrikanischen Farm* 1883 das grundlegend Afrikanische in Olive Schreiners Erfahrung so überzeugend schildern konnte, und ihre Leistung wird noch bemerkenswerter, wenn man sie mit dem vergleicht, was in den etwa fünfzig Jahren danach folgte – einem Zeitabschnitt, in dem mit einer Handvoll beachtenswerter Ausnahmen englische Schriftsteller in Südafrika an dem Land nur zu interessieren schien, daß es ihnen ein wenig Farbe lieferte, und garniert wurde das Ganze mit einigen falsch geschriebenen *kopjes, sjamboks, veldtschoens* oder *Vrouw Grobbelaars.* Und es war die Sprache als solche, die im Weg stand – jedenfalls, bis das Triumvirat der Zeitschrift *Voorslag* (Peitschenschnur),

Roy Campbell, William Plomer und Laurens Van der Post, das südafrikanische Englisch von seinen kolonialen Fesseln befreien konnte.

In den 30er Jahren kam es zu einer bemerkenswerten Erkundung des Landes, ausgedrückt in einer Sprache, die den Bedürfnissen der Situation genauer entsprach. Und aus diesem Wagnis heraus entstand durch den großartigen Beitrag, den Hermann Charles Bosman (wie Van der Post ein Afrikaaner, der ausschließlich in englisch schrieb), Alan Paton und andere leisteten, eine lebendige und lebensfähige neue Literatur, die den paradoxen Stempel der Kunst trug, war sie doch in ihrer Ergründung des Menschen in Raum und Zeit beides zugleich: von ganz lokaler und ganz allgemeiner Gültigkeit.

Heute haben wir es aus meiner Sicht – und ich kann mich bisher nur vorsichtig dazu äußern – mit einer höchst interessanten Situation zu tun. In der Vergangenheit schien es in den meisten Fällen unmöglich (und eine Anthologie wie *Afrikaanse Gedichte mit englischen Übersetzungen* ist der beste Beweis dafür), afrikaanse Werke ins Englische zu übersetzen, und umgekehrt. Ich weiß aus eigener Erfahrung, daß es sich aus dem Französischen oder Spanischen oder Deutschen leichter ins Afrikaans übersetzen läßt als aus dem Englischen. Und doch habe ich – schwitzend und den Tränen nahe – versucht, Graham Greene, Henry James und sogar Lewis Carroll und Shakespeare zu übersetzen. Aber ich hätte Bedenken, Nadine Gordimer auf afrikaans zu versuchen, so wie ich auch nur ungern Van Wyk Louw ins Englische übersetzen würde: in der Auseinandersetzung mit den Erfahrungen des Lebens-in-Afrika ist Gordimer so typisch »englisch« und Van Wyk Louw so »afrikaans« (was in beiden Fällen als Kompliment gedacht ist), daß der Abstand zwischen ihnen durch diese Abhängigkeiten noch vergrößert wird. Und das gilt für einen großen Teil der

besten Werke, die bis in die jüngste Vergangenheit in afrikaans und in südafrikanischem Englisch geschrieben worden sind.
Doch allem Anschein nach verändert sich diese Situation, zumindest, was bestimmte Autoren angeht. Wenn ich Stephen Grays *Local Colour* oder J. M. Coetzees *Dusklands* lese, scheint es mir eher zufällig, daß beide Werke in englisch geschrieben sind. Würde mich jemand mitten in einem Absatz stören und fragen, ob ich gerade englisch oder afrikaans lese, müßte ich vielleicht in den Text sehen, um ganz sicher sein zu können. Dasselbe gilt für einen afrikaansen Roman von, sagen wir, John Miles. Noch offenkundiger finde ich es in einem großen Teil der Lyrik, die heute in beiden Sprachen im Land geschrieben wird. Die Veränderung muß, jedenfalls bis zu einem gewissen Grad, in der Sprache selbst liegen. Doch John Miles' Afrikaans hat nichts »Englisches« an sich, und nichts an Coetzees Englisch ist »afrikaans«. (Und ich berufe mich absichtlich *nicht* auf Beispiele wie Van der Post, Athol Fugard oder Bosman, wo die syntaktischen Strukturen des Afrikaans dicht unter der Oberfläche liegen; oder einige Passagen von Etienne Leroux, die offensichtlich »englisch« angehaucht sind). Die wichtige Veränderung muß sich also im *Umfeld* der Sprache abgespielt haben, in ihrem Bezugssystem, in den Strukturen ihrer – semantischen oder anderen – Möglichkeiten. Und das würde bedeuten, daß beide Sprachen einen Punkt erreicht haben, wo sie nun auf die Realitäten Afrikas voll eingestellt sind: beide sind nun ausreichend afrikanisiert, um mit Afrika fertigwerden zu können. Beide haben Wurzeln in Europa, aber beide haben das südliche Afrika zu ihrem »Einsatzgebiet« gemacht. Wenn das stimmt – und zum gegenwärtigen Zeitpunkt kann ich es nur als Theorie anbieten –, wäre auch erklärt, weshalb es afrikaansen Autoren jetzt »natürlicher« erscheinen mag als

vorher, sich nicht nur in afrikaans sondern auch in englisch mitzuteilen.

7

Besonders interessant wird das alles dadurch, daß es genau zu dem Zeitpunkt geschieht, wo sich zumindest einige afrikaanse Autoren ohnehin gezwungen sehen, ernsthaft darüber nachzudenken, ob sie nicht besser die Sprache wechseln sollten.

Das hat teilweise – aber nur teilweise – mit der Zensur zu tun. Van Wyk Louws düstere Voraussagen hinsichtlich der verhängnisvollen Auswirkungen des *Publications and Entertainments Act* von 1963 gingen nicht ganz in Erfüllung, vielleicht gerade deshalb, weil er sie rechtzeitig machte. In dem Jahrzehnt nach der Einführung der Zensur büßte die afrikaanse Literatur sicherlich einiges an Schwung und Beherztheit ein. Das Jahrzehnt, das so vielversprechend und erregend begonnen hatte, endete gleichsam mit einem Wimmern. Tatsache war jedoch, daß die Zensur die afrikaanse Literatur anfangs nicht so hart traf wie die englische. (Ausschlaggebend waren wahrscheinlich politische Erwägungen: im afrikaansen Schriftsteller, mochte er auch noch so aufsässig sein, sahen die Behörden immer noch »einen von uns«.)

Der Wendepunkt kam 1974, als mein Roman *Kennis van die Aand (Looking on Darkness)* gebannt wurde. Endlich, so schien es, waren auch afrikaanse Autoren zu weit gegangen; die alten Tabus gegen eine Ächtung der »eigenen Leute« galten nicht mehr; und nachdem es einmal geschehen war, wurde es leichter, den destruktiven Eingriff zu wiederholen. Innerhalb eines Jahres wurden vier weitere afrikaanse Werke gebannt. Der neue *Publications Act* von 1974 hat inzwischen überdeutlich gemacht, daß afrikaansen Filmen viel weniger

Spielraum zugestanden wird als importierten Erzeugnissen: schon harmlose Flüche können die Bannung zur Folge haben. Und es sieht so aus, als gelte das auch immer mehr für die Literatur. Ich habe den Eindruck, daß die Position von vor zehn Jahren neuerdings umgekehrt worden ist und daß englisch-sprachigen Autoren (immer vorausgesetzt, sie sind nicht schwarz!) ein wenig mehr Bewegungsfreiheit eingeräumt wird als ihren afrikaansen Kollegen.

Aber die Zensur ist nur ein Symptom eines viel größeren Übels. Was sich in der Sprachbewegung des neunzehnten Jahrhunderts als die Stärke des Afrikaans erwies (die Tatsache, daß es ein politisches Instrument war), ist inzwischen zur Achillesferse geworden. Denn als der Afrikaaner politisch zur dominierenden Kraft wurde, trug auch seine Sprache immer deutlicher das Zeichen der Exklusivität – nämlich als die exklusive Sprache des weißen nationalistischen calvinistischen Afrikaaners.

Mindestens zwei extreme Reaktionen auf diese beunruhigende und traurig stimmende Situation sind möglich, dazwischen ein ganzes Spektrum an Abstufungen. Das eine Extrem heißt Verweigerung und Flucht: man lehnt es ab, weiterhin in afrikaans zu schreiben, und wendet sich dem Englischen als einzigem Ausweg zu. Für diese Haltung steht Adam Small, der nach brillanten Anfängen als afrikaanser Dichter und Dramatiker dieser Sprache allem Anschein nach endgültig den Rücken gekehrt hat. Zu seinen neuesten Arbeiten gehören ein Band mit englischen Gedichten und eine Anthologie mit Übersetzungen Van Wyk Louws – und beide sind grauenhaft. Aber: ».... wenn deine Englischkenntnisse nicht ausreichen, dann verbessere sie wie Joseph Conrad...!« Wenn dem Werk eines Schriftstellers fortwährend der Bann droht, könnte es außer Adam Small auch noch anderen Schriftstellern notwendig erscheinen, sich dem Englischen zuzuwenden. Andererseits wäre ein solcher

Schritt traurig – und von einem unverzeihlichen Defätismus –, es sei denn, es wird völlig unmöglich, in afrikaans zu schreiben oder zu publizieren. Und so weit ist es noch nicht. Nach meiner Auffassung kommt es vielmehr darauf an, daß afrikaanse Autoren mit genügend innerer Überzeugung und Findigkeit versuchen, der Zensur jederzeit mindestens einen Schritt voraus zu sein; dann wird es vielleicht gar nicht nötig, ins Englische zu flüchten. Denn das würde das endgültige Todesurteil für die Sprache bedeuten.

Die andere extreme Reaktion auf die drohende Gefahr, daß das Afrikaans zu einer ausschließlich politischen Sprache wird, kommt bisher von den meisten der jüngeren Schriftsteller und besteht darin, daß man die Möglichkeiten der Sprache bewußt erweitert, um zu zeigen und zu beweisen, daß sie tatsächlich mehr *ist* als das Markenzeichen einer Splittergruppe. Daraus wird ein schöpferisches Bemühen, in die Tat umzusetzen, was Van Wyk Louw in den 30er Jahren recht ehrgeizig forderte: daß es nämlich nichts, aber auch gar nichts, geben sollte, was nicht auf afrikaans gesagt werden kann.

Wenn sich in einer *solchen* Situation afrikaanse Autoren neben ihrer eigenen Sprache auch dem Englischen zuwenden, dann würde das keine Flucht bedeuten, sondern einen positiven und schöpferischen Akt der Erweiterung.

Schließlich hat die Erfahrung der Sestiger (wie die ihrer Vorgänger in der Dichtung der 30er Jahre) viel dazu beigetragen, die Sprache zu »öffnen«. Wenn sie anderweitig gewonnene Fertigkeiten und Einflüsse auf ihre Entdekkungsreise nach innen anwandten – in ihr eigenes Selbst, in das Land, in die Sprache selbst –, so brachten sie andererseits auch ein gewisses Maß an intellektueller Weltklugheit, an »Internationalisierung«, in die afrikaanse Literatur. Infolgedessen ist es nur natürlich, den Blick auch nach draußen zu richten und sich nach anderen Lesern und Märkten umzuschauen, und sei es nur, um – wenigstens am Anfang – in der eigenen Bewertung der örtlichen Ereignisse ein größeres Maß an Objektivität zu erreichen.

8

Mir selbst hat die englische Sprache in erster Linie die Herausforderung eines neuen Mediums geboten: eine Herausforderung an mich, einer von Afrika weit entfernten Leserschaft etwas von meiner afrikanischen Erfahrung zu vermitteln, aber auch eine Gelegenheit, die Sprache selbst zu erproben und zu fordern. Es begann mit *Kennis van die Aand,* wo innere Motive (der Drang, einmal den Versuch zu machen, den Roman in einem neuen Sprachmedium »vorzubringen«) gemeinsam mit äußeren Motiven (Zensur) die Herausforderung schufen. Es wurde, allein auf der Ebene des schöpferischen Prozesses selbst, eine der aufschlußreichsten Erfahrungen meines Lebens: das Werk nicht zu »übersetzen«, sondern es im Rahmen einer neuen Sprache zu überdenken und, vielleicht noch wichtiger, es noch einmal neu zu erfühlen. Sogar der Titel änderte sich – *Looking on Darkness* –, Ausdruck dieses Prozesses. Bei der Arbeit erfuhr ich eine Menge über meine eigene Sprache – mehr als bei jeder Übersetzung, die ich bis dahin versucht hatte. Es ist beispielsweise interessant, wie unterschiedlich stark man die beiden Sprachen mit emotionalem Inhalt »befrachten« kann. Afrikaans ist wie Französisch bei Übertreibungen viel weniger empfindlich; es kommt mit Superlativen und Emotionen viel leichter zurecht. Im Englischen stößt man bei Übertreibungen viel schneller an Grenzen. Schon dieses eine, einleuchtende Beispiel zeigt, wie man gezwungen ist, einen Roman in einem neuen Medium neu zu »erfühlen«.
Einen Schritt weiter ging ich mit dem Experiment in meinem

nächsten Roman, *Stimmen im Wind.* Als ich in dem Jahr, das der eigentlichen Niederschrift des Buches vorausging, Notizen machte, stellte ich fest, daß mir bei den Vorarbeiten die Hälfte der Gedanken ganz spontan auf englisch kam. (Das hatte wahrscheinlich mit der Tatsache zu tun, daß ich in dieser Zeit auch immer wieder an *Looking on Darkness* arbeitete). Da der Roman vor allem davon handelt, wie Afrika auf zweierlei Art erfahren wird (und zwar auf dem langen Weg, der eine weiße Frau und einen schwarzen Mann 1750 vom unwirtlichen Kaphinterland zurück in die Zivilisation führt), war es interessant herauszufinden, wie sehr meine Vorstellungen von dem Buch dadurch zu beeinflussen waren, daß ich englisch dachte, wenn ich mit der weißen Romanfigur befaßt war, und afrikaans, wenn ich mir den schwarzen Sklaven vorstellte. Es war natürlich nicht möglich, mich an ein völlig mechanisches Verfahren zu klammern; eine strenge Anwendung der Regel hätte das Buch schon im Keim kaputtmachen können. Dennoch war es erstaunlich zu sehen, in welchem Maße sich die zwei Sprachen spontan mit den von den Hauptfiguren repräsentierten beiden Erfahrungsbereichen verbanden.

Die wenigen Abschnitte, die ich in der Vorbereitungsphase nach dem Sichten der Notizen schrieb, um ein »Gefühl« für das Buch zu bekommen, waren alle in englisch. Aber als ich dann mit dem eigentlichen Schreiben begann, geschah das – wahrscheinlich auf Grund früherer Schreiberfahrungen – in afrikaans. Das war aber erst der Anfang. Mit dem ersten Entwurf als Vorgabe wurde dann das ganze Buch auf englisch umgearbeitet. Dabei fielen einige im afrikaansen Entwurf enthaltene Episoden einfach heraus; ein paar neue entstanden ganz spontan. Als auch dieser Entwurf fertig war, verwandte ich einige Zeit darauf, an beiden zu arbeiten; einige der neuen »englischen« Episoden wurden in den afrikaansen Text eingearbeitet, aber eine oder zwei – darunter auch eine, die ich für überaus wichtig halte – wollten auf afrikaans einfach nicht »funktionieren«. (Auch den umgekehrten Fall gab es ein paarmal.) Der Roman wurde dann auf englisch abgeschlossen – und nach diesem Text wurde eine endgültige afrikaanse Version erstellt. Es gibt immer noch Unterschiede zwischen den Fassungen, und meines Erachtens ist das nicht zu ändern: der Roman existiert in zwei Sprachen, aber jede Sprache zwang der endgültigen Gestalt des Werkes ihre eigenen Erfordernisse auf.

Es ist durchaus denkbar, daß es auch einem Maler so ergehen würde, wenn er ein Bild erst in einer Reihe von Rottönen malen und es dann mit, sagen wir, blauen Farben wiederholen würde: ich kann mir gut vorstellen, daß die verschiedenen Farben den beiden Werken ihre unterschiedliche »Logik« aufzwingen und vielleicht sogar abweichende Formen und Strukturen verlangen würden. Und nach einer solchen Erfahrung wird der Maler wahrscheinlich mehr über Rot und Blau wissen als vorher: durch die Arbeit mit dem Blau wird er viel Neues über das Rot erfahren, und umgekehrt.

Ich schreibe englisch, aber ich kann nie ein englischer Schriftsteller werden; ich werde mit Englisch nie so umgehen können wie Nadine Gordimer oder Dan Jakobson oder Alan Paton. Nicht nur, weil sie seit dem Tag ihrer Geburt in dieser Sprache leben, sondern weil ihre Verwendung dieser Sprache eine bestimmte Form des Seins verkörpert, eines Seins in Afrika, eines Seins im Englischen. Mein eigenes Englisch muß das Gewicht meines Afrikaans tragen, meiner afrikaansen Existenz, denn nur so kann ich meine Erfahrung von der Welt – wie sie Gestalt annimmt und Bedeutung gewinnt oder erzeugt – wahrheitsgetreu in Worte fassen.

Literatur als Stein des Anstoßes

[1976]

1

Im Anfang war nicht das Wort, sondern vielschichtige Erfahrungen persönlicher und gesellschaftlicher Art. Dann kam das Wort als eine an die Gesellschaft gerichtete persönliche Antwort auf diese Erfahrungen, persönlicher Ausdruck oder Interpretation dieser Erfahrungen. *Langue; parole;* Bedeutung. Und dann kam, unter anderem, die Zensur als eine Reaktion aus einem breiten Spektrum möglicher Reaktionen der Gesellschaft (oder »im Namen« der Gesellschaft) auf die so in Worte gefaßten Erfahrungen. Wenn wir also der schwierigen Beziehung zwischen dem Schriftsteller und der Gesellschaft auf den Grund gehen wollen, ist es wohl sinnvoll, dort zu beginnen, wo die beiden sich berühren: beim Wort, bei der Sprache.

Auf den ersten Blick gibt es scheinbar keinen wesentlichen Unterschied zwischen der Beziehung des Schriftstellers zu seinem Medium und der des Bildhauers zum Marmor, des Malers zu Leinwand und Farben oder des Komponisten zu den Melodien. In jedem Fall wird das Medium aus einem größeren »natürlichen« Zusammenhang genommen und soll nun eine neue ästhetische Funktion erfüllen oder eine neue ästhetische Gestalt annehmen, die für das jeweilige Medium nicht »natürlich« oder »normal« ist. Im natürlichen Zustand existiert der Marmor als Teil eines Berges; selbst wenn er gehauen ist, gibt es nichts, was ihn für die Bildhauerei »prädestiniert«: er kann zum Häuser- oder Straßenbau oder zu zahllosen anderen Zwecken verwendet werden. Das gleiche gilt für Farben oder Töne, die in der Natur frei existieren und in Zusammenhängen funktionieren können, die mit der Welt des Malers oder des Komponisten nicht das geringste zu tun haben. Ähnlich wird die Sprache überall in der menschlichen Gesellschaft als ein Ausdrucks- oder Kommunikationsmittel verwendet, das in keinem Zusammenhang mit der Literatur stehen muß.

Doch das ist eine allzu grobe Vereinfachung, denn die Literatur unterscheidet sich in mindestens zwei sehr wichtigen Punkten von anderen Kunstformen:

1. Der Bildhauer, der den Marmor aus seinem ursprünglichen Umfeld geholt hat, gibt die fertige Skulptur nicht dem Berg zurück; Beethoven mag den Ruf des Kuckucks in seiner Sechsten Sinfonie verwenden und die Geräusche eines Bachs und eines Gewitters und tanzender Bauern bearbeiten, aber die Hörer seiner Komposition gehören der menschlichen Gesellschaft an und sind nicht diese natürlichen Wesen und Gegebenheiten, die das Rohmaterial lieferten. Der Schriftsteller dagegen nutzt sein Sprachmedium zur Kommunikation mit eben der Gesellschaft, die es ihm in die Hand gegeben hat. Er hat natürlich die Möglichkeit, sein Werk zu vernichten oder in der Schublade zu lassen, aber es liegt in der Natur der Sache, daß der Prozeß des Schreibens nicht als abgeschlossen gelten kann, solange das Werk nicht in eine Kommunikation mit der Gesellschaft eingetreten ist – mit anderen Worten: solange das »Kunstwerk« nicht, in Ingardens Terminologie, zu einem »ästhetischen Objekt« geworden ist.

2. Der Bildhauer »schuldet« dem Berg nichts und hat ihm gegenüber keine Verantwortung, außer vielleicht eine gewisse Dankbarkeit dafür, daß er sein Rohmaterial von ihm bekommen hat. Der Schriftsteller befindet sich dagegen in einer viel komplexeren Situation. Nicht nur, daß ihm die Gesellschaft das Medium zur Interpretation oder Kommuni-

kation in die Hand gibt: er ist auch selbst ein Produkt dieser Gesellschaft. Und diese Doppelbeziehung ist es, von der die Verwirrung um den »Platz« oder die »Rolle« der Literatur in der Gesellschaft weitgehend herrührt.

2

Das Entscheidende dieser Situation liegt in der Tatsache, daß der Schriftsteller seine Sprache in einer Weise gebraucht – und auf ein Ziel ausrichtet –, die sich von ihren gewöhnlichen Funktionen in der Gesellschaft unterscheidet. Dieser Unterschied wird üblicherweise mit einer gewissen Auswahl und Verfeinerung erklärt und richtet sich offensichtlich nach der jeweiligen Literaturgattung. Der Dichter verwendet den *Vers* oder die *Zeile* als den kleinsten autonomen Bestandteil seines Sprachgefüges, während der Prosaschreiber den *vollen* Satz auswertet und der Dramatiker die *individuelle Äußerung* (sei das nun ein einzelner Satz, eine Geste oder ein ganzer Monolog). Und diese Einheiten – autonom insofern, als sie für sich allein verständlich sind – tragen alle zur Gesamtheit des jeweiligen Werkes bei und gewinnen ihrerseits ihre volle Bedeutung erst aus dieser Gesamtheit.

Aber von diesen wohlbekannten und fast »technischen« Überlegungen abgesehen könnte man wohl mit einigem Recht – und etwas verallgemeinernd – gewisse Richtungen aufzeigen, wo sich der Sprachgebrauch des Schriftstellers von dem der Gesellschaft unterscheidet. Es läßt sich beispielsweise sagen, daß, wo die Gesellschaft dazu neigt, die Sprache zu versklaven, der Schriftsteller danach strebt, sie zu befreien. Die Gesellschaft muß, wie es nun einmal ihrem Wesen entspricht, die Sprache im Rahmen einer Struktur aus akzeptablen gemeinsamen Nennern verallgemeinern und systematisieren: der Schriftsteller muß stumpf gewordene

Wörter neu zuspitzen, das Feuer »schöpferischer Inspiration« neu in ihnen entfachen, ursprüngliche Bedeutungen wiederentdecken oder neue aufspüren und dabei in jeder Hinsicht die wohlbekannten und ausgetretenen syntaktischen und semantischen Pfade verlassen und abseits von diesen Pfaden die noch unbekannten Gebiete erforschen.

In der Praxis bedeutet das, daß die Sprache in der Gesellschaft dazu tendiert, Dinge zu verbergen, ja zu lügen, wohingegen der Schriftsteller sie als ein Instrument auf der Suche nach der Wahrheit benützt, die in hohem Maße nichtverbal ist (daher die Neigung von Schriftstellern – insbesondere von Lyrikern –, an der Wirksamkeit gerade dieses Mediums zu verzweifeln, das ihr einziges Kommunikationsmittel darstellt). Während sich die Damen der Gesellschaft die Knochen toter Wale umhängen und sich in die Pelze toter Füchse hüllen, führt der Schriftsteller einen Striptease vor.

3

Die unvermeidliche Folge ist, daß es zu mehr oder weniger heftigen Reibungen kommt, zur Konfrontation: daß also in irgendeiner Form Anstoß genommen wird.

Bedeutende Kunst ist immer anstößig.

Diesen Satz, der auf den ersten Blick wie eine pauschale Aussage von beträchtlicher Vermessenheit erscheinen mag, hoffe ich im folgenden erhärten zu können.

»Anstoß«, »anstößig« usw. werden hier in ihrem ursprünglichen Wortsinn gebraucht, sind also ganz wörtlich zu verstehen. Das Element des Widerstandes, eines wie auch immer gearteten Hindernisses, ist mit dem Begriff des Anstoßes untrennbar verbunden. Aber das kann natürlich ein sehr breites Spektrum an Erfahrungen bedeuten, angefangen bei einer aggressiven Reaktion auf etwas, das als echte Bedrohung empfunden wird (eine Bedrohung, zum Beispiel, wegen moralischer, religiöser, politischer oder anderer Überzeugungen), bis hin zur kaum merklichen Erregung, weil man in einem rein ästhetischen Sinne Neues und Ungewohntes vorgesetzt bekommt (etwa einen unerwarteten Reim oder einen neuen Umgang mit den »Regeln« der Dichtkunst). Wenn das »Wiedererkennen« ein wichtiges Attribut der ästhetischen Erfahrung ist, dann scheint es mir aber mindestens ebenso wichtig, daß dieses Wiedererkennen von einem Gefühl der Überraschung begleitet oder eingeleitet wird: das ästhetische Objekt teilt sich seinem Publikum nicht in einem rein passiven Zustand mit, sondern nur dadurch, daß es anfänglich Widerstand vorfindet oder weckt, um ihn dann schließlich zu überwinden. Es ist der Durchbruch des Ungewohnten (oder des Gewohnten in ungewohnter Aufmachung) in die Domäne des Gewohnten. Zur Veranschaulichung könnte man zwei Beispiele aus dem Bereich der Short story anführen. Man stelle sich den Leser als einen Mann vor, der irgendwo im Grünen ein Schläfchen hält. Dann würde sich O'Henry anschleichen und plötzlich dicht an seinem Ohr einen möglichst lauten Schrei ausstoßen: der Schläfer würde mit einem heftigen Schock aufwachen. In der gleichen Situation würde sich Katherine Mansfield ebenso leise anschleichen, aber sie würde einen Grashalm nehmen und den Schläfer geduldig und hartnäckig so lange kitzeln, bis sie ihn in seinen Träumen erreichen und zwingen würde, aufzuwachen. Das Ergebnis ist beide Male gleich: der Schläfer ist aufgeweckt worden und kann nun bewußt wahrnehmen; und wie groß auch der Unterschied im Vorgehen der zwei Autoren sein mag: beide haben ein Objekt »angestoßen«, beide haben beim Schläfer »Anstoß erregt«, beide haben seinen Widerstand gebrochen.

Und im wesentlichen wird dieses Anstoßnehmen von der

Spannung zwischen dem Sprachgebrauch des Schriftstellers und dem der Gesellschaft bestimmt, das heißt, von dem Unterschied zwischen der Einmaligkeit der Erfahrung eines Individuums (des Schriftstellers) und seiner Interpretation dieser Erfahrung – und auf der anderen Seite dem Einverständnis der Gesellschaft mit traditionellen, herkömmlichen, stereotypen Arten des Sehens, Hörens, Denkens und Erfahrens.

Diese Ausgangslage führt zu einem wichtigen Aspekt des Problems: während der erfahrene Leser bereit ist, sich bei der mehr oder weniger schockierenden Begegnung mit einem Kunstwerk von seinem persönlichen Vorurteil frei zu machen, um über das rein Persönliche hinauszugehen und sich dem Neuen bewußt zu öffnen, bleibt der weniger Erfahrene auf der ersten – psychologischen – Ebene des »Anstoß-Nehmens« hängen. Da er nur die offensichtlich »anstößigen« Elemente in der Situation wahrnimmt, ist er nicht imstande, sich der befreienden Erfahrung auszuliefern, die einer vorbehaltlosen Auseinandersetzung – oder gar gedanklichen Übereinstimmung – mit dem Kunstwerk entspringt. (Wenn er also fordert, vor solchen Werken »geschützt« zu werden, ist es im Grunde die eigene Person, gegen die er in Schutz genommen werden möchte.)

4

Die Situation wird, wie ich bereits angedeutet habe, zusätzlich durch die Tatsache kompliziert, daß sich diese Auseinandersetzung nicht im luftleeren Raum sondern in einem mehr oder weniger eindeutig definierbaren kulturellen und sozialen Milieu abspielt. Der afrikaanse Roman richtet sich an den afrikaansen Leser in einer Welt aus vorgegebenen Werten, Traditionen, Denkweisen, Tabus und Vorschriften

– und diese Situation kann sich dort zuspitzen, wo ein Werk aus einem Kulturkreis für jemanden aus einer anderen Kultur – oder für jemanden aus derselben Kultur, aber in einer anderen historischen Umgebung – nahezu unverständlich wird. (Warum fällt Racine fast immer durch, wenn er auf englisch gespielt wird, oder Shakespeare auf französisch?)

Wenn der »normale« Leser eines afrikaansen Romans sein Buch aufschlägt, bringt er eine komplexe Welt mit, eine Welt voll kultureller, sozialer, politischer, psychologischer, ja wirtschaftlicher Abhängigkeiten; im allerweitesten Sinn und auf der banalsten Ebene erwartet er, daß das, was in afrikaans geschrieben ist, ihn in seinem eigenen »Afrikaans-Sein« bestärkt. (Und da schon diese Vorstellung für sich allein genommen eine Frage von *tantes homines* ist... wird das Problem noch kniffliger).

Aber wie der Leser bringt auch das Buch seine eigene »Welt« mit: der Leser, der einen Roman aufschlägt oder sich auf die Lektüre eines Sonetts einläßt, tut das von vornherein mit einer ganzen Reihe von – oft sogar anmaßenden – Erwartungen, die allein schon vom Begriff »Roman« oder »Sonett« geweckt werden. Diese Erwartungen werden natürlich vom Umfang der Erfahrungen abhängen, die der Leser in der Literatur und im Leben gesammelt hat: Chomskys »Kompetenz«. Und weil moderne Kommunikations- und Verkehrsmittel Kontakte zwischen verschiedenen Gesellschaften und Kulturen immer mehr erleichtern, ist das »Widerstandsniveau« in Gruppierungen und Einzelpersonen ständigen und raschen Veränderungen ausgesetzt.

Die Grundsituation bleibt jedoch unverändert: ein Leser mag noch so »offen« oder »gebildet« sein, er wird immer in irgendeiner Weise »Anstoß nehmen«, wenn er mit einem wirklich bedeutenden Werk konfrontiert wird. Das ist einer der Gründe, weshalb manche »Meisterwerke« jahrhundertelang ihre Bedeutung behalten, während andere einfach verschwinden und wieder andere auf wundersame Weise »wiederentdeckt« werden: sie behalten ihre Fähigkeit, »Anstoß« zu erregen, obwohl das ganz andere Gründe haben und auf ganz andere Art und Weise geschehen mag als zur Zeit ihrer Entstehung. Das ist auch die Erklärung für so vieles, was Theaterleute wie Jan Kott oder Peter Brook mit Shakespeare anstellen: anstatt zuzulassen, daß wir uns bei einem vertrauten Text entspannen, geben sie sich alle Mühe, für das Publikum unserer Tage das eigentlich »Anstoßerregende« bei Shakespeare zu entdecken. Sie müssen erst einen neuen Bereich des Widerstands entdecken – oder gar aufbauen –, um zu neuen Ebenen der Bedeutung vorzustoßen.

5

Wie »literarisch« ein Text ist, kann auch mit seinen »anstößigen« Qualitäten zu tun haben. Trotz der Behauptungen großer Theoretiker wie Sartre und Van Wyk Louw ist der literarische Text, ob Prosa oder Lyrik, *kein* durchsichtiges Glas, durch das eine »dahinter liegende Welt« beobachtet werden kann. Die Eigenschaften des Glases selbst – seine Lichtdurchlässigkeit, seine Dicke, seine Färbung, seine konvexe oder konkave Form, seine geschliffene oder nicht geschliffene Oberfläche – fordern die Aufmerksamkeit des Betrachters. Die »reale« Welt kommt natürlich auch ins Bild: die zuordnende Natur der Sprache macht das unvermeidlich. Aber letzten Endes bestimmt die *Dichte* der literarischen Erfahrung, wie wir »durch sie hindurch« auf die dahinter liegende Welt schauen. Wenn das nicht so wäre, wenn die Welt außerhalb des Werkes mit der Welt im Werk vollkommen übereinstimmte, wäre der Leser ein Konsument und sonst nichts, ein Empfänger von Botschaften, ein Entschlüßler einer schon vorher existierenden Bedeutung.

Wenn der gelungene Text seinen Leser unweigerlich in die Welt und in die Realität entläßt, dann geschieht das mit einem vertieften Bewußtsein für seine *ganze menschliche Verpflichtung* und nicht einfach mit einem praktischen »Aktionsplan«. Und das wird nur kraft der Herausforderungen und Hindernisse möglich, mit denen der Leser im Text konfrontiert wird. Die Energie, die ihm abverlangt wird, verschmilzt mit der Energie, die den Text überhaupt erst hervorgebracht hat, um jene vielschichtige neue Form der Energie (reine elektrische Impulse werden nun in Wärme oder Licht umgewandelt) freisetzen zu können, die das Übernehmen von Verantwortung für die Welt kennzeichnet.

Anders ausgedrückt: der »lohnende« literarische Text ermuntert den Leser, sich mit Leib und Seele hineinziehen zu lassen, wie in eine Liebesbeziehung: es geht nicht um ein flüchtiges Abenteuer, sondern um das Versenken des Ichs im anderen, damit beide mit einem gestärkten Bewußtsein für ihre gemeinsame und getrennte Tiefe und Komplexität daraus hervorgehen können. Der Text ist eine absolut mündige Person, kein geistloses kleines Geschöpf, bereit, sich hinzulegen und die Beine breitzumachen. Diese Herausforderung gleicht nicht dem scheinbaren Widerstand der Hure, sondern dem der integrierten Persönlichkeit, die weder sanfter Überredungskunst noch roher Gewalt nachgibt, sondern sich in eigener Verantwortung für ein gemeinsames Vorgehen nur dann entscheidet, wenn die Herausforderung von der anderen Seite ein solches Engagement wert ist.

Was den Leser zu einer Auseinandersetzung mit dem Text ermuntert, sind jene Elemente, zu denen er sich in Beziehung setzen kann, weil sie ihm bekannt vorkommen (Mann erkennt Frau von früheren Erfahrungen und der Konvention her); doch die vollständige Beziehung zum Text entwickelt sich auf Grund der Herausforderung des *Un*bekannten, des

Neuen, des Fremden, des Widerborstigen in *diesem* Text, das sich einem sofortigen endgültigen Verständnis widersetzt (die unerkennbaren Eigenschaften, das Anders-Sein *dieser* Person).

6

Ich habe das Gebiet des Sexuellen nicht nur angesprochen, weil sich da Metaphern anboten, die meinen Zugang zur Literatur als etwas Anstößigem »umfassen«, sondern auch, weil Sexualität an sich einen Bereich der Anstößigkeit verkörpert, der nachhaltiger als viele andere die Aufmerksamkeit der Menschen auf sich lenkt. Auf jeden Dante, der seine Zeitgenossen aus politischen, religiösen oder sonstigen Gründen schockiert, kommen zehn andere, die im moralischen Bereich Anstoß erregen – ein Eindruck, der durch die meisten großen, literarischen *causes célèbres* des vergangenen Jahrhunderts erhärtet wird: *Madame Bovary*, Zola, *Ulysses*, *Lady Chatterley*, *Lolita* ...

Mich interessiert dieser Aspekt des Themas einmal deshalb, weil Sex in meinem eigenen Werk schon immer eine große Rolle gespielt hat und zum andern, weil er in der südafrikanischen (besonders in der afrikaansen) Kritik ständig falsch dargestellt wird. Sexualität ist mir auch wichtig, weil sie mit einer Sache zu tun hat, die mich zutiefst berührt: mit dem Erlebnis und dem Ausdruck menschlicher Freiheit und den Qualen menschlicher Knechtschaft.

Nur mit den Abläufen und Verrenkungen beim Sex selbst läßt sich sicher nicht erklären, wie es zu jener seltsamen Vorstellung von Anstößigkeit kommt, die die Reaktionen darauf auch in Ländern beeinflußt, in denen ungleich mehr Weltoffenheit herrscht als in Südafrika. (Daß sich solche Reaktionen beharrlich behaupten, macht Produkte wie

Penthouse und *Playboy* selbst in den abgestumpften Kulturen und freizügigen Gesellschaften des Westens möglich.) Die Zahl der Öffnungen und Protuberanzen am menschlichen Körper ist begrenzt, ebenso die Möglichkeiten, sie zusammenzubringen. Wäre da nicht noch etwas anderes gewesen – und hätte die Literatur nicht noch etwas anderes *dargestellt* –, wären alle Spuren dieses uralten Tabus längst restlos verschwunden.

Die Antwort ist einigermaßen klar und ist in den letzten Jahren so oft untersucht worden, daß sie in aller Kürze gegeben werden kann. Zum Sex gehört tatsächlich mehr als nur die Vereinigung von Haken und Öse. Wie viele sekundäre und tertiäre Bedürfnisse sich die Menschen in unserem Zeitalter der Mannigfaltigkeit auch aufschwatzen lassen, so sind es doch die drei zentralen »Tatsachen«, die hinter allem stehen, die drei elementaren Situationen im Dasein des Menschen, die das Individuum mit der ganzen Menschheit, mit der Welt der Natur und mit seinen Untersuchungen all dessen verknüpft, was jenseits von »bloß« Sinnlichem, »bloß« Rationalem, »bloß« Biologischem liegt: Geburt, sexuelle Vereinigung und Tod. Nicht zufällig werden sie in der religiösen Praxis oft zu Sakramenten erhoben.

Und natürlich gibt es zwischen ihnen enge und komplizierte Beziehungen: die Geburt ist eine direkte Folge des Sex; in diesem steckt zugleich eine Bestätigung für und eine Herausforderung an den Tod des Individuums; mit dem Tod verbinden viele Religionen einen neuen Anfang. Kein Wunder, daß die fundamentale Beziehung zwischen Gott und der Menschheit so oft in sexuellen Kategorien dargestellt wird, vom Hohenlied Salomos bis zum heiligen Johannes vom Kreuz, vom Tantra-Buddhismus bis hin zu D. H. Lawrence.

Mit anderen Worten, es gibt in der Tat tief reichende Gründe (praktische, soziale, biologische, religiöse, ethische und andere) für die zentrale Position, die die Sexualität im menschlichen Leben einnimmt, und es ist nur logisch, daß sich das auch auf die Kunst erstreckt, sofern man sie nicht für eine Randerscheinung, sondern für einen wesentlichen Bestandteil des Lebens hält. Sexualität gehört zu den wenigen »allgemeingültigen« Dingen des Daseins, zu den wenigen »Konstanten«, die unter der Ebbe und Flut aus Bräuchen, Sitten, Kulturen und Lebensarten fortbestehen. Sie verknüpft das Individuum mit dem Primitivsten, was in ihm steckt, und bleibt so eine der seltenen »Unbekannten« in seiner Erfahrung, trotz aller Forschungen und neuer Erkenntnisse. Masters und Johnson haben zwar jeden Aspekt des sexuellen Verhaltens untersucht und alles, was man sich überhaupt nur vorstellen kann, gemessen, katalogisiert oder berechnet, aber bis zur Essenz des *Sexus* sind sie noch nicht vorgedrungen – von der Liebe ganz zu schweigen. Und solange es nicht möglich ist, sein Wesen zu erfassen, wird das Bedürfnis, mehr davon zu begreifen, unverändert groß bleiben (und genau so lange wird die Gesellschaft ängstlich besorgt sein, die schützenden Tabus aufrechtzuerhalten). Sobald jemand die Grenzen überschreitet und in diesen Bereich eindringt, werden die Abwehrmechanismen der Gemeinschaft mobilisiert: was in der Erfahrung primitiv ist, fordert die »Kultiviertheit« heraus; die Anspielung auf das Unbekannte ist potentiell anstößig.

Es gibt noch eine andere Überlegung. Das Gebiet der Moral ist einer der kritischsten Bereiche der Auseinandersetzung im Kampf zwischen den Generationen und im Tauziehen zwischen der Obrigkeit und ihren Untertanen. Die moralische Emanzipation als ein zutiefst persönlicher Prozeß ist eines der hauptsächlichen Anzeichen für die innere Befreiung eines Individuums, die dann zunehmend mit öffentlichen Kundgebungen, auch politischer Art, zusammenfällt oder sie erleichtert. Und das kann natürlich keine Regierung in einer mehr oder weniger unstabilen Lage zulassen.

Solange der Vater die sexuelle Ahnungslosigkeit seines Kindes aufrechterhalten kann, behält er seine Autorität, oder zumindest die Illusion seiner Autorität. Mit dem Einsetzen der Pubertät wird die elterliche Autorität bedroht, bis die Situation in der endgültigen Unabhängigkeitserklärung gipfelt – zum Zeitpunkt der Heirat des Kindes. In der Politik gibt es eine vergleichbare Situation. Solange die Obrigkeit ihre Untertanen überreden oder zwingen kann, hinzunehmen, daß die Regierung, um mit Brecht zu sprechen, ein Schicksal ist, das man zu ertragen hat, und nicht eine rein praktische Organisation, die ausgewechselt oder vernichtet werden kann und darf, so lange behält sie ihre Macht. Und der Heranwachsende, der im Zeitalter der Pille entdeckt, daß es im Hinblick auf den vorehelichen Geschlechtsverkehr keine absolute Moral gibt, sondern nur eine Reihe praktischer Erwägungen, ist auch nicht mehr weit davon entfernt, zum politischen Absolutismus ebenfalls nein zu sagen.

Unter diesem Aspekt leuchtet es ein, daß sowohl das »Anstoßnehmen«, als auch die Reaktion darauf besonders heftig ausfallen müssen, wenn in einem literarischen Werk die Schilderung sexueller Verhältnisse eine politische Dimension erhält: in Südafrika zum Beispiel eine sexuelle Beziehung zwischen Schwarz und Weiß – denn wenn das als Moral akzeptiert würde, wäre eine ganze politische Ideologie bedroht.

Dazu gehört eine vorhersehbare kulturelle Entwicklung, aus der sich unter anderem ergibt, daß die Zensur nicht nur ein Zeichen von Angst, sondern von kultureller Unreife ist; und während die Gesellschaft oder der einzelne sich weiterentwickelt und reifer wird, verringert sich das Bedürfnis nach dieser erniedrigenden Form des »Schutzes« – eines Schutzes nicht so sehr vor dem, was der Staat als »Pornographie« definiert, als vielmehr vor den eigenen Reaktionen und einem tieferen und zunehmend beunruhigenden Bewußtsein vom eigenen Selbst.

7

Sexualität ist nur ein Beispiel für die Art und Weise, in der Literatur »anstößig« ist: zu den Strategien des Anstoßerregens gehört viel mehr. Eine Literatur, die nicht ständig und beharrlich den Leser und die Welt stellt, verletzt, vor den Kopf stößt und dadurch auslotet und auf die Probe stellt und herausfordert –, eine solche Literatur ist zum Scheitern verurteilt.

Wenn die Sprache eines der Hauptinstrumente der Menschheit auf ihrer Suche nach der Wahrheit ist, dann verlangt sie gerade deshalb vom Schriftsteller, daß er immer weiterbohrt – und daß er besonders dann hartnäckig bleibt, wenn die durch die Sprache verursachten Anstöße zu destruktiven, systematischen Gegenmaßnahmen führen, die darauf abzielen, die Schwächen der Welt zu »schützen«. (In einer Gesellschaft wie der Südafrikas kann schon die drohende Verfolgung den Schriftsteller wissen lassen, daß er auf dem richtigen Weg ist!)

Die Sprache ist der Marmor des Schriftstellers: und um sich dessen würdig zu erweisen, sollte er vor keiner Wahrheit zurückzucken, die sein schonungsloser Meißel bloßlegt. Natürlich meißelt er nicht einfach an dem Marmor herum, um eine verborgene Form herauszuholen, die, umgeben vom harten Stein, bereits da ist. Galatea liegt nicht geduldig darin und wartet auf ihre Geburt; vielmehr wird sie ebensosehr durch die zähe Zuversicht des Bildhauers wie durch die unbarmherzigen Schläge seines Meißels *ins Leben gerufen.*

Nachdem er sie in die Welt gebracht hat, muß er mit ihr leben und die volle Verantwortung für sie übernehmen.
Zur Verantwortung des Schriftstellers für die Sprache – und für die Gesellschaft, die sie ihm beschafft hat – gehört auch, daß er gegen jedes Hindernis angeht, das ihm in den Weg gestellt wird. Mag die Wahrheit, die er bei seiner Arbeit zutage fördert, noch so erschreckend sein, er muß lernen, mit ihr zu leben und ihr gerecht zu werden, anstatt hinter den Mauern eines Tabus Zuflucht zu suchen. Das Unbekannte wartet darauf, mit dem Handwerkszeug des Schriftstellers bearbeitet zu werden. Dieses Werkzeug stößt nicht ins Leere, sondern trifft ständig auf Widerstand, der überwunden werden muß. Wenn wir Anstoß erregen, ahnen wir immer wieder die Möglichkeit der Freiheit.
Solange Menschen an der Literatur Anstoß nehmen, bleibt die Chance erhalten, daß sie aus dem Schlaf wachgerüttelt werden können und eines Tages lernen, die Welt mit neuen Augen zu sehen.

Nach Soweto

[1976]

Wen die Götter vernichten wollen...: das muß vielen spontan durch den Kopf gegangen sein, als sie im Juni 1976 in Soweto den Ausbruch der Gewalt erlebten, die sich anschließend ausbreitete und praktisch ganz Südafrika erfaßte. Für die meisten Südafrika-Beobachter im Ausland kam das nicht überraschend; doch die meisten weißen Südafrikaner traf es völlig unvorbereitet. In der gefährlichen Stille nach dem Sturm (ich schreibe diese Zeilen im August) lohnt sich vielleicht der Versuch, leidenschaftslos und in der gebotenen Kürze die Situation in ihrer Gesamtheit »von innen« zu bewerten: das allmähliche Auftauchen der Apartheid, die ursprünglich von einer kleinen, von allen Seiten bedrohten Gruppe als Überlebensstrategie gedacht war und sich dann zu einem Frankenstein entwickelte; den über die Jahre hinweg im Land selbst wachsenden Widerstand gegen das System; und die gegenwärtigen Spannungen und Beziehungen zwischen den verschiedenen Bevölkerungsgruppen. In diesem Rahmen werde ich versuchen, auf die Möglichkeiten einzugehen, die sich dem Intellektuellen und insbesondere dem (afrikaansen) Schriftsteller bieten, der wie ich das System verabscheut und versucht, in einer wahnsinnig gewordenen Gesellschaft um Freiheit und Gerechtigkeit zu kämpfen.

1

Zufallsbilder aus dem südafrikanischen Leben von heute: Zwei gut gekleidete schwarze Männer mittleren Alters stehen an einer Straßenecke und unterhalten sich. Ein Kastenwagen der Polizei hält an, und ein junger Bursche in Uniform beugt sich aus dem Fenster. »He, Kaffer!« brüllt er. »Komm her. Zeig mal deinen Paß.« Der eine Schwarze zeigt seinen Paß vor; der andere hat seinen beim Umziehen am Morgen versehentlich nicht eingesteckt. Er wird gepackt und in den Laderaum des Wagens gestoßen, wo er möglicherweise einige Stunden zubringt, ehe er zur Polizeiwache gebracht und über Nacht eingesperrt wird, bis er am nächsten Morgen aufs Gericht gehen und eine Strafe zahlen kann. Seine Familie wird nicht informiert. Daß er Dozent an der Universität ist, ändert nichts. Er ist schwarz; er muß jederzeit das »Referenzbuch«, wie der Paß offiziell heißt, bei sich haben, denn allein damit kann er eine Identität beanspruchen.

Eine Band aus *Coloureds* ist eingeladen, bei der Hochzeit eines jungen weißen Paares zu spielen. Sie müssen beim »Department of Community Development« eine Sondergenehmigung einholen. Die Genehmigung wird erteilt, aber unter der Bedingung, daß die *Coloureds* in der Band durch einen Netzvorhang von den weißen Gästen getrennt werden, damit es nicht zur »Vermischung« kommt.

Ein weißer Südafrikaner heiratet im Ausland eine Vietnamesin. Dann wird ihm gesagt, wenn er seine Frau mit in seine Heimat bringe, könnten sie beide wegen »Unmoral« ins Gefängnis kommen, da sie nicht derselben Rasse angehörten. (Wäre die Frau eine Japanerin, würde vielleicht eine Ausnahme gemacht; Japan hat nämlich umfangreiche Handelsverträge mit Südafrika, und so gelten Japaner – für die Dauer der Handelsverträge – als »Ehrenweiße«.)

Ein indischer Arzt behandelt seinen weißen Patienten. Als der Patient jedoch ins Krankenhaus muß, darf sein Arzt ihn nicht mehr operieren, da der Operationssaal »Nur für Weiße« – Whites only – ist.

Nach einem Autounfall liegen zwei Mädchen, eine schwarz, die andere weiß, in kritischem Zustand am Straßenrand. Eine Ambulanz wird gerufen. Da sie aber »Nur für Weiße« ist, kann das schwarze Mädchen nicht ins Krankenhaus gefahren werden: sie muß auf eine »schwarze« Ambulanz warten, selbst wenn die Verzögerung sie das Leben kostet.

Zwei Chefredakteure, beides hoch geachtete Männer, sollen wegen Berichten in ihren Zeitungen von der Sicherheitspolizei verhört werden. Der weiße Redakteur wird telefonisch gebeten, nachmittags um drei bei der Polizei vorbeizuschauen. Der schwarze Redakteur wird um vier Uhr früh von acht Polizisten geweckt, die sein Haus stürmen, um ihn mitzunehmen und bis zum späten Nachmittag einzusperren, ehe er dann verhört und wieder freigelassen wird.

Ein zu den *Coloureds* zählender Mann wird für schuldig befunden, ein weißes Mädchen auf besonders brutale Weise vergewaltigt zu haben; er wird zum Tode verurteilt. In einem ganz ähnlichen Fall wird ein weißer Mann für schuldig befunden, ein schwarzes Mädchen vergewaltigt zu haben: der Richter spricht von der Abscheulichkeit des Verbrechens und verurteilt den Mann zu einer Freiheitsstrafe von zwei Jahren.

Ein afrikaanser Farmer, sein ganzes Leben lang sowohl von den Weißen als auch von den *Coloureds* in der kleinen Gemeinde im Westen der Kapprovinz, wo er lebte, geachtet und geliebt, stirbt nach langer Krankheit. Am Tag der Beerdigung kommt auch eine Anzahl von *Coloureds* zum Gottesdienst, aber sie werden vom Pfarrer wieder weggeschickt, der nicht zulassen will, daß sie zusammen mit Weißen beten.

Ebensogut kann man natürlich andere Bilder beschwören: ein weißer Polizist riskiert sein Leben, um ein schwarzes Kind vor dem Ertrinken zu retten. Eine schwarze Familie gewährt mitten im Aufstand von Soweto einem weißen Journalisten Zuflucht, um zu verhindern, daß er gesteinigt wird. Ein afrikaanser Religionsführer tritt aus der weißen Niederländisch-reformierten Kirche aus und wird Mitglied einer schwarzen Gemeinde.
Es ist in der Tat »eine sehr seltsame Gesellschaft«.

2

Eine Tendenz zum Separatismus scheint in Gesellschaften, die eine Minderheit sind, eine folgerichtige politische und moralische Regung zu sein – bei den Iren etwa, die sich von den Engländern lossagen wollen, den Bretonen, die ihre Unabhängigkeit von Frankreich fordern, den Basken, die so grimmig darum kämpfen, von der spanischen Vorherrschaft befreit zu werden, den Québécois, die darauf bestehen, die Verbindung zum übrigen Kanada zu lösen. In diesen Beispielen gibt es jedoch einige Bedingungen, die sich radikal von der Situation in Südafrika unterscheiden. In den angesprochenen Gesellschaften ringen Minderheiten, die ihre

Gruppenidentität von einer Mehrheit bedroht sehen, um das, was sie als Befreiung verstehen: es geht um den Wunsch und die Forderung der Menschen selbst. In Südafrika wird mit Hilfe der Apartheid, die die weiße Vormachtstellung garantiert, eine unterdrückte Mehrheit in Knechtschaft gehalten.

Und noch etwas ist zu bedenken. Wenn Individuen oder Gesellschaften eine Trennung auf der Basis von Gleichheit und von gegenseitig respektierter Menschenwürde verlangten, könnten ihre Forderungen vielleicht eine unbestrittene moralische Berechtigung haben. In Südafrika ist das nicht der Fall.

Natürlich ist die Apartheid von ihren Befürwortern auch als ein moralischer Weg zur Lösung der, einer vielrassigen Gesellschaft innewohnenden, Probleme dargestellt worden, als das Bemühen, Reibungen zwischen Rassen, die auf verschiedenen Stufen ihrer kulturellen Entwicklung stehen, dadurch auszuschalten, daß jeder ethnischen Gruppe ihr eigenes geographisches Gebiet zugeteilt wird, wo sie sich zu voller politischer Unabhängigkeit entfalten kann. Und wenn eine solche Konstellation unabhängiger *»homelands«* erst geschaffen sei, so wird argumentiert, dann werde die gegenseitige Achtung auf der Basis nationaler Gleichheit folgen, und eine Diskriminierung wegen der Hautfarbe werde es dann nicht mehr geben. (Es ist der Trugschluß jeder utopischen Idee, daß sie glaubt, mit hochgesteckten Zielen die Mittel rechtfertigen zu können.)

Doch die moralischen Grundsätze des südafrikanischen Systems werden in dem Moment suspekt, da die Theorie an der allzu rauhen Wirklichkeit gemessen wird. Zum ersten sind, wie ja allgemein bekannt ist, den Schwarzen nur 13 Prozent des Landes zugeteilt worden, obwohl sie über 80 Prozent der Bevölkerung ausmachen. Zum zweiten sollen – oder können – keine separaten *»homelands«* für die 2,5

Millionen *Coloureds* (jene Menschen also, die aus der Rassenmischung der frühen Jahre hervorgegangen sind) und für die 800 000 Asiaten im Land bereitgestellt werden. Obwohl sie ihre eigene Legislative und andere Institutionen bekommen sollen, haben sie kein Territorium, auf dem sie ihre Funktionen ausüben könnten. Selbst die schwarzen *»homelands«* sind keine homogenen, zusammenhängenden Gebiete: in einigen Fällen besteht ein *»homeland«* aus neun oder gar noch mehr kleinen Flecken Land, die weit verstreut sind und zwischen denen weiße Flächen liegen: ein Archipel Gulag in einem weißen Ozean. Und den Millionen Schwarzer, die ein bleibender Teil der Bevölkerung »weißer« Städte geworden sind, wird die südafrikanische Staatsbürgerschaft verweigert – zugunsten der im Grunde genommen fiktiven Staatsbürgerschaft ferner *»homelands«*, die viele von ihnen noch nie betreten haben.

In erster Linie liegt jedoch der Makel der Apartheid in der Tatsache, daß sie das Werk einer Handvoll Weißer ist (vier Millionen bei einer Gesamtbevölkerung von etwa fünfundzwanzig Millionen) und daß sie der großen Mehrheit der Schwarzen ohne den nennenswerten Versuch einer Verständigung einfach aufgezwungen wird. Die Apartheid ist also ein System, das von oben durchgesetzt wird, und nicht, wie es die Regierung gerne darstellt, etwas, das sich aus der südafrikanischen Geschichte natürlich entwickelt hat.

3

Als 1652 die ersten holländischen Siedler am Kap landeten, geschah das mit der Absicht, nur vorübergehend eine Zwischenstation für die Schiffe der niederländischen Ostindischen Kompanie einzurichten, doch schon drei Jahre später hatten sich mehrere Siedler dafür entschieden, für immer zu bleiben; sie ließen sich von der Kompanie ihre »Freiheit« zurückgeben und fingen an, auf eigene Faust Landwirtschaft zu betreiben. In den nächsten eineinhalb Jahrhunderten wurde ein großer Teil des Binnenlandes erforscht, und schon zu einem überraschend frühen Zeitpunkt verstanden sich diese Bauern im Landesinneren als »Afrikaner«, im Gegensatz zu den »europäischen« Beamten am Kap. Es ist für ein besseres Verständnis des Afrikaaners von heute wichtig, sich klarzumachen, daß er sich seit über drei Jahrhunderten als »Eingeborenen« Afrikas sieht: zwischen seiner Einstellung und der Einstellung beispielsweise der Engländer in Indien oder der Franzosen in Algerien besteht ein grundlegender Unterschied.

Und diese Situation wurde noch durch die Tatsache verstärkt, daß der größte Teil der Kapregion damals, als die ersten Holländer ankamen, praktisch unbewohnt erschien. Die einzigen Menschen, die von den frühen Kolonisten angetroffen wurden, waren nomadisierende Khoisan-Stämme (»Buschmänner« und »Hottentotten«), die kein angestammtes Territorium zu haben schienen und überall im Landesinneren umherzogen. Es gab, mit anderen Worten, in diesem Stadium keine »Annexion« von Gebieten, die anderen gehörten: das Land schien dem zur Verfügung zu stehen, der es sich nahm (auch wenn das zu einem großen Teil auf Mißverständnissen beruht haben mag). Zudem wurden die Khoisan in einem sehr frühen Stadium durch Pockenepidemien dezimiert; viele der Sān (»Buschmänner«) zogen sich in andere Landesteile zurück; eine Anzahl der zurückbleibenden Khoin (»Hottentotten«) wurde durch Rassenmischung der »weißen« Gesellschaft einverleibt.

Hervorzuheben ist, daß rassistische Gefühle als solche in diesen frühen Jahren kaum eine Rolle spielten. Obwohl es nur wenige Ehen zwischen Schwarz und Weiß gab, wurden solche Verbindungen kaum als schändlich angesehen (und wo es doch geschah, gaben offenbar soziale und nicht rassische Überlegungen den Ausschlag); die vielen Kinder aus Verbindungen zwischen weißen Herren und malaiischen oder anderen Sklavinnen oder freien Hottentotten bildeten den Kern der wachsenden Bevölkerung von *Coloureds* in unseren Tagen. Schon zu einem sehr frühen Zeitpunkt übernahmen sie die niederländische Sprache; und als sich diese Sprache dann zu dem entwickelt hatte, was wir heute als Afrikaans kennen, sprachen die meisten *Coloureds* dieses Afrikaans. (Ja, als sich gegen Ende des neunzehnten Jahrhunderts viele Afrikaaner schämten, ihre eigene Sprache zu sprechen, die zu der Zeit als ein Patois galt, und sich ans Englische hielten, das zur Sprache der vornehmen Leute geworden war, da hielten die *Coloureds* die afrikaanse Sprache am Leben, pflegten sie und trugen unermeßlich viel dazu bei, daß sie überlebte und letztlich triumphierte.)

Wenn es in den ersten hundert Jahren der Geschichte des Kaps ein Gefühl rassischer Überlegenheit gab, dann stützte sich das auf soziale und religiöse Überlegungen und ganz besonders auf die Praxis der Sklaverei. Die Weißen sahen sich als Abgesandte Gottes: er hatte sie auf den »Schwarzen Kontinent« geschickt, damit sie dort dem Unwissen und den heidnischen Bräuchen ein Ende machten. Diese Haltung war damals natürlich auf der ganzen Welt verbreitet. Doch mit der Zeit kam in fast allen anderen Teilen der Welt der Augenblick, da man sich eindeutig entscheiden mußte, »andere« in die existierenden Gesellschaften einzugliedern und die Mühen und Kosten auf sich zu nehmen, die erforderlich waren, wollte man der mehr oder weniger »barbarischen« Masse etwas beibringen und sie »anheben«. Diese Entscheidung wurde in Südafrika mehr als zwei Jahrhunderte lang hinausgeschoben, bis »christlich« und »zivilisiert« immer mehr mit »weiß« identifiziert wurden. Vieles davon war, wie noch zu zeigen sein wird, von ökonomischen Überlegungen angeregt.

Gegen Ende des achtzehnten Jahrhunderts kam es in Südafrika zu zwei entscheidenden Konfrontationen: zu der ersten Begegnung mit den nach Süden vordringenden schwarzen, Bantu sprechenden Rassen und zur ersten Annexion der Kolonie durch die Briten. Wie sehr sich die holländischen Bauern im Landesinneren bereits als Afrikaner fühlten, zeigt sich daran, daß ihre erste Reaktion auf den britischen Zugriff ein – erfolgloser – Versuch war, zwei kleine selbständige Republiken im Landesinneren zu gründen. Sehr vielsagend ist auch, daß es im neunzehnten Jahrhundert mehrmals Versuche von Afrikaanern und schwarzen Afrikanern gab, sich gegen den britischen Imperialismus zusammenzutun.

Die Geschichte der Konfrontation mit den schwarzen Stämmen ist voll tragischer Mißverständnisse. Beide Seiten glaubten das »Recht« auf ihrer Seite zu haben; keiner verstand die territorialen Ansprüche des anderen. Sie gerieten regelmäßig als Feinde aneinander, doch beide glaubten, wesentlich zu Afrika zu gehören. (Hätte die Konfrontation andere Ergebnisse gebracht, wenn die Buren in ihrem Verhältnis zu Schwarzen nicht durch die lange Erfahrung der Sklaverei geprägt gewesen wären?) Beiden gemeinsam war eine im wesentlichen bäuerliche Bindung an die Scholle, ein leidenschaftliches Gefühl der Stammesidentität, eine fast mystische Verbundenheit mit dem Land.

Die Anwesenheit der britischen Kolonisten veränderte den Lauf der Geschichte. Mit der Zweiten Britischen Besetzung (nach 1806) wurde eine Rassentrennung versucht, im wesentlichen, um Konflikte zu vermeiden. Die Briten brachten die seltsam zwiespältige Haltung des christlichen Kolonisten mit sich: einerseits glaubt er an die ursprüngliche Unschuld des »edlen Wilden«, behandelt ihn jedoch andererseits im persönlichen Umgang weiterhin als einen Unterlegenen, einen »Eingeborenen«. Dreh- und Angelpunkt der britischen Kolonisten blieb London. London war die Stätte der Zivilisation und der Überlegenheit; alles andere war ihm unterlegen. Obwohl die Briten die Freilassung der Sklaven erwirkten und mit endlosen Maßnahmen darauf abzielten, das Los der Schwarzen zu verbessern, gingen sie dabei so ungeschickt vor und gaben sich, weil sie das Recht auf ihrer Seite glaubten, so arrogant, daß die Beziehungen zwischen den Rassen im Land bleibende Schäden davontrugen. Bei den braunen und schwarzen Rassen im südlichen Afrika weckten britische Philanthropen neue Hoffnungen und Ideale – die umgehend von den praktischen Machenschaften des britischen Imperialismus wieder durchkreuzt wurden, eines Imperialismus, der hauptsächlich auf machtpolitische Mittel zurückgriff, um alle Hindernisse unterzupflügen (gefolgt von hehren moralischen Rechtfertigungen für alle diese Umtriebe). Gleichzeitig mußten die Afrikaaner für jeden Rassenkonflikt im Grenzland als Sündenbock herhalten, und obgleich manches Unrecht zweifellos durch das Eingreifen der Briten wiedergutgemacht oder verhindert wurde, wuchs dadurch bei den Afrikaanern die tief verwurzelte Überzeugung, daß sie verfolgt, mißverstanden, beleidigt und ganz allgemein ungerecht behandelt wurden. Diese Erfahrung mag sogar einen gewissen Masochismus ausgelöst haben: die Überzeugung, daß man gerade *wegen* der Feindseligkeit und Vorurteile, die einem entgegengebracht werden, das Recht auf seiner Seite hat. Allein schon die Härte des imperialistischen Herrschers wurde zum Beweis der eigenen moralischen Redlichkeit. Und statt sich der Ungerechtigkeit zu beugen, zog man lieber mit der ganzen Sippe in die Wüste – nach dem Beispiel Moses' und seines Volkes, auf der Suche nach einem neuen Land der Verheißung. Die religiöse Inbrunst, mit der das Afrikaanertum im Großen

Treck und seinen Nachwirkungen noch einmal die Geschichte des Alten Testaments durchlebte, bestimmte weitgehend ihre Haltung den Schwarzen gegenüber, die in dem von Shaka verursachten großen *difaqane* übers ganze Land versprengt worden waren: *sie* waren nun die neuen feindseligen und heidnischen Völker Kanaans, die im Namen des Herrn besiegt werden mußten...

Wo immer die Trecker hinzogen – ob in den Oranje-Freistaat, nach Natal oder in den Transvaal –, am Ende wurden ihre neuen Territorien doch wieder von den Briten annektiert. Das hatte zur Folge, daß in diesen Jahren ein weiterer wichtiger Charakterzug des Afrikaaners verstärkt wurde: sobald er in Schwierigkeiten geriet und sich bedroht fühlte, packte er seine Ochsenkarren und zog weiter. Wenn er von einem Feind in die Enge getrieben wurde, zog er seine Wagen zu einem Kreis zusammen, einem *laager*, und verteidigte sich von dort aus. Auf der einen Seite erfüllte ihn das mit dem Gefühl, Probleme könne man umgehen oder hinausschieben: statt sie zu lösen, war es leichter, weiterzuziehen. Auf der anderen Seite bekam er dadurch das Gefühl, er werde von allen Seiten bedroht und belagert, und die einzige Sicherheit sei im *laager* unter seinen eigenen Leuten zu finden.

Im wesentlichen, glaube ich, bewertet man den Treck und seine spätere Geschichte richtig, wenn man ihn als Suche des Afrikaaners nach seiner Identität sieht – der Identität einer kleinen Nation, die in einem fremden und feindseligen Land entstanden war und die nur durch Nutzung der natürlichen Reichtümer Afrikas hatte überleben können.

Kurze Zeit herrschte »Frieden« im Inneren, nachdem die beiden Burenrepubliken gegründet worden waren. Doch dann wurden Diamanten und Gold entdeckt, und in den Briten erwachte der alte Geldinstinkt der Kolonialisten: die Vorwände waren bald gefunden, unter denen sie in schändlicher Weise die Republiken zurückerobern konnten. Und leider waren es allerlei Unregelmäßigkeiten in diesen Republiken, vor allem in Paul Krugers Transvaal, die Großbritannien die erforderlichen Vorwände lieferten. Nach einem blutigen Krieg, der die Beziehungen zwischen Afrikaanern und Engländern in Südafrika bis heute in einem alarmierenden Ausmaß bestimmt, wurden 1902 der Oranje-Freistaat und Transvaal wieder zu britischen Besitzungen; es folgte eine Zeit, in der durch schulische und andere Maßnahmen bewußt anglisiert wurde. Wieder einmal stand die Identität des Afrikaaners auf dem Spiel; wieder einmal mußten die Menschen ums physische Überleben kämpfen.

In diesem fortgesetzten Ringen spielte auch die Rasse wieder eine Rolle. Es war unmöglich, die Engländer zu besiegen; und so bekamen die Schwarzen die ganze Frustration und Rache zu spüren. (Aus naheliegenden Gründen hatten sich in dem Krieg viele Schwarze den britischen Streitkräften angeschlossen und gegen die Buren gekämpft.)

4

Nachdem die vier Kolonien in der Südafrikanischen Union von 1910 vereinigt waren, machten gleichzeitig zwei starke nationalistische Bewegungen von sich reden: eine Afrikaaner-Bewegung in der Nationalen Partei und eine schwarze Bewegung im »African National Congress«. Die Nationale Partei kam schließlich an die Macht, als sie 1948 die Wahlen gewann. Der ANC konnte, da Schwarze nicht wählen durften, nicht hoffen, im Rahmen der Verfassung zu gewinnen, und mußte deshalb schließlich zu anderen Mitteln greifen. Aber im wesentlichen verliefen die Anstrengungen beider Bewegungen parallel zueinander.

Verschlimmert wurde die Situation durch wirtschaftliche

Probleme, insbesondere durch das Aufkommen von Industrialismus und Kapitalismus. Die Afrikaaner, bis dahin im wesentlichen ein Volk von Bauern, fühlten sich von den großen Städten und Bergwerken angezogen, wo rasch ein großes, weißes Proletariat entstand. Und unter dem Einfluß der russischen Revolution von 1917 versuchten Afrikaaner, die mächtigen Bergwerksbosse durch Streik in die Knie zu zwingen. Das war auch die Zeit, in der einer ihrer Anführer, der spätere Premierminister Dr. D.F. Malan, offen die Vorzüge des Sozialismus rühmte.

Aber es war eine merkwürdige Art von Sozialismus, der sich in der Hauptsache an weißen Interessen orientierte. Der gewalttätige Aufstand der Bergarbeiter zu Beginn der 20er Jahre richtete sich ebensosehr gegen die englischen kapitalistischen Bosse wie gegen die Bedrohung durch schwarze Arbeiter, die mit ihrer Bereitschaft, für niedrigere Löhne zu arbeiten, die Lebensgrundlage des weißen Proletariats bedrohten. Hundert Jahre vorher war die Bedrohung durch die Schwarzen physischer und militärischer Natur gewesen; nun, im Kampf um wirtschaftliche und soziale Positionen, war die Bedrohung subtiler und damit gefährlicher geworden. Der Afrikaaner, zugleich von »oben« und von »unten« bedroht, erkannte, daß diesmal sein Überleben als eine Gruppe mit eigener Identität auf dem Spiel stand.

Lange Zeit wurden die *Coloureds* nicht als eine echte Bedrohung empfunden. Kulturell und sprachlich waren sie Afrikaaner; sie lebten fast alle in der Kapregion, wo die Industrialisierung nur langsam vorankam, und so machte sich der Afrikaaner ihretwegen kaum Gedanken. Die Inder lebten hauptsächlich in Natal; sie waren ins Land gebracht worden, um auf englischen Zuckerrohrplantagen zu arbeiten. Auch sie stellten für den Afrikaaner keine Bedrohung dar. (Im Fall der *Coloureds* und der Inder ist natürlich der numerische Faktor entscheidend: anders als die Massen der schwarzen

Mehrheit sind sie für Weiße nur eine Minderheit.) Noch in den 30er Jahren versprach Dr. Malan, die *Coloureds* mit der Zeit zu integrieren.

Als jedoch die Nationale Partei 1948 die Wahl gewann, war die Industrialisierung weiter fortgeschritten; überdies stellte sich heraus, daß viele *Coloureds* ihre Stimme lieber Jan Smuts' eher britisch orientierter Oppositionspartei gaben. Und so wurde den *Coloureds*, die bis dahin am Kap voll stimmberechtigt gewesen waren, ausgerechnet von dem Mann das Stimmrecht entzogen – von Dr. Malan nämlich –, der ihnen einst das volle Mitspracherecht versprochen hatte. Dieser Prozeß setzte sich immer weiter fort, bis heute, wo die Feindseligkeit zwischen *Coloureds* und Weißen alarmierende Ausmaße erreicht hat; außerdem ist zu hören, viele *Coloureds* wendeten sich dem Englischen zu und verleugneten ihre afrikaanse Muttersprache.

Damals, als die Afrikaaner die politische Kontrolle übernahmen (1948), wurde die gesamte Wirtschaftstruktur des Landes von den Engländern beherrscht; noch heute ist der größte Teil der Wirtschaft in englischer Hand. Zudem blieb auch die Kultur weit über 1948 hinaus überwiegend englisch geprägt. Und das bedeutet, daß sich der Afrikaaner, auch wenn er die politische Macht übernommen hatte, nach wie vor bedroht fühlte. Wieder einmal tat sich die *laager*-Mentalität hervor und äußerte sich in der traurigen Geschichte einer repressiven Gesetzgebung, die dann zu einem Markenzeichen des Regimes geworden ist. Vorher wurden rassische Mischehen von der Gesellschaft zwar mißbilligt, aber sie waren nicht ungesetzlich. Nun wurde jeder Geschlechtsverkehr zwischen Angehörigen verschiedener Rassen für illegal erklärt – in einem verspäteten und lächerlichen Versuch, die »Reinheit« der Rasse wiederherzustellen. Busse und Eisenbahnen und Strände waren bis 1948 integriert gewesen, nun stand es den Rassen nicht mehr frei, gemeinsam zu reisen oder im Meer zu schwimmen oder ins Theater zu gehen oder Sport zu treiben. Und erst in jüngster Zeit sind (wegen der wirkungsvollen Isolierung Südafrikas im internationalen Sport und nicht aus irgendwelchen moralischen Erwägungen) Versuche unternommen worden, diesen Prozeß umzukehren.

Verwoerd, der große Theoretiker, begann mit seinem grandiosen Vorhaben, auf der Basis ethnischer Zuordnung das ganze Land aufzuteilen: jeder einzelne mußte »klassifiziert« werden – mit den absurdesten Konsequenzen. Kontakte zwischen den Rassen mußten auf ein Mindestmaß beschränkt, wenn nicht ganz eliminiert werden. Selbst die Universitäten mußten nach Rassen getrennt werden, was einen alarmierenden Rückgang des akademischen Standards zur Folge hatte. (Die »schwarzen« Universitäten, wo die Bibliotheken einer strengen Kontrolle unterliegen und Studenten ständig von der Sicherheitspolizei überwacht werden und wo die akademische Qualifikation oft weniger wichtig ist als die politische Überzeugung, werden allgemein nur »Busch-Colleges« genannt.) Grundschulen und höhere Schulen für Schwarze arbeiten auf einem schockierenden Niveau, da der Unterricht ganz darauf angelegt ist, Schwarze auf eine Situation vorzubereiten, in der sie eine untergeordnete Rolle spielen und leicht auszubeuten sind. Außerdem ist die Schulbildung teuer und das heißt, relativ wenige Schwarze können sich das leisten. (Weiße Schulen kosten ironischerweise nichts.) Auf Jahre hinaus bestimmt die Ideologie alles im Land, von der Politik bis hin zu den persönlichsten Beziehungen; mit dem »großen Ideal« wurden die Realitäten des täglichen Lebens vorsätzlich vernebelt. Von jetzt an wird durch die Hautfarbe eines Menschen bestimmt, wo er wohnt, was er arbeitet und wie weit er es mit seiner Arbeit bringen kann. Die ganze kapitalistische Wirtschaft Südafrikas hängt von der billigen Arbeitskraft der

Schwarzen ab, die aus den *homelands* oder benachbarten Staaten »importiert« werden. Diese Wanderarbeiter werden in riesigen Übernachtungsheimen untergebracht, in denen nur Männer zugelassen sind, während ihre Familien in den *homelands* bleiben. Nicht genug, daß Familien und Gemeinschaften dadurch auf schreckliche Weise auseinandergerissen werden: die sexuellen Spannungen, die da aufgebaut und durch die Anwesenheit großer Gruppen feindlicher Stammesangehöriger in beengten Quartieren noch verschlimmert werden, entladen sich oft in Ausbrüchen von Gewalt.

Tatsächlich fällt *jeder* dem System zum Opfer. Ein kleines, ergreifendes Beispiel: 1902 kam ein Italiener nach Südafrika, heiratete eine Schwarze und ließ sich in dem Johannesburger Vorort Sophiatown nieder. In den frühen 50er Jahren, nach dem Tod seiner Frau, lebte er dort mit seiner Tochter; da aber Sophiatown nun zu einem Wohngebiet »Nur für Weiße« erklärt wurde (was viele Schwarze, die dort noch Häuser und Land besaßen, ihrer Eigentumsrechte beraubte), mußte seine Tochter wegziehen. Sie zogen in einen anderen »gemischten« Vorort. Ein paar Jahre später wurde jedoch dieses Gebiet als *coloured* erklärt, und dem alten Mann, inzwischen völlig erblindet und über achtzig Jahre alt, wurde nicht erlaubt, weiterhin bei seiner eigenen Tochter zu wohnen (die natürlich zu den *Coloureds* gerechnet wurde). Er starb völlig verarmt. Wenn man sich Tausende solcher Schicksale vergegenwärtigt, wird etwas von der eigentlichen Unmenschlichkeit des Lebens in Südafrika sichtbar.

Kein Wunder, daß es schließlich zu einer Reaktion kommen mußte, die dann 1976 in dem Aufruhr in Soweto und anderswo ihren Höhepunkt erlebte; Hunderte wurden getötet, Tausende verhaftet, und die Sachschäden gingen in die Millionen. Es sieht ganz so aus, als habe ein neuer Akt im Drama der südafrikanischen Revolution begonnen.

5

Man muß jedoch die Flammen von Soweto vor dem Hintergrund eines engagierten Widerstandes gegen die Apartheid sehen, der über Jahre hinweg angewachsen ist. Innerhalb der weißen Gruppe hatte die englischsprachige Bevölkerung anfangs versucht, den Widerstand gegen die politische Macht des Afrikaaners an den Wahlurnen zu organisieren, verlor aber den Mut, als die Nationale Partei in den 50er Jahren bei jeder Wahl ihre Mehrheit weiter ausbaute – zuerst durch eine geschickte Neueinteilung der Wahlbezirke, später durch die bloße Dynamik, die der weiße Nationalismus entwickelte (zum einen als eine positive Kraft, mit deren Hilfe lange unterdrückte Ambitionen des Afrikaaners befriedigt werden konnten, und zum anderen als eine negative, d. h. gegen die Schwarzen gerichtete und durch Angst aufgeputschte Kraft). Von da an konzentrierte sich der Widerstand der Englischsprachigen hauptsächlich auf den Bereich der Wirtschaft, doch als selbst diese Form des Drucks erfolgreich abgewehrt wurde, schien ein großer Teil der englischsprachigen Bevölkerung einfach in Apathie zu verfallen: wenn sie die politische Macht nicht in den Griff bekommen konnten, wollten sie lieber gar nichts damit zu tun haben. Ende der 60er Jahre kam es dann an den englischsprachigen Universitäten zu einer kräftigen Wiedergeburt politischer Überzeugungen. Diese Studenten, die aus rein moralischen Erwägungen handelten, um ihre Solidarität mit der unterdrückten und stimmlosen schwarzen Mehrheit auszudrücken, brachten in das politische Leben Südafrikas neuen Schwung – aber durch brutale Unterdrückung, die Polizeiaktionen in anderen Teilen der Welt in nichts nachstand, war auch diese Bewegung nur von kurzer Dauer, und derzeit scheint in englischsprachigen Universitätskreisen ein Gefühl ohnmächtigen Unbehagens vorzuherrschen.

Eine Zeitlang fuhren weiße Kritiker der Apartheid fort, die gefährliche neue Ordnung legalisierter und systematisierter Diskriminierung dadurch zu bekämpfen, daß sie sich gemeinsam mit Schwarzen in der einzigen vielrassigen politischen Partei des Landes engagierten, der Kommunistischen Partei (mit zahllosen nicht-kommunistischen Mitgliedern, die einfach deshalb mitwirkten, weil hier das einzige Forum war, in dem sich eine politische Opposition wirksam organisieren ließ). Nach dem Verbot der Kommunistischen Partei führte die Liberale Partei des Romanciers Alan Paton den Kampf um eine gerechte und christliche, vielrassige Gesellschaft weiter – bis auch sie sich in den späten 60er Jahren auflöste, als ein neues Gesetz politischen Parteien untersagte, eine vielrassige Mitgliederschaft zu haben.

In der Zwischenzeit setzten die verschiedenen schwarzen Organisationen – der ANC, der »Indian Congress« (Jahre vorher von Mahatma Gandhi gegründet) und die »Coloured People's Organization« – ihren Kampf gegen den Prozeß fort, der ihre labilen Freiheiten unaufhörlich immer weiter aushöhlte. All die Jahre (auch im Zweiten Weltkrieg, als extreme Nationalisten unter den Afrikaanern einen Sabotagefeldzug dagegen führten, daß die Regierung Großbritannien unterstützte) blieben diese Bewegungen bei ihrem gewaltlosen Kampf strikt im Rahmen des gesetzlich Zulässigen. Sogar als mit dem Triumph der Nationalen Partei 1948 ihre Existenz bedroht war, blieb ihr Widerstand friedfertig – obschon sich die Aktionen in einer Kampagne friedlicher Ablehnung diskriminierender Gesetze immer mehr verstärkten. Die einzige Folge war eine zunehmende Einschüchterung und Verfolgung: 1952 wurden etwa 8500 Männer, Frauen und Jugendliche verhaftet, weil sie die jüngsten menschenentwürdigenden Gesetze des Apartheidsystems *friedlich* übertreten hatten. Die Anführer wurden nach dem neuen Gesetz »zur Unterdrückung des Kommunismus« verurteilt (obwohl nur wenige von ihnen tatsächlich Kommunisten und einige sogar überzeugte Anti-Kommunisten waren). Die 50er Jahre wurden zu einem Jahrzehnt der Streiks, die das Ziel hatten, die Klagen der Stimmlosen publik zu machen. Selbst diese Streiks waren ungesetzlich, aber die Bewegung behauptete sich, weil sie eine gewaltlose und zugleich spektakuläre Form des Protests war. Im Juni 1950 reagierte die Polizei dadurch, daß sie an einem Tag achtzehn Menschen tötete; und das war nur einer von vielen ähnlichen Zwischenfällen.

Die Widerstandsbewegung nahm auch noch eine andere Form an, vor allem durch die Massenversammlung vom Juni 1955, wo 2000 Delegierte aller Rassen in der Nähe von Johannesburg zusammenkamen, um – trotz der schlimmen polizeilichen Einschüchterungsversuche – eine »Freiheitscharta« für die künftige Entwicklung des Landes anzunehmen. Nicht genug damit, daß diese Charta von der Regierung ignoriert wurde: mehr als 156 Führer dieser Bewegung wurden wegen Hochverrats festgenommen. Wie absurd dieser Schritt war, zeigte sich, als nach einem fünf Jahre dauernden Mammutverfahren alle Angeklagten freigesprochen wurden.

Kurz darauf wurde mit dem inzwischen historischen Massaker von Sharpeville im März 1960 ein schrecklicher Höhepunkt erreicht: über sechzig friedliche Demonstranten wurden von der Polizei erschossen, und als es daraufhin im ganzen Land zu Unruhen kam, wurden mehr als 10000 Menschen festgenommen, und mehr als 2000 führende Schwarze landeten im Gefängnis.

Das führte zu einer Umstellung der Taktik, die sich nun auf Sabotage und Untergrundpropaganda stützte. Aber man legte immer noch Wert darauf, Gewalt nur gegen Sachen und nicht gegen Menschen auszuüben. Und wieder, im März 1961, richteten die afrikanischen Führer des Landes einen friedlichen Appell an die Regierung, einen Nationalkongreß einzuberufen, um eine gemeinsame Zukunft für alle Bewohner des Landes auszuarbeiten. Und die Antwort hieß wieder einmal Gewalt: neue drakonische Gesetze, die eine Inhaftierung ohne Prozeß ermöglichten, neue Razzien, neue Verhaftungen. Und die 60er Jahre kennzeichnete eine fast endlose Reihe politischer Prozesse, deren berühmtester, der »Rivonia-Prozeß«, mit lebenslangen Haftstrafen für große schwarze Führer wie Nelson Mandela und Walter Sisulu zu Ende ging; auch dem berühmten Führer des Afrikaaner-Widerstandes, Bram Fischer, wurde der Prozeß gemacht: man warf ihm vor, Sabotage betrieben und »die Ziele des Kommunismus unterstützt« zu haben. Obwohl er bei seiner ganzen Strategie eindeutig darauf geachtet hatte, keine Menschenleben zu gefährden, wurden die Ereignisse so dargestellt, daß sie ihn als »Terroristen« brandmarkten, und so bekam auch er lebenslänglich. (Als er zehn Jahre später an Krebs erkrankte, wurde er schließlich auf Ehrenwort entlassen, um im Haus seines Bruders zu sterben; aber nach der Trauerfeier verlangte die Regierung seine Asche. Denn in einem Staat, in dem Angst und Argwohn regieren, kann selbst die Asche eines freien Mannes gefährlich sein.)

Und so war das einzige Ergebnis des friedlichen Widerstandes offensichtlich noch weniger Freiheit und noch mehr Unterdrückung als vorher. Zudem wuchs nach Sharpeville eine neue Generation von Schwarzen heran, die den eigenen Eltern die Schuld an der weiteren Verschlechterung ihrer Lage zuschrieb und ihnen vorwarf, sie billigten das System, solange sie sich ihm nicht entschlossener widersetzten.

In der Zwischenzeit war die *homeland*-Politik der Regierung durch die Ernennung neuer schwarzer »Führer« beträchtlich vorangekommen (sorgfältig ausgewählt nach dem Motto »die Stimme seines Herrn«), die bereit waren, innerhalb des Systems der Apartheid zu arbeiten. Einige hielten sich an die Spielregeln; in mehr als einem Fall stellte offenbar die Möglichkeit, durch Zusammenarbeit mit der Regierung zu einem mächtigen und wohlhabenden Mann zu werden, einen starken Anreiz dar. (Und so mancher erwies sich als Musterschüler. Noch bevor die Transkei 1976 »unabhängig« wurde, waren von denen, die in diesem Gebiet wirkungsvolle Opposition betrieben, die meisten im Gefängnis!) Andere, wie der Zulu-Führer Gatsha Buthelezi, nutzten die Situation geschickt, um die Regierung mit ihren eigenen Waffen herauszufordern: aus der Erkenntnis, daß offener Widerstand nur zu weiteren Einschränkungen der Freiheit führen konnte, machten sie sich gerade den Rahmen der Apartheid zunutze, um schwarze Anliegen zu fördern. Da diese Bestrebungen mit dem unumgänglichen Aufstieg der *Black Consciousness*-Bewegung (dem exakten Gegenstück zu dem früheren Erwachen des Afrikaaners und seiner aggressiven Entdeckung der eigenen Identität) zusammenfielen, wurde daraus ein Faktor, der auf dem südafrikanischen Schauplatz erhebliches Gewicht hatte.

6

Doch trotz der immer neuen Symptome einer Unterdrükkung setzte sich unter der Oberfläche langsam eine positivere Richtung durch (zum Teil auch als eine Folge des Verhaltens von Führern wie Buthelezi, Geschöpfen der Apartheid, die nun den Spieß umdrehten). Südafrikas *wahres Gesicht* fing an sich zu zeigen, und es sah anders aus als die unduldsame und nicht zu duldende Maske der Apartheid. Begünstigt vom wachsenden wirtschaftlichen Reichtum des Landes, der nach und nach (und sei es in noch so bescheidenem Maße) auch die Schwarzen erreichte, von der wachsenden »Internationalisierung« auf Grund einer verbesserten Kommunikation mit dem Rest der Welt und von einem steigenden Bildungsniveau unter Schwarzen kam ein natürlicher Entwicklungsprozeß in Gang.

Schließlich kam Südafrikas Versuch, ein imperialistisch-kapitalistisches System durchzusetzen, genau zu dem Zeitpunkt, wo der Rest der Welt anfing, davon Abstand zu nehmen. Und auch wenn das Land, oberflächlich gesehen, Kritik von außen weiterhin zurückwies, taten sich nun durch seine wirtschaftliche Lage und seine zunehmenden Kontakte mit der internationalen Welt mehr Möglichkeiten zu einer natürlichen Entwicklung auf als vorher.

Ein Ausgangspunkt für mögliche Veränderungen war erreicht, als Südafrikas Politik einer Entspannung in Afrika verkündet wurde – eine Politik, die 1975 in einer historischen Begegnung gipfelte, als Premierminister Vorster und Präsident Kaunda von Sambia zusammentrafen; und zur gleichen Zeit verkündete der südafrikanische Botschafter in den USA, sein Land werde alles tun, was es könne, »um von der Diskriminierung wegzukommen«.

Heute, ganze achtzehn Monate später, erregt Südafrika weltweit mehr denn je Abscheu. Und Vorster, einst als der »Friedensstifter« in Afrika bejubelt, ist nicht nur zu einem Symbol der Ernüchterung und Verzweiflung geworden, sondern tatsächlich zum hauptsächlichen Hindernis für wesentliche Veränderungen in Südafrika. Vom Format eines Staatsmannes ist nichts mehr da; er ist zu einem konfusen politischen Tier geschrumpft, beherrscht von der Angst und von einem elementaren Selbsterhaltungstrieb.

Wie ist es zu diesem Wandel gekommen?

7

Zunächst einmal hat Vorster eine Politik der Entspannung nach außen in die Wege geleitet, ohne sie mit wesentlichen Veränderungen *im Inneren* zu verknüpfen.
In einem berühmten BBC-Interview warnte Alexander Solschenizyn den Westen vor einer Entspannungspolitik: Rußland, sagte er, reiche dem Westen die eine Hand und halte die andere auf dem Rücken versteckt. Genau so sah Vorsters plumper Schachzug aus: er wollte den größtmöglichen Vorteil daraus ziehen, daß er afrikanische Länder mit freundschaftlichen Handelsbeziehungen und anderen Bindungen neutralisierte, während er sich weigerte, die unhaltbare Position im eigenen Land zu normalisieren.
Den Todesstoß bekam die Entspannungspolitik natürlich durch Südafrikas unglückselige Einmischung in den Angola-Krieg. Daß dieses Abenteuer auf der »stillen Erwartung« beruht haben mag, daß auch die USA eingreifen würden, ist keine Entschuldigung. Es zeugt nur von einer phantastischen Unfähigkeit, die einfachsten Realitäten der Situation zu begreifen: wenn tatsächlich jemand erwartet hatte, die Amerikaner würden sich so kurz nach Vietnam auf ein Abenteuer im Ausland einlassen, und das auch noch in einem Wahljahr, dann hätte er besser seinen Verstand untersuchen lassen sollen. Und so kam es, daß die südafrikanischen Truppen (deren Anwesenheit in Angola von der Regierung noch bestritten wurde, als sie bereits Luanda im Schußfeld hatten) umkehren mußten. Sie mögen unterwegs in jedem Gefecht gesiegt haben, wie der südafrikanische Verteidigungsminister so hektisch beteuerte, aber den Krieg haben sie so sicher verloren, wie Großbritannien schließlich den Burenkrieg verloren hat. Und plötzlich, kaum

daß sich in Mozambik ein marxistisches Regime etabliert hatte, erlebte Südafrika die Befreiung eines weiteren schwarzen Staates an seinen Grenzen.
Zum erstenmal seit Beginn ihres langen friedlichen Kampfes wurde Schwarzen in Südafrika klar, daß die Befreiung kein Traum bleiben mußte, sondern immer wahrscheinlicher wurde. (Leider wird die Lage durch die Anwesenheit russischer und kubanischer Militärs in Angola ungeheuer kompliziert: ein natürlicher Prozeß der Veränderung in Südafrika könnte von der Angst gebremst werden, »daß die Russen kommen« – und daß die Unterdrückung dann möglicherweise noch schlimmer werden würde, als sie schon ist. Eine nicht unbedeutende Anzahl Weißer, die sich aktiv für Veränderungen eingesetzt hätten, halten sich nun zurück, weil sie Angst haben, Vorgänge wie in Ungarn oder der Tschechoslowakei könnten sich wiederholen. Und auch viele Schwarze in Südafrika mögen befürchten, es könnte zu einem simplen Austausch kommen, eine Form der Unterdrückung gegen eine andere. Nur zu deutlich erinnert man sich an Solschenizyns Stimme.)
Unter diesen Umständen also dämmerte in Südafrika der Schwarze Monat – Juni 1976 – herauf. Erzürnt über die »Trägheit« ihrer Eltern, inspiriert von der Aussicht auf wirklichen Erfolg, frustriert, unter vielen anderen Dingen, von einem Bildungssystem, das sie zwang, vieles in der Schule in einer dritten Sprache zu lernen, dem Afrikaans (das für sie schon zur »Sprache des Unterdrückers« geworden war), und schließlich aus der Überlegung heraus, daß sie, ob sie nun weiterlebten oder starben, im Grunde nichts zu verlieren hatten – in dieser Stimmung also handelten die jungen Leute aus dem immer weiter wuchernden schwarzen Konglomerat Soweto (dem sogar die Würde versagt wird, eine »Stadt« genannt zu werden, da die Bewohner von Weißen nur »toleriert« und noch nicht einmal in ihrer

Existenz als Bürger anerkannt werden). Überall im Land brach Gewalt aus. Nach beispiellosen Polizeiaktionen herrscht im Augenblick eine beunruhigende Stille. Aber schon jetzt ist offenkundig, daß »Soweto« nicht nur einen Augenblick des Übergangs wie seinerzeit Sharpeville darstellt: es ist ein wirklicher Wendepunkt. Das Leben in Südafrika wird nie wieder so sein wie vorher.

Die einzige relevante Frage ist: wird der Knoten in diesem Schlußakt mit friedlichen oder gewalttätigen Mitteln gelöst werden? Und ich muß das ganz deutlich machen: eine *friedliche Lösung* bedeutet, daß alle Begleiterscheinungen des Lebens in einer für immer vielrassigen Gesellschaft hingenommen werden; eine *gewaltsame Lösung* mag darauf abzielen, die weiße Präsenz als politischen Faktor auf der südafrikanischen Szene auszumerzen – denn in einem derartigen Krieg kann sich die eindrucksvolle militärische und wirtschaftliche Macht des weißen Südafrika auf die Dauer nicht durchsetzen.

8

Wenn man einen friedlichen Übergang noch ins Auge fassen kann – wobei die Zeit dann mehr denn je der entscheidende Faktor ist –, ist die Position und Rolle des Afrikaaners von ausschlaggebender Bedeutung. Im Augenblick ist er an der Macht; es liegt in seiner Hand, einen effektiven Wandel herbeizuführen. Doch in den zwei Monaten seit dem ersten Ausbruch in Soweto haben die Behörden kaum erkennen lassen, daß sie zu Veränderungen bereit sind – *ja, sie haben kaum erkennen lassen, daß sie das Ausmaß dessen, was auf dem Spiel steht, auch nur begreifen.* So hat die Regierung noch in derselben Woche, in der es in Soweto losging, die meisten der wirklich bedeutsamen Empfehlungen zurückgewiesen, die im Bericht der Theron-Kommission über die Situation und Zukunft der *Coloureds* standen. (Zu beobachten ist seither eine merkliche Verschlechterung der Beziehungen zwischen Weißen und *Coloureds* und eine offenere Identifizierung der *Coloureds* mit den Anliegen der Schwarzen.) Mit anderen Worten: selbst in dieser extrem kritischen Woche beharrte die Regierung auf ihren diskriminierenden Praktiken und Plänen, und zwar in einer Weise, die man nur als apokalyptische Arroganz bezeichnen kann. Ein Freudscher Todeswunsch, der Masada-Komplex des Afrikaaners sollte nie unterschätzt werden. Wenn er schon sterben muß, dann aber mit einem Knall und nicht mit einem Wimmern.

Und dennoch: bei vielen Afrikaanern – nicht den Mitgliedern jener kleinen Clique, die das Land beherrschen (»nach uns die Sintflut«) – ist heute eine bemerkenswerte Bereitschaft da, drastische Veränderungen durchzuführen. Es liegt auf der Hand, daß das vor allem unter Intellektuellen zu spüren ist, die sich ein Gefühl der Sicherheit »leisten« können. Aber diese Bereitschaft äußert sich als eine zunehmend breiter werdende Gewissensprüfung in vielen Kreisen. Ich glaube, wenn es einmal *wirklich* ums Überleben geht, dann werden die Afrikaaner bereit sein, sich anzupassen. Sie haben 300 Jahre überlebt, weil sie gelernt haben, mit der afrikanischen Wirklichkeit zu ringen – auch wenn sie oft lieber geflohen sind, anstatt zu kämpfen.

Seit vielen Jahren gibt es eine kleine Gruppe unerschrockener afrikaanser Intellektueller (darunter der hochgeachtete Leiter des *Christian Institute* Beyers Naudé), die aus dem sicheren *laager* ausgebrochen sind, um für eine breiter angelegte Gerechtigkeit zu plädieren, gestützt auf die bewußte Wahrnehmung der Verpflichtungen eines Landes gegenüber dem zwanzigsten Jahrhundert. In den letzten Jahren haben sich auch ein paar afrikaanse Schriftsteller dieser Gruppe angeschlossen. Und nach den Gewalttaten von Soweto sprechen bezeichnenderweise auch etliche Redakteure afrikaanser Zeitungen eine deutlichere Sprache, wenn sie Veränderungen fordern.

Zwischen der privaten und der öffentlichen Meinung hat es bei Afrikaanern schon immer einen seltsamen Zwiespalt gegeben. Ich bin immer wieder Männern selbst in hohen Regierungsämtern begegnet, die extrem liberale Ansichten äußern, wenn sie im Kreis von Freunden sind: sobald sie jedoch in der Öffentlichkeit auftreten, sind all die alten konservativen Klischees wieder da. Vielleicht können nun endlich die allgemeine Reaktion auf Soweto und die unverblümten Zeitungskommentare zu der Entdeckung beitragen, daß auch unter den Afrikaanern die Unzufriedenheit nicht mehr auf einzelne beschränkt, sondern erstaunlich weit verbreitet ist. Diese Entdeckung kann vielleicht den bislang Kleinmütigen soviel Mut machen, daß sie auch öffentlich zu ihren Ansichten stehen. Und darin sehe ich zumindest einen kleinen Hoffnungsschimmer.

9

Was würde ein friedlicher Wandel bedeuten? Zunächst einmal mit Sicherheit das Zusammentreten einer verfassungändernden Versammlung, stellvertretend für alle Menschen im Land (ähnlich der Versammlung, die in Namibia entsteht, wo nach vielen Jahren ein solcher friedlicher Wandel tatsächlich in Aussicht ist), damit Entscheidungen für unsere gemeinsame Zukunft gefällt werden können. Das würde unweigerlich den Abbau der gesamten Struktur der Apartheid mit sich bringen, da sie ja auf der Ausbeutung von Ungleichheit beruht. Es könnte durchaus sein, daß gewisse Gruppen (wie die Xhosas, die nun in ihrer »eigenen« Transkei »unabhängig« geworden sind) auf irgendeiner Form der

ethnischen Gruppierung bestehen würden, was sich in einem föderativen System sehr leicht verwirklichen ließe. *Aber das gesamte Gefüge der Diskriminierung wird abgeschafft werden müssen.*
Zum großen Teil liegt die Zukunft in den Händen der südafrikanischen Schwarzen selbst. Darin sehe ich die wirklich entscheidende Veränderung, die durch Soweto bewirkt worden ist. Die Initiative zu ergreifen, ist nicht mehr allein das Privileg der Weißen. *Es kommt nicht mehr darauf an, was Weiße bereit sind zu geben, sondern was Schwarze bereit sind zu akzeptieren oder zuzulassen.* Schwarzen ist klar, in welchem Ausmaß die südafrikanische Wirtschaft von ihnen abhängt: trotz aller repressiven Maßnahmen können sie nicht mehr gezwungen werden, sich ausbeuten zu lassen. Sie können endlich damit beginnen, ihre eigenen Bedingungen zu diktieren. Der Abbau hat tatsächlich angefangen – auch wenn, oberflächlich betrachtet, noch nicht viel davon zu sehen sein mag.

10

Welche Funktion, welche Möglichkeiten hat ein Schriftsteller, der unter diesem grollenden Vulkan lebt?
Es gibt Länder, wo es einem Schriftsteller durch das soziale oder politische Klima verhältnismäßig leicht gemacht wird, sich in den Elfenbeinturm zurückzuziehen und sich mit metaphysischen Problemen herumzuschlagen. Es gibt andere – und Südafrika gehört dazu –, wo die soziopolitischen Realitäten so erdrückend sind, daß keine Flucht möglich ist. Ja, man kann sogar in die schwierige Situation kommen, daß die Beschäftigung mit der Qual anderer die schöpferischen Energien so weit aufbraucht, daß fürs Schreiben kaum noch etwas übrigbleibt. Doch in diesem Augen-

blick der schrecklichen Entscheidung zwischen Friedfertigkeit und Gewalt muß ich als Schriftsteller versuchen, meine Position zu definieren, wobei ich nur zu gut weiß, daß die Welt, gerade im letzten Jahrzehnt, dazu übergegangen ist, die Rolle des Intellektuellen generell mit großem Mißtrauen zu beurteilen. Aber nicht nur von der Beurteilung des Intellektuellen hängt eine Menge ab, sondern auch vom Wesen des Intellektuellen selbst und vom Wesen der Gesellschaft, in der er wirkt.

Es stimmt, daß »der Liberale« in der Welt mit Mißtrauen, wenn nicht mit offener Feindseligkeit betrachtet wird – und oft mit Recht, wenn sich sein Beitrag in Wirklichkeitsflucht und bloßer »moralischer Unterstützung« erschöpft. Und in einer Gesellschaft wie der südafrikanischen, wo Schwarze die ganzen Brutalitäten des Systems hinnehmen müssen, während Liberale nie mehr sein können als bloße Anhängsel (manche mit der Absicht, in einem Holocaust die eigene Haut zu retten), haben Schwarze absolut recht, den Liberalismus abzulehnen. Sie haben die Nase voll von scheinheiliger Einmischung, Nächstenliebe und Unterstützung einer »guten Sache«. Sie können es nicht mehr ertragen. Und so packen sie's lieber allein an.

Aber das entläßt keinen Weißen aus der Pflicht, sich auf die Situation einzulassen. Es gibt gewisse Vorrechte, die verdientermaßen in die Hände der Schwarzen übergegangen sind; aber sicher sind auch von Weißen große Verpflichtungen zu übernehmen – *auch wenn es durchaus passieren kann, daß sie als Individuen von der künftigen Entwicklung ausradiert werden.* Als Weißer habe ich gerade in diesem Augenblick der Geschichte eine historische Verantwortung.

Mancher Schriftsteller verzweifelt oft daran, daß er nicht mehr tun kann als zu denken oder zu schreiben. Seit dem Zeitalter der Romantik haben Schriftsteller immer wieder den, wie sich ein Kritiker ausdrückte, »verhängnisvollen

Reiz der Tat« zu spüren bekommen. Was hat man schon davon, der erste Dichter seines Landes gewesen zu sein (wenn man nicht sein erster Mann der Tat wird), fragte sich Lamartine, wie es sich ebensogut Breyten Breytenbach fragen könnte. Es ist in der Tat, wie Emmanuel Berl sagt, die Tragödie des Intellektuellen, daß er gerne Revolutionär wäre, es aber nicht schaffen kann. Und dennoch ist dieses Argument grundverkehrt, da es von der alten und unnötigen Zweiteilung von »Worten« und »Taten« ausgeht. Im Zusammenhang mit einer Situation wie der in Südafrika kann das Schreiben als revolutionäre Tat *sui generis* Wirkung erzielen.

Mir scheint, der afrikaanse Schriftsteller hat in diesem Zusammenhang eine besondere Verantwortung. Wegen seiner besonderen Situation, der Tatsache also, daß er – ob es ihm nun paßt oder nicht – auf Grund der Geschichte, der Kultur und seiner Hautfarbe mit den Etablierten und Mächtigen verkettet ist, geschieht nichts, was er sagt oder schreibt, im luftleeren Raum: es bewirkt immer eine *Reaktion*. Die Behörden, die empfindlich sind, wenn »einer aus unseren eigenen Reihen uns in den Rücken fällt«, reagieren – und überreagieren – in einer Weise, die dem Vorgang viel Aufmerksamkeit sichert. Eine jüngere Generation von Afrikaanern reagiert mit einer Woge der Begeisterung und fordert damit den monolithischen Machtblock heraus. Wichtiger noch: ein von einem Afrikaaner und Dissidenten geschriebenes Buch löst in der stummen Welt der Unterdrückten ein beachtliches Echo aus. Die größte Freude als Schriftsteller habe ich immer dann empfunden, wenn schwarze oder *coloured* Landsleute, von denen manche meine Bücher nicht einmal kannten, an mich geschrieben oder mich angesprochen haben, um mir von einem neuen Hoffnungsschimmer in ihrem Leben zu erzählen.

In so einer Situation ist der Schriftsteller zwei wichtigen

Aufgaben verpflichtet: die erste ist ganz einfach die, daß er die Leute auf dem laufenden hält. In einem Land, das zum einen von Lügen und Entstellungen beherrscht wird, zum anderen von einem alarmierend um sich greifenden Schweigen unter wohlmeinenden Menschen, die ihre Neugier verloren haben und die sich dazu haben überreden oder prügeln lassen, kommentarlos alles hinzunehmen, was geschieht – in einem solchen Land gibt es immer mehr Weiße, die einfach *nicht wissen* und nicht wissen *wollen*, was geschieht. Soweto hat die meisten von ihnen aus ihrer Selbstzufriedenheit aufgeschreckt. Aber der Mensch hat die bemerkenswerte Fähigkeit, aus seinen Gedanken auszusperren, was unangenehm oder unerträglich ist. Und der Schriftsteller kann, neben anderen, sicherstellen, daß die furchtbare Ausrede von Nürnberg nie wieder zu hören sein wird.

Die zweite Verpflichtung des Schriftstellers, viel wichtiger noch als die erste (denn die erste geht über die journalistische Ebene, wie wichtig die auch sein mag, kaum hinaus), ist es, den *Bedingungen des Menschseins*, so wie sie sich in Südafrika darstellen, auf den Grund zu gehen und sie bloßzulegen: den ewigen Kampf mit den wichtigsten Voraussetzungen, mit den Grundlagen menschlicher Erfahrungen und menschlicher Beziehungen, *sub specie historiae*. Indem er der Stimme der Vernunft Gehör verschafft und nicht aufhört, in einer wahnsinnigen Welt nach dem Sinn zu suchen, stellt er sich schützend vor die Menschenwürde und ein Bewußtsein von menschlichen Werten. Wenn der Schriftsteller verstummt, wird es für die Gesellschaft um so leichter, sich in den Sumpf von Gewalt und Hysterie zurückfallen zu lassen. Denn die Gewalt ist ihrem Wesen nach unweigerlich eine Absage an die Menschenwürde: und deshalb, meine ich, richtet sich der Akt des Schreibens in hohem Maße gegen die Gewalt. Selbst – und gerade – in

einer Situation, in der Gewalt nicht vermieden werden kann, ist es dringend notwendig, daß die Stimme des Schriftstellers gehört wird.
So verstanden, ist das Schreiben alles andere als eine Flucht vor der Verantwortung: es wird zu einer Auseinandersetzung mit den elementarsten Voraussetzungen des Menschseins.
Schon das ist in einem Land wie Südafrika eine gefährliche Beschäftigung: mit jedem Wort, das der Schriftsteller von sich gibt, setzt er sich selbst aufs Spiel – das einzige Kriterium für die volle Übernahme von Verantwortung.
Es ist eine nicht zu bestreitende Tatsache, daß der schwarze Schriftsteller dem ganzen Druck repressiver Maßnahmen stärker ausgesetzt ist, als es ein weißer Schriftsteller je sein wird. Unterschätze aber niemand die Gefahren, die dem weißen Schriftsteller drohen: und eine ganz spezielle Form der Verfolgung bleibt dem afrikaansen Autor vorbehalten, der dem politischen Establishment als Verräter an der »Sache« gilt. Die Sicherheitspolizei steht immer auf dem Sprung, die Wahrheit zu unterdrücken oder zu verhindern. Oft ist die Verfolgung brutal und ganz offen. Häufiger findet sie auf einer weniger offiziellen Ebene statt, ist subtil und zerstörerisch. Ich habe darin genügend persönliche Erfahrung, um meinen Feind inzwischen zu kennen. In diesem Wissen beruht meine feste Überzeugung, daß, solange in dieser turbulenten Ruhe vor dem entscheidenden Sturm noch Zeit ist, der Schriftsteller keine andere Wahl hat, als die Wahrheit zu entlarven und zu verkünden, wo immer er kann und wo immer er sie wahrnimmt. Wenn man ihm nicht mehr erlaubt, zu rufen, muß er lernen, mit leiserer Stimme zu reden. Wenn ihm auch das verwehrt wird, muß er flüstern. Und wenn ihm nicht einmal mehr erlaubt ist zu flüstern, muß er, in Artauds denkwürdigen Worten, aus den Flammen weitersprechen.

Von Sklaven und Herren

[1978]

Seit langem ist es eine weit verbreitete Ansicht, schwarzweiße Beziehungen in Südafrika, die auf Kontakte zwischen freien Nationen zurückgehen, hätten keine echte Parallele in Ländern wie den Vereinigten Staaten, wo solche Beziehungen anfangs von der Ungleichheit zwischen Herren und Sklaven geprägt waren. Doch bei meinen Recherchen für einen neuen Roman, an dem ich seit einiger Zeit arbeite, ist mir nach und nach klar geworden, daß Meinungen, wie sie in der im frühen neunzehnten Jahrhundert am Kap lebenden Gemeinschaft vorherrschten, ein beunruhigendes Licht auf die Situation von heute werfen können.

Um mit ein paar allgemeinen Überlegungen anzufangen: zwischen gewissen Strukturen der Veränderung, die es in den letzten Jahren in Südafrika gegeben hat, und dem mühsamen Weg bis hin zur Abschaffung der Sklaverei im Jahr 1834 besteht eine faszinierende Ähnlichkeit.

In einer Gesellschaft, die auf Ungleichheit und Ausbeutung gründete, waren Kolonisten im frühen neunzehnten Jahrhundert oft der ehrlichen Überzeugung, daß sie das, was man von einem anständigen Christenmenschen nur erwarten könne, durchaus leisteten, wenn sie ihren Sklaven beibrachten, Choräle zu singen und Abschnitte aus dem Evangelium (in denen die Sklaverei natürlich gebilligt wurde) auswendig zu lernen, und wenn sie sie »gut« behandelten – und das hieß, sie nicht mit Arbeit überlasteten, sie nicht mehr, als für nötig gehalten wurde, auspeitschten (sagen wir, neununddreißig Hiebe für eine leichte Pflichtvergessenheit), Mitglieder einer Familie nicht einzeln verkauften, bevor die Kinder ein gewisses Alter erreicht hatten, und dafür sorgten, daß sie genügend zu essen und irgendein Dach über dem Kopf hatten.

Schließlich kostete ein Sklave eine Menge Geld, und da der Eigentümer von seiner Kapitalanlage einen ordentlichen Ertrag erwartete, war er daran interessiert, es seinen Sklaven möglichst angenehm zu machen, damit sie möglichst lange für ihn arbeiten konnten.

Vielen Kapsklaven wurde erlaubt, Läden aufzumachen oder selbständig als Kunsthandwerker zu arbeiten, so daß sie in einem großzügigen Rahmen als mehr oder weniger freie Unternehmer bescheidene Gewinne erzielen konnten. Oft wurde ihnen eine beträchtliche Bewegungsfreiheit zugestanden, vorausgesetzt, sie hatten einen von ihrem Master unterschriebenen Paß bei sich. Viele Sklavinnen wurden zu anerkannten Konkubinen ihrer Eigentümer, und in der Mehrzahl der Fälle wurden weiße Kinder von Sklavinnen großgezogen.

Die Probleme kamen, als erstmals von Leuten wie Wilberforce die Möglichkeit einer Freilassung angesprochen wurde. (Interessanterweise bezeichnen bestimmte Farmer in der östlichen Kapprovinz die Schwarzen bis zum heutigen Tag als »Wilbies«.)

Nachdem 1807 der Sklavenhandel abgeschafft worden war, setzte die britische Regierung – im Bestreben, jede Konfrontation mit den kolonialen Sklavenhaltern zu vermeiden, von denen der Wohlstand des Empires in so hohem Maße abhing – noch zwanzig Jahre lang ihr gefährliches Spiel der »vernünftigen Reformen« fort.

Anstatt die Sklaverei als solche abzuschaffen und damit das Übel selbst auszurotten, wurden immer wieder Versuche unternommen, aus einer schlimmen Geschichte das Beste zu machen.

1816 erging zum Beispiel ein Aufruf, mit dem die Registrierung aller Kapsklaven erzwungen wurde, und 1823 gab es für die Sklaven weitere Verbesserungen: die Arbeitszeit wurde begrenzt, Strafen eingeschränkt, Ehen zwischen Sklaven erleichtert und so fort.

Drei Jahre danach wurden »Protektoren« zum Schutz der Sklaven eingeführt, und 1830 wurden die Eigentümer angewiesen, über die ausgeteilten Strafen Buch zu führen.

Alle diese Bemühungen, von Europa aus erzwungen, erkannten das System der Sklaverei nach wie vor an und waren nur Versuche, einige der dem System innewohnenden Härten zu mildern. Die Sklaverei selbst wurde erst im Dezember 1834 abgeschafft.

Die Ironie war natürlich, daß die Sklaverei am Kap ohne diese Maßnahmen und ohne die Einmischung der britischen Regierung möglicherweise schon lange vor diesem Datum abgeschafft worden wäre. Schon bevor die Briten 1806 zum zweitenmal das Kap besetzten, hatte die batavische Regierung vorgeschlagen, alle Sklavenmädchen bei der Geburt freizulassen, und das hätte die Sklaverei auf »natürliche« Weise in nur einer Generation ausgemerzt.

Und im Verlauf der folgenden Jahrzehnte machten die Sklavenhalter am Kap von sich aus wiederholt ähnliche oder leicht abgewandelte Vorschläge zur Abschaffung der Sklaverei – aber die britische Regierung, in ihrer Entscheidungsfreiheit zweifellos dadurch eingeschränkt, daß sie alle Kolonien gleich behandeln wollte, verweigerte ihre Zustimmung. Die Proteste am Kap gegen die Maßnahmen zur Kontrolle der Sklaverei galten einigen in ihrer Undurchführbarkeit grotesken Bestimmungen der Briten und nicht dem Gedanken der Abschaffung an sich. Und der Aufschrei gegen die Abschaffung, als sie dann schließlich kam, hatte wenig damit zu tun, daß die Sklaven freigelassen werden sollten; er richtete sich hauptsächlich gegen die stümperhafte Art der

Verfügung (die Plötzlichkeit dieses Schrittes, unzulängliche Entschädigung usw.).

Das Ergebnis war ein entscheidender Bruch zwischen den Briten als ausländischen Herrschern und den Afrikaanern als Kolonisten, denn die Art und Weise, wie die Sklaverei abgeschafft wurde, wurde zu einer der Hauptursachen für den Großen Treck der Buren ins Landesinnere.

Es gibt keine einfache Parallele zwischen der Sklavenbefreiung und der augenblicklichen Situation in einem geplagten Südafrika. Zum einen wurden im neunzehnten Jahrhundert die bedeutenderen Veränderungen in Richtung einer Befreiung im Lande selbst angeregt, während die kosmetischen Veränderungen aus dem Ausland stammten – heute ist es weitgehend umgekehrt.

Außerdem könnte man darüber streiten, ob heute der Afrikaaner wirklich bereit wäre, grundlegende Veränderungen einzuführen, wenn die »Außenwelt« aufhörte, ihn anzutreiben (bedauerlicherweise häufig aus höchst fragwürdigen Beweggründen und mit einer recht selektiven Moral).

Ich habe jedoch den Verdacht, daß der Afrikaaner einen radikalen Wandel akzeptieren würde, wenn er aus dem Land selbst (von seinen eigenen Führern, da er sich, so anachronistisch das sein mag, immer noch stark an der Obrigkeit orientiert) überzeugt werden könnte, daß ein solcher Wandel eine Voraussetzung für sein eigenes Überleben sein würde.

In der allerjüngsten Vergangenheit haben Ereignisse in Namibia in diese Richtung gewiesen; auch das wirft ein Schlaglicht auf das Versäumnis der derzeitigen südafrikanischen Regierung, die Wählerschaft von den elementaren Notwendigkeiten der Situation zu überzeugen.

Man ist immer mehr versucht zu glauben, daß es für die südafrikanischen Behörden nicht einmal mehr das Überleben der Weißen ist, was Vorrang hat, sondern ganz einfach das Festhalten an ihrer persönlichen Macht, solange das irgend möglich ist – und nach ihnen die Sintflut. Weshalb das alles nach einer Politik der verbrannten Erde aussieht.

Vor diesem allgemeinen, in großen Zügen gezeichneten Hintergrund können wir spezifischeren Gesichtspunkten nachgehen.

In der Folge des Ausbruchs von Soweto und der bösartigen repressiven Maßnahmen im Oktober 1976 erscheinen die beiden einzigen mehr oder weniger organisierten Sklavenaufstände in der Geschichte der Kapregion besonders bedeutsam.

An dem ersten, dem Umfang nach größer, wenn auch seinem Wesen nach weniger dramatisch, waren etwa 330 Sklaven beteiligt, die 1808 in den Gebieten um Koeberg, Tygerberg und Swartland revoltierten. Angespornt von zwei, wie man sie heute nennen würde, »Agitatoren« (darunter einem Iren!), trommelten die Anführer die Sklaven auf vierunddreißig Farmen zusammen, fesselten ihre Master, tranken deren gesamten Brandy und marschierten Richtung Kapstadt, wo sie völlig betrunken ankamen.

Es versteht sich von selbst, daß der Aufstand erstickt und die Anführer bestraft wurden, mehrere von ihnen mit dem Tod. (Die meisten der Mitläufer, die sich angeblich hatten anwerben lassen, ohne zu wissen, um was es ging, wurden nach Hause geschickt – mutmaßlich zur direkten Bestrafung durch ihren Master.)

In unserem Zusammenhang hier ist interessant, daß der damalige Aufstand dadurch ausgelöst wurde, daß 1807 die Abschaffung des Sklavenhandels angekündigt worden war. Die rebellierenden Sklaven, die angenommen hatten, die Sklaverei als solche solle abgeschafft werden, waren, als die erwartete Freiheit nicht Wirklichkeit wurde, niedergeschmettert – daher der Griff zu den Waffen, ein bis dahin undenkbarer Vorgang, denn in den vorausgegangenen 150 Jahren Kapgeschichte war die Sklaverei als etwas Unabänderliches erschienen.

Wesentlich relevanter ist für uns der zweite Aufstand, der sich im Februar 1825 im abgelegenen Bokkeveld im Distrikt Worcester abspielte. Zwölf Sklaven und ein freier Mann (der seine Freiheit auch bald wieder bekam) wurden angeklagt, drei weiße Männer ermordet und eine weiße Frau verletzt zu haben, als sie versuchten, sich selbst zu befreien und andere zur Nachahmung anzuspornen, mit dem Fernziel, die ganze Kolonie zu übernehmen.

Als das Gerücht umging, neue Maßnahmen im Zusammenhang mit der Sklaverei sollten in naher Zukunft bekanntgegeben werden, ließ sie irgend etwas glauben, es gehe dabei um ihre Freilassung. Außerdem hatten einige von ihnen zufällig mit angehört, wie ihre Master von den unerträglichen Beschränkungen redeten, die man ihnen auferlege, und daß sie lieber alle ihre Sklaven erschießen als sie freilassen würden.

Der Tag der Befreiung sollte, so hieß es, Weihnachten 1824 oder Neujahr 1825 sein. Als der Neujahrstag ohne eine Spur von Freiheit verstrichen war, brachte der junge Sklave Galant, wie vorher mit seiner Familie und den Kameraden ausgemacht, den Master um, mit dem er seine Kindheit verbracht hatte, und der kurze und heftige Aufruhr hatte begonnen.

Vor Gericht wurde hervorgehoben, daß Galant und die anderen nicht aus Rache gehandelt hatten. Gewiß, sie alle hatten von seiten ihrer Besitzer die eine oder andere fürchterliche Strafe hinnehmen müssen. Galant selbst war immer wieder ausgepeitscht worden, oft an mehreren aufeinanderfolgenden Tagen. Eine Frau war einmal gefesselt und in einen Fluß geworfen worden, wo sie fast ertrunken wäre, bevor sie wieder herausgezogen wurde. Sie hatte etliche

Male furchtbare Prügel bezogen und war zudem oft gezwungen worden, im Winter nackt umherzugehen.
Galants einjähriger Junge war angeblich mit einem *sjambok* zu Tode geprügelt worden, weil er hinter seiner Mutter hergekrabbelt war und sie bei ihren Pflichten gestört hatte.
Aber nicht einer der Angeklagten beschwerte sich im Grunde über diese Behandlung. Der Tenor ihrer Aussagen war, daß sie als Sklaven solche Strafen erwarteten und akzeptierten. Es gehörte zu ihrem Alltag, und sie zweifelten nicht am Recht ihres Masters, sie nach Belieben zu benützen oder zu mißbrauchen.
Was vielmehr die Revolte auslöste, was einen »Lieblings«-Sklaven schließlich dazu zwang, den Mann zu töten, der einmal sein bester Spielkamerad gewesen war, war jenes Gerücht von einer Freiheit, die nie Wirklichkeit wurde. Sie waren bereit, körperliche Qualen zu ertragen. Aber sie wehrten sich gegen die Grausamkeit von Hoffnungen, die geweckt und dann nicht erfüllt wurden. (Wasser auf die Mühle des Reaktionärs von heute: »Das hab ich dir doch gleich gesagt, oder? Wenn du diesen Leuten den kleinen Finger gibst, nehmen sie die ganze Hand. Mit denen wirst du nur fertig, wenn du sie am Boden hältst. Wenn du da mit Reformen anfängst, hast du am Ende die Revolution.«)
Die Begründung des Urteils durch den Fiskal, Mr. Denyssen, bietet eine faszinierende, wenn auch ekelerregende Lektüre.
»Hochwohllöbliche Herren«, wendet er sich an das Gericht, »es ist eine beklagenswerte Wahrheit, die die Erfahrung uns gelehrt hat, daß die Vorstellung vom Unterdrücktwerden, wenn sie erst einmal im menschlichen Verstand Einzug gehalten und Wurzeln geschlagen hat, ob grundlos oder nicht, Menschen oftmals bis zum Äußersten gehen läßt –«, wie im Südafrika der Jahre 1976 und 1977 ausführlich demonstriert wird.

Der Fiskal beteuert, daß das, was er sagt, nicht als Rechtfertigung der Sklaverei aufzufassen sei (der heutige Außenminister Pik Botha drückt seine Ansichten zur Diskriminierung ähnlich vielsagend aus). Dennoch weist er darauf hin, daß die Stabilität der Kapgesellschaft auf der Annahme beruhe, daß freie Menschen und Sklaven alle die ihnen zugewiesene Stellung und Funktion in dieser Gesellschaft akzeptierten.
»Solange jedermann mit seinem Platz im Leben zufrieden ist, herrscht ein geruhsamer Friede in den Seelen, und eine Störung der bestehenden Ruhe ist nicht zu befürchten, möge sich die Lage des einen auch noch so sehr von der Lage des anderen unterscheiden.
Doch kaum daß einer das Gefühl hat, die Ungleichheit zwischen ihm und den anderen, denen das Schicksal günstigere Lebensumstände beschert hat, gebe ihm Anlaß zur Unzufriedenheit, und kaum daß er auf die Idee kommt, er habe eine Last zu tragen, die ihm ungerechterweise auferlegt sei, regt sich auch schon der Zorn in ihm; mit seinem Seelenfrieden ist es vorbei, und er wird nichts unversucht lassen, um eine Möglichkeit zu finden, wie er seine Last abwerfen kann.«
Sharpeville war für Soweto, was der Aufstand von 1808 für den von 1824 gewesen ist: »Das Land, in dem wir leben«, ereifert sich Denyssen, »hat – leider! – schon zu unseren Lebzeiten den Beweis für diese Wahrheit geliefert, und der Himmel bewahre uns vor weiteren Beweisen.« (Woran sich der Himmel, wie wir wissen, nicht gehalten hat.)
Wie Herr B.J. Vorster eineinhalb Jahrhunderte später, legt der Fiskal dem Rest der Welt die moralische Seite seines Standpunktes dar: »Von den sittlichen Lehren unserer Heiligen Religion angehalten, ihren Mastern zu gehorchen, entzogen sie sich diesem Gehorsam stets in dem Bewußtsein, daß sie damit ihre Pflichten verletzt hatten; und die Bestrafung ihres Vergehens hinterließ bei ihnen keinen anderen

Eindruck, als daß sie selbst mit ihrem schlechten Benehmen die Verantwortung dafür hatten.«

Die Stimme von Recht und Ordnung ist in diesem Punkt sehr deutlich: »Dieser Eindruck war notwendig, weil er dazu beitrug, die Ordnung und Ruhe im Land aufrechtzuerhalten.«

Das wahre Motiv, das sich hinter dieser hochgesinnten Moral verbirgt, wird natürlich sehr schnell klar. Und es überrascht nicht, daß es um grundlegende wirtschaftliche Interessen geht. Den freien Bewohnern der Kolonie, erklärt der Fiskal, ist nicht nur gesetzlich erlaubt, sondern sie sind auch von den Behörden aktiv ermuntert worden, »einen sehr bedeutenden Teil ihrer Mittel und ihres Wohlstandes in den Kauf von Sklaven zu investieren. Unter solchen Umständen war und ist dieser Eindruck, der die Sklaven zum Gehorsam gegen ihre Master anhält, für die gute Ordnung und die Wohlfahrt des Staates absolut notwendig.«

Nachdem er nun, auf dem umständlichen Weg von der Moral zur Wirtschaft, die Notwendigkeit der staatlichen Sicherheit begründet hat, kann der Fiskal nicht umhin, über die Tatsache zu lamentieren, daß »einige übelgesinnte und böse Menschen, deren offenkundiges Ziel es war, das ganze Land in Anarchie und Unordnung zu stürzen« begannen, wohlmeinende Sklaven zu indoktrinieren. Indem sie diesen unglückseligen Geschöpfen die Tatsache vor Augen hielten, daß England selbst keine Sklaverei kannte, stachelten sie, aus Mr. Denyssens Sicht, die einheimischen Sklaven in skrupelloser Weise auf, die gleichen Bedingungen für ihr eigenes Land zu fordern.

Diesem Denken liegt die gleiche protestantische Moral zugrunde, die Minister C.P. Mulder beflügelte, als er vor einigen Monaten versuchte, die haarsträubenden Auswirkungen zu verteidigen, die die neuen Gesetzesvorhaben zur Knebelung der Presse mit sich bringen werden.

Mit dem abgenutzten Bild vom Fisch, der vollkommen frei ist, zu schwimmen, wohin er will, vorausgesetzt er bleibt im Wasser, machte der Minister eindringlich klar, daß jeder Sklave soviel Freiheit besitzt, wie sein Master ihm zugesteht. In diesem Denken steckt nur ein elementarer Fehler: daß nämlich ein Mensch kein Fisch ist. Der Mensch kann denken, ein Fisch nicht; dem Menschen sind seine Lebensumstände bewußt, einem Fisch nicht. Und weil ich, anders als Dr. Mulder, vor einem Menschen mehr Achtung habe als vor einem Fisch, fordere ich für den Menschen etwas mehr als für einen Fisch.

Im Innersten der Angelegenheit ertönt, wie der Fiskal richtig bemerkt, der »Mordschrei der enttäuschten Hoffnung auf Freiheit, ausgestoßen von einem Sklaven«. Das deckt sich überraschend mit einer These in dem anregenden Essay *The Violent Reverie* von Professor Noel Chabani Manganyi von der Universität in Umtata; er setzt sich mit Camus' *Der Mythos von Sisyphos* auseinander und spricht in dem Zusammenhang von einem wesentlichen Unterschied zwischen Schwarz und Weiß (sprich: Sklave und Master) in einer Situation, wie wir sie derzeit haben.

Der Weiße, sagt er, agiert in der Dimension des Metaphysischen und befaßt sich mit dem existentiellen Problem des Selbstmords. Doch der schwarze Sisyphos, der den Berg herunterkommt, um seiner Wahrheit ins Gesicht zu sehen, agiert ausschließlich in der Dimension des Sozialen: sein Felsblock ist Mord, nicht Selbstmord.

Für den Fiskal können natürlich vereitelte Hoffnungen eine Rebellion weder rechtfertigen noch abmildern, da aus seiner Sicht schon die Hoffnungen die Sicherheit des Staates gefährden. Denyssen argumentiert, wie in letzter Zeit so mancher der Nationalen Partei angehörende Minister, daß »der Sklave unter dem Schutz seines Masters fast so sicher ist wie das Kind unter dem Schutz seines Vaters«, und hält

demzufolge das Streben nach Freiheit für das schändlichste aller Verbrechen. »Das heftige Verlangen, das Joch der Sklaverei abzuschütteln, ... ist sicherlich nichts anderes als das Bestreben der Sklaven, sich den Gesetzen des Landes und dem Gehorsam gegen die Regierung zu entziehen.«
Aus seiner Sicht ist das Verlangen nach Freiheit schlicht gleichbedeutend mit dem »Verlangen nach Blut, Krieg und heillosem Durcheinander, bis hin zur unseligsten Anarchie«, – die Bestätigung einer moralischen und politischen Kurzsichtigkeit, die Südafrika in letzter Zeit nur zu oft erlebt hat. Und so kommt der Fiskal zu dem Schluß: »Das Verlangen nach Freiheit, das in diese Richtung geht, ist ein Grund zur Strafverschärfung.«
Es überrascht dann nicht mehr, daß die Anführer der Rebellion zum Tode verurteilt und daß ihre Köpfe auf Eisenspitzen gesteckt wurden, die, wie es im Urteil heißt, »an besonders auffälligen Plätzen im Bokkeveld aufgerichtet werden; und daß sie dort bleiben sollen, bis sie von der Zeit und den Vögeln der Luft zerfressen worden sind.«
Doch der Aufstand selbst ist, wie die Beweggründe, die hinter ihm standen, NICHT von der Zeit zerfressen worden.*) Und es gehört zu den Greueln der südafrikanischen Situation im Jahr 1978, daß die Mentalität des Sklavenhalters, die dieser Fall aus dem Jahr 1825 veranschaulicht, auch heute noch im sozialen und politischen Denken der Regierung einen wichtigen Bestandteil darstellt.

* Siehe dazu auch André Brinks Roman *Die Nilpferdpeitsche (A Chain of Voices)*, Köln 1985.

Kartenzeichner

[1978]

1

In jedem Schriftsteller ist ein Wort, das heraus will.
Dieses Wort verkörpert die Vorstellung des Schriftstellers von der Welt, von dem, was er gesehen hat, von seiner Wahrheit, an die er leidenschaftlich glaubt. Und so besteht jedesmal, wenn dieses Wort geäußert wird, die Möglichkeit, daß ein kleines Teilchen der Wahrheit in die Welt hinaus entlassen wird, wo es mit anderen in Verbindung treten kann.
Gleichzeitig besteht jedoch die Möglichkeit, daß die Wahrheit dabei verfälscht oder verzerrt oder eingeschränkt wird, denn in dieser Aufmachung muß die Wahrheit – die an sich unermeßlich und nicht-verbal ist – die Form der Sprache annehmen: und dabei geht es nicht einmal um die allgemeine Sprache, als Teil eines sozialen und akzeptablen Kodex, sondern um die Sprache eines einzelnen, eines abhängigen, unsicheren, unzuverlässigen, verrufenen Menschen. Und doch ist der Schriftsteller, mag er noch so anhaltend durch seine Begegnungen mit der Wahrheit und mit der Welt erniedrigt werden, ein arrogantes Wesen und muß es auch sein, um zu überleben: er muß so vermessen sein, an die Möglichkeit zu glauben, daß das von ihm freigesetzte Wort, mag es noch so beschränkt oder verzerrt sein, genug von der Wahrheit enthält, um seine Freisetzung zu rechtfertigen. Andernfalls wird er und kann er überhaupt nicht schreiben.
Tief in seinem Innern erkennt er ein Toben und Wogen der Wahrheit, eine mächtige, verwirrende Finsternis, die er in

ein Wort faßt; um ihn her ist das Licht der Freiheit, in die er sein Wort entläßt wie eine Taube aus der Arche. Auf diese Weise, durch den Akt des Schreibens, treten Wahrheit und Freiheit miteinander in Verbindung. Natürlich ist der Schriftsteller nicht das einzige Medium, durch das die Wahrheit in die Welt hinausgeschickt werden kann: der Wissenschaftler macht das auf seine Art ebenso wie der Philosoph; jeder Mensch ist in den gleichen Prozeß verwikkelt – aber die Art und Weise, wie der Schriftsteller sich mit der Welt einläßt, ist einzigartig.

2

Jeder Schriftsteller wählt den Weg, auf dem er sein Wort – d. h. sein Selbst – freisetzt. Das kann weitgehend seine eigene freie Entscheidung sein; aber es liegt auf der Hand, daß viele andere Faktoren, wie sein Temperament, seine Neigungen, seine Erfahrung, seine gesamte Verfassung, diese Entscheidung festlegen können. Hat man jedoch die Persönlichkeit und Situation des einzelnen Schriftstellers angemessen berücksichtigt, kann seine Entscheidung eigentlich nur von der Beschäftigung mit dem sozialen und/oder kulturellen Klima, in dem er agiert, beeinflußt werden.

In der relativ offenen Gesellschaft, d. h. der Gesellschaft, in der dem Schriftsteller das ganze Alphabet menschlicher Erfahrung von A bis Z zugänglich ist und wo ihm das ganze Alphabet der Ausdrucksmöglichkeiten von A bis Z zur Verfügung steht, kann gerade das Ausmaß seiner Freiheit das Gewicht dessen, was er zu sagen hat, verringern. Denn wenn er die Freiheit hat (und wenn sein Publikum weiß, daß er die Freiheit hat), von A bis Z alles zu sagen, warum sollte dann der Tatsache, daß er B oder M oder X und nicht C oder Q oder P sagt, irgendeine besondere Bedeutung beigemessen werden?

In der geschlossenen Gesellschaft dagegen, wo dem Schriftsteller nur die Freiheit eingeräumt wird, die Buchstaben von A bis M auszusprechen, bekommt sein Wort sofort besonderes Gewicht, wenn er sein bequemes Dasein und sogar seine persönliche Sicherheit aufs Spiel setzt und sich dafür entscheidet, N oder V oder Z zu sagen. Wegen des damit verbundenen Risikos gewinnt sein Wort eine zusätzliche Resonanz: es ist dann, genaugenommen, nicht mehr »nur« ein Wort – es ist dann ein eigenständiger Akt, der sich in der Welt bemerkbar macht.

Ein Kritiker aus einer freien Gesellschaft (den USA, Großbritannien, Frankreich, Schweden...) fühlt sich manchmal verpflichtet, zu fragen: »Aber es reicht doch wohl nicht aus, einfach zu schreiben?« Den Hintergrund für seine Skepsis gibt eine Gesellschaft ab, in der es oft als Aussteigen empfunden wird, wenn jemand »nur schreibt«, wenn sich jemand dafür entscheidet, lieber zu schreiben als »etwas zu tun«, sich lieber gehen zu lassen, als sich zu engagieren. Nun kann natürlich die Tatsache, daß jemand Schriftsteller ist, ihn nicht von seinen Pflichten und seiner Verantwortung als Bürger befreien; gleichwohl wird das Schreiben – unter den Bedingungen einer repressiven Gesellschaft – für den Betreffenden oft zu einer Tätigkeit, bei der er der Welt nicht den Rücken kehrt, sondern tief in sie eintaucht.

Das macht ihn nicht zu einem Gefangenen seiner Situation. Er kann unter solchen Umständen eine Freiheit ganz eigener Art erfahren: jene Freiheit, die aktiviert wird, wenn das, was jemand tun *will*, mit dem zusammenfällt, wozu er sich – nicht nur moralisch, sondern auch existentiell – *verpflichtet* fühlt. Vom Juden im Warschauer Getto wurde während des Zweiten Weltkrieges *erwartet*, daß er sich auflehnte: um seine Würde, ja, sein Leben zu retten, blieb ihm keine andere Wahl als sich aufzulehnen. Zugleich wäre es, da er ja als einzelner in diese besondere Situation verwickelt war, sein dringlichstes Anliegen, sein glühendster Wunsch gewesen, sich aufzulehnen. Die historische Notwendigkeit und das individuelle Bedürfnis fielen zusammen, und so kam es, daß Freiheit auf eine ganz neue und belebende Art erfahren wurde. Gleiches würde für den unterdrückten Schwarzen in Südafrika gelten. Und es gilt auch für den Schriftsteller, der sich von einem Zustand der Unterdrückung bedrängt sieht. Wenn das Lügenkomplott, das mich umgibt, von mir verlangt, daß ich das eine Wort der Wahrheit, das mir gegeben ist, verschweige, *dann wird das zu dem einen Wort, das ich mehr als alle anderen aussprechen möchte:* es ist zugleich das eine Wort, das ich auf Grund meiner metaphysischen Situation, meiner historischen Situation und meines Berufes aussprechen muß.

In so einer Situation mag der Schriftsteller von den einen bejubelt und von den anderen gekreuzigt werden: aber er wird jedenfalls *nicht ignoriert.* Das wiederum legt ihm und seinem Gewissen eine schwere Verantwortung auf. Denn wenn alles, was er sagt, seine Umwelt in irgendeiner Weise beeinflussen wird, muß er jedes Wort, das er ausspricht, doppelt abwägen, um – soweit das einem Menschen nur möglich ist – sicherzugehen, daß er seine Wahrnehmung und seine Darstellung der Welt so wahrheitsgetreu wiedergibt, wie er nur kann.

3

Mir fallen zwei Metaphern ein, mit denen sich die Funktion des Schriftstellers in einer repressiven Gesellschaft ausdrükken läßt. Beide haben mit dem Kartenzeichnen zu tun, und in gewissem Sinn mag sich herausstellen, daß sie einander ausschließen. Trotzdem finde ich beide stichhaltig.
Die erste stammt aus dem apokryphen Journal eines dänischen Forschers, eines gewissen Christian Frederick Damberger, der im späten achtzehnten Jahrhundert ans Kap der Guten Hoffnung gekommen sein soll. Bevor er sich ins Landesinnere wagte, versuchte er eine zuverlässige Landkarte von dem Territorium aufzutreiben, das damals zu einem großen Teil immer noch *terra incognita* war. Seine Nachforschungen führten ihn zu einem gewissen Maat Martens an der Küste der False Bay in Muizenberg. Die Episode ist am besten mit Dambergers eigenen Worten wiedergegeben:

»In der Garnison am Meisenberg gab es einen Maat namens Martens... der Oberst Gordon auf einer Reise ins Landesinnere bis nach Caffraria begleitet und danach eine Karte von dem Land angefertigt hatte, die er in Erwartung einer hübschen Belohnung an die Kompanie schickte [d.h. die holländische Ostindische Kompanie, Verwalter der Kapprovinz]: doch er erhielt nur die Anweisung, nie wieder eine solche Karte zu zeichnen, wenn er eine dreißigjährige Freiheitsstrafe vermeiden wolle. Das hielt ihn jedoch nicht davon ab, seine Arbeit fortzusetzen, und er beschäftigte sich immer wieder, nachdem er seine Tür verriegelt hatte, mit der Vollendung seiner Landkarte. Ich bemühte mich um seine Freundschaft und war bald am Ziel; aber sobald ich kam, versteckte er jedesmal seine Papiere. Einmal jedoch sagte ich zu ihm, ich wisse genau, was er da zeichne, aber er brauche keine Angst zu haben, ich könnte ihn verraten, denn ich liebte solche Studien über alles, und er würde mir den größten Gefallen tun, wenn er mir eine Karte vom Inneren des Landes zeigte. Diese Bitte schlug er mir zwar aus, aber er erlaubte, daß ich von seinen anderen Zeichnungen Kopien anfertigte. Daraufhin machte ich mich sofort an die Arbeit und stellte fest, daß mir diese Studien bei der Vorbereitung meines Projektes eine große Hilfe waren.«

Die Parallele ist verblüffend deutlich. Das fremde Territorium, das erforscht und zum erstenmal kartographisch erfaßt wird; der emsige Kartograph, der seine Karte der Welt anbietet und dem zu seinem Entsetzen für den Fall, daß er sie enthüllen sollte, dreißig Jahre Gefängnis angedroht werden; und die langen, einsamen Jahre danach, in denen er seine Karte immer wieder aufs neue zeichnet und sie dabei verfeinert, damit sie immer genauer mit dem Land übereinstimmt, das er erkundet hat. Hier haben wir den Schriftsteller, der sich unaufhörlich damit abplagt, die Karte der Wahrheit, so wie er sie sieht, zu zeichnen, und der seine Freiheit aufs Spiel setzt, um der Welt den Spiegel vorhalten zu können. Und gegen ihn steht eine Regierung, die im Bestreben, die Wahrheit unter Verschluß zu halten, vor nichts zurückschreckt.

Die Situation hat etwas Absurdes. Auf die realistische und pragmatische Drohung der Regierung, ihn für dreißig Jahre einzusperren, gibt der Kartograph praktisch keine Antwort: er fährt nur fort, hinter verschlossenen Türen Karte um Karte zu zeichnen. Er kann im Grunde nur darauf hoffen, daß irgendwann in ferner Zukunft irgend jemand seine Karte entdecken wird, möglicherweise erst nach seinem Tode. Aber das war ihm offenbar Lohn genug, und so zeichnete er einfach weiter. Unweigerlich fällt einem dabei Nadeschda Mandelschtam ein, die die Gedichte ihres Mannes auswendig lernte und dreißig Jahre im Gedächtnis behielt, ehe sie endlich eine Gelegenheit fand, sie zu veröffentlichen. Die Wahrheit bricht sich Bahn.

4

Eine Vision der Wahrheit beseelt auch die zweite Metapher, die – für mich – die Daseinsberechtigung des Schriftstellers ausdrückt. Wieder ist eine Landkarte im Spiel, aber diesmal ist es die Karte eines imaginären Landes, eines fremdartigen und fernen, aber notwendigen Königreichs Monomotapa, das Gorki »Tugend« genannt hat und das wir »Wahrheit« nennen können.

In *Nachtasyl* erzählt der alte Luka die Geschichte von einem armen Mann, der in Sibirien lebt und sich durch seinen verzweifelten Glauben an ein »tugendhaftes Land« am Leben erhält. »... immer wenn die Dinge so schlecht für ihn standen, daß er sich ebensogut hätte hinlegen und sterben können, verlor er nicht etwa den Mut, sondern sagte sich mit einem Lächeln: ›Es ist gar nichts. Ich kann es ertragen, ich halte einfach noch ein bißchen länger durch, und dann bin ich fort von hier, fort von all dem, fort im tugendhaften Land.‹«

Eines Tages kam dann ein in die Verbannung geschickter Wissenschaftler nach Sibirien, und mit ihm alle seine Utensilien: Bücher und Pläne und Landkarten und Instrumente. Der arme Mann eilte gleich zu dem Wissenschaftler und forderte ihn auf, ihm auf seinen Landkarten jenes mythische tugendhafte Land zu zeigen. Der Wissenschaftler tat natürlich genau das Gegenteil: er bewies ihm anhand der Karten, daß ein solches Land nirgendwo in der bekannten Welt existierte. In heller Aufregung bestand der arme Mann darauf, daß das Land existieren müsse: sonst seien alle seine

Bücher und Landkarten vollkommen wertlos. Als der Wissenschaftler nicht nachgab, war der arme Mann ganz verzweifelt. »›Was sind Sie nur für ein Schwein‹, sagte er. ›Sie sind ein Betrüger und kein Wissenschaftler!‹ Und dazu versetzte er ihm einen Schlag auf die rechte Wange und noch einen auf die linke... Dann ging er nach Hause und erhängte sich.«

Der Schriftsteller erhängt sich nicht, sondern wendet sich statt dessen seinem eigenen Papier zu und zeichnet seine eigene Karte vom Land der Wahrheit, das in seinem Inneren existiert.

Ich möchte – im Gegensatz zu zahllosen Schulen einer didaktischen und »erbauenden« Literatur – nicht einmal andeutungsweise vorschlagen, der Schriftsteller solle sein Publikum mit Lügen über ein nicht existierendes Utopia beschwichtigen; er solle gegen besseres Wissen so tun, als sei es angenehm, auf der Welt zu leben; er solle der Wirklichkeit den Rücken zuwenden und seine Kunst in ein Linderungsmittel verwandeln, ein neues Opium fürs Volk.

Ich glaube allerdings schon, daß sich Gorkis Bild mit dem Dambergers in Einklang bringen läßt. Dem Schriftsteller liegt nicht nur daran, die Wirklichkeit zu »reproduzieren«. Vielmehr erkennt er unter den Linien der Landkarte, die er zeichnet, die Konturen einer anderen Welt, einer Welt, die irgendwie »wesentlicher« ist. Und im Wechselspiel zwischen dem Land, wie er es *wahrnimmt*, und dem Land, wie es nach seinen Erkenntnissen sein *kann*, verfolgt ein Außenstehender, der »Leser« der Landkarte, wie diese Karte – mit seiner, des »Lesers«, Hilfe – ihren *Sinn* bekommt.

5

Es bleibt eine Landkarte: sie ist nicht die Welt selbst. Sie bietet keinen Schutz gegen die Härten der Welt, die Hitze oder den Regen, wilde Tiere, Überschwemmungen, eine gnadenlose Sonne. Wenn sie fürs Überleben unentbehrlich ist, dann ist sie das auf einer völlig anderen Ebene des Daseins.

Die Sache ist die – um eine andere Metapher zu wählen –, daß der Schriftsteller als Schriftsteller nicht die gleichen Waffen einsetzen kann wie seine Widersacher. Was er als Person, als Bürger seines Staates tut, ist etwas anderes. Wenn er jedoch die Herausforderungen annimmt, die sich ihm als *Schriftsteller* bieten, tut er das in einer Dimension, die sich von der der Politiker und Soldaten unterscheidet. Ein Buch kann nicht gegen ein Schwert kämpfen. Wenn das Buch letztlich trotzdem gewinnt, wovon ich überzeugt bin, dann ist der Grund für seinen Sieg gerade in der Tatsache zu suchen, daß es nicht bereit ist, zu den gleichen Waffen zu greifen wie seine Gegner.

Daraus folgt, daß sich der Schriftsteller, selbst wenn er das soziopolitische Erleben zu seinem Schlachtfeld macht, in seinem Ansatz und seiner Handlungsweise vom Politiker oder Agitator radikal unterscheidet. Auch wenn er noch so engagiert ist, geht er mit seiner Kunst nicht auf die Ebene der praktischen Politik herunter: wenn er seine Aufgabe als Schriftsteller wirklich ernst nimmt, wird er vielmehr bemüht sein, auch die Politik zu untersuchen und zu ergründen und so zu verfeinern, daß sie als ästhetische Erfahrung wirksam wird.

Viele neigen dazu, den Schriftsteller in einem solchen Zusammenhang als ohnmächtig anzusehen: wie in aller Welt kann er hoffen, angesichts der Bataillone, die sich gegen ihn formiert haben, irgend etwas zu erreichen? Der Haken an der Sache ist allein schon die Wortwahl, das Wort »erreichen«. Denn der Schriftsteller kann das, was er erreicht, nicht einfach an irgendeinem praktischen Maßstab messen: was er schafft, gehört einer anderen Ordnung an. Seine Arbeit im Sinne einer unmittelbaren »Wirkung« bewerten zu wollen, wäre unsinnig und zwecklos. Darin liegt die Hölle der dem Schriftsteller gestellten Aufgabe, und wenn er sich damit nicht abfinden will, sollte er das Schreiben aufgeben. Wenn er dagegen diese Bedingung akzeptiert und nach anderen Dingen strebt (wenn er, im besten Falle, danach strebt, Einsichten und Empfindsamkeiten zu verändern, seine subtile Revolution in die Herzen und Köpfe einzelner Menschen zu tragen), dann kann seine Hölle sogar zu seinem Himmel werden. (Und die religiösen Begriffe verwende ich in diesem Zusammenhang nicht ohne Grund: Kafka war, glaube ich, einer der ersten, der in der Kunst eine Art »säkularer Religion« fand, in einer Welt, die den Glauben an andere Dinge verloren und zu ihnen kein Vertrauen mehr hatte.)

Die wahre Antwort des Schriftstellers auf seine Situation liegt darin, daß er aus der Literatur nicht irgend etwas anderes werden läßt. Literatur hervorzubringen – nicht mehr als Literatur, aber gewiß auch nicht weniger als Literatur –, ist das Höchste, was er von sich selbst verlangen kann. Und das heißt: ob er nun über qualvolle oder hinreißende Erfahrungen schreibt, über Liebe oder Ernüchterung, über das Schweigen oder über Gewaltausbrüche, über Historisches oder die gegenwärtige Szene, über persönliche Ängste oder die soziopolitische Dimension des Menschen – vorrangig gilt das Interesse des Autors der Qualität seiner Arbeit. Nichts darf damit kollidieren, nichts darf darüberstehen: selbst der Zorn sollte zu etwas Bleibendem destilliert werden. Dann, und nur dann, wird sein kleines Wort der Wahrheit nicht so sehr zu einem Aufschrei *gegen* etwas, sondern vielmehr zu einer Bekräftigung und Verherrlichung von etwas: insbesondere jenes erniedrigten, verleumdeten, ausgebeuteten, unterdrückten, zerbrechlichen, schwachen, gespaltenen Wesens – *des Menschen.*

Auf die Frage der armen Katja, was man tun solle, antwortete ihr Thomas Mann, daß er es auf Ehr und Gewissen nicht wisse. Wir arbeiten dennoch, wir erzählen Geschichten, geben ihnen eine Form und unterhalten eine bedrängte Welt in der dunklen Hoffnung, fast im Vertrauen darauf, daß die Wahrheit und eine klare Form in der Lage sind, eine Wirkung zu erzielen, die geistige Freiheit gewährt, und daß sie damit auch in der Lage sind, die Welt auf ein Leben vorzubereiten, das besser, schöner und dem Geist des Menschen eher angemessen ist.

Wir mögen den Glauben an eine »bessere Welt«, die Mann inspiriert hat (und an die Gorkis Luka liebend gerne geglaubt hätte) verloren haben – zwischen uns und ihnen liegen Welten und Weltkriege und das Scheitern vieler Überzeugungen –, aber wenn wir uns nicht einschüchtern lassen und kompromißlos weiterschreiben, können wir den Glauben an mehr Freiheit, als wir im Augenblick haben, an mehr Gerechtigkeit und an stärkere moralische Grundsätze immer noch aufrechterhalten. In der Qualität der Arbeit des Schriftstellers, in dem Maß, in dem seine Landkarte an die Wahrheit der Geographie herankommt, die er beobachtet hat und an die er glaubt, in der Intensität und Integrität seiner Moral und seiner ästhetischen Antwort auf die Gewalt und die Erniedrigungen der Welt können wir etwas von unserer gefährlichen Erlösung entdecken. In einer Welt der Zentrifugalkräfte kann der Schriftsteller seine Suche nach Schwerpunkten geduldig, demütig und unerbittlich fortsetzen. In einer Welt der Auflösung kann er seine Bindung an Vernunft und Klarheit in der Integration des eigenen Werkes ausdrücken. In einer Zeit, in der die offizielle Geschichte mit schweren Stiefeln über den entkräfteten und erniedrigten Leib der Wahrheit hinweg marschiert, kann er für diejenigen Partei ergreifen, die, in Camus' Worten, diesen Prozeß erdulden. In einer Welt, in der die Lüge verherrlicht wird, kann der Schriftsteller die Wahrheit dadurch stärken, daß er sich weigert, seine Landkarten zu verstecken, und daß er lieber dreißig Jahre Gefängnis riskiert, als darauf zu verzichten, diese Wahrheit zu verbreiten – irgendwann, irgendwo.

Der Schriftsteller im Belagerungszustand

[1979]

1

Auf die bedrängte Lage des Schriftstellers im heutigen Südafrika gibt es mindestens zwei stereotype Reaktionen, die beide gleichermaßen zwecklos sind. Während sich die einen an der Vorstellung von einer Märtyrerrolle zu weiden scheinen, gehen die anderen lieber achselzuckend über ihre Lage hinweg: »Wozu die Aufregung? Schriftsteller sind schon immer verfolgt worden. Irgendwie kommen wir da schon durch.«

Ich schlage einen dritten Weg vor: individuelle und gemeinsame Aktionen, die den Herausforderungen der Lage gerecht werden.

Bei der Abwägung der Möglichkeiten, die mit diesem Schritt verbunden sind, wäre es von Nutzen, die heutige Situation in diesem Land unter einem möglichst breiten Blickwinkel zu betrachten. Wenn wir uns ansehen, mit welchen Drohungen Schriftsteller in verschiedenen Augenblicken der Geschichte und in verschiedenen Ländern zu tun hatten, gewinnen wir vielleicht aus den Reaktionen unserer Schriftstellerkollegen und Vorgänger einen Einblick in einige der Strategien, die das Überleben der Spezies gesichert haben, auch wenn es heute wieder gefährdet erscheint.

Aus naheliegenden Gründen werde ich mich auf die Drohungen beschränken, mit denen Schriftsteller durch die Jahrhunderte von irgendwelchen fest etablierten Obrigkeiten eingeschüchtert worden sind, weil diese die Macht besaßen, den Schriftsteller in seiner existentiellen Freiheit – im

Schreiben und im Austausch von Gedanken – einzuschränken. Es ist eine Situation, in der sich gewisse Konstellationen aus Macht, Freiheit, Wirklichkeit und Wahrheit beständig wiederholen.
»Die Sünde der Macht«, schrieb Arthur Miller in einem Artikel, der auch diese Überschrift trägt, »besteht darin, daß sie nicht nur die Wirklichkeit entstellt, sondern Menschen einredet, daß das Falsche wahr und daß das, was geschieht, nur eine Erfindung irgendwelcher Feinde ist.« Diese Zwangslage bestimmt die mögliche Funktion des Schriftstellers: »Eine Straße – manchmal auch nur ein schmaler Pfad – blieb vor meinem geistigen Auge immer offen, die Überzeugung nämlich, daß ich auf vernünftige Weise versuchen konnte, Menschen so zu beeinflussen, daß sie die Wirklichkeit als solche erkannten, um so wenigstens den Sieg der Unwahrheit aufzuhalten.«
Auf dem Spiel steht nicht nur der Wirklichkeitssinn des einzelnen Schriftstellers oder seine Freiheit zu schreiben, sondern vielmehr, als natürliche Folge, auch der Zugang der ganzen Gemeinschaft zu Wirklichkeit und Wahrheit. Das ist auch für Julio Cortazar das wichtigste Argument in *Der Leser und der Schriftsteller unter den Diktaturen:*

»Es stimmt, daß wir Schriftsteller immer eine Möglichkeit finden zu schreiben und sogar zu veröffentlichen, aber auf der anderen Seite der Mauer sind Leser, die nicht lesen können, ohne Risiken einzugehen; auf der anderen Seite sind Menschen, deren einzige Nachrichtenquelle die offizielle ist. Auf der anderen Seite ist eine Generation von Kindern und Erwachsenen, die ... dazu ›erzogen‹ sind, perfekte Faschisten zu werden, automatische Verteidiger der großen Worte, die die Wirklichkeit verschleiern: Vaterland, nationale Sicherheit, Disziplin, Gott ...«

Die Verwalter dieser edel klingenden Lügen sind diejenigen, die die Macht haben – eine Macht, die ihrem Wesen nach narzißtisch ist und die ständig bestrebt ist, durch Klonen den eigenen Fortbestand zu sichern, und die sich einem Zustand höchster Homogenität dadurch immer mehr nähert, daß sie alles verstößt, was fremd scheint und nicht dem Durchschnitt entspricht, bis alle Teile austauschbar werden und das Ganze perfekt widerspiegeln. Es gehört zum Wesen der Macht, daß sie versucht, Bezugs- und Stützpunkte, die außerhalb ihrer selbst liegen, zu reduzieren, um Autonomie zu gewinnen und unabhängig zu werden. Wir haben das alles im Lauf der Jahre in Südafrika zur Genüge erlebt; so wie wir auch mehr als genug von den die Wirklichkeit entstellenden Lügen gesehen haben oder von den Hindernissen, mit denen simple Wahrheiten verstellt werden, wenn dies zweckdienlich erscheint, und von jener Arroganz, die das Zeichen absoluter Macht ist. (Eine Arroganz, die bezeichnenderweise von allem, was draußen geschieht, »kalt« gelassen wird, mag es noch so blutig oder unmenschlich sein; eine Arroganz, die dem Menschen ein einziges demokratisches Recht zugesteht, das Recht zu sterben – so die geflügelten Worte des Justizministers (!) Jimmy Kruger, als er den Tod Steve Bikos kommentierte.)

Das also sind die gegebenen Umstände, die den Rahmen bilden, in dem wir den Widerstand des Schriftstellers gegen die Unterdrückung zu untersuchen haben.

2

Jeder, der sich mit Schriftstellern im Belagerungszustand befaßt, tut das im Schatten zweier großer Griechen: Sokrates (Archetyp des Schriftstellers, auch wenn er selber kein Wort niedergeschrieben hat), der den Giftbecher der Verbannung

vorzog, nachdem er für schuldig befunden worden war, die Moral der Jugend gefährdet zu haben, und der in dem Monat zwischen seiner Verurteilung und der Vollstreckung des Urteils unbeirrt fortfuhr, seine Schüler zu unterweisen; und dann Platon, der in seinem Ideal-Staat keinen Platz für den Dichter finden konnte.
Platons Haltung scheint in vielen Zeiten und Ländern maßgebend gewesen zu sein, angefangen von den Aktionen des chinesischen Kaisers Shih huang-ti, der im dritten Jahrhundert vor Christus die große Mauer baute (um Feinde im Inneren abzuwehren)... bis hin zu den berüchtigten Bücherverbrennungen Hitlers; und vom alten Persien, wo Schriftsteller, deren Werke den König kränkten, gezwungen wurden, die Tinte von ihren Manuskripten zu lecken, bis zu modernen Regimen auf den Philippinen oder in Indonesien oder Südamerika oder Afrika, wo Schriftsteller eingesperrt und/oder auf vielfältige Weise gefoltert werden.
Doch der Schriftsteller hat es trotzdem geschafft, zu überleben, ein Phönix aus ungezählten *avatara* und Metamorphosen. Uns interessiert hier, wie Schriftsteller auf Unterdrükkung oder auf Drohungen reagiert haben. In dieser Hinsicht ist die wichtigste Motivation des Schriftstellers schon immer das gewesen, was der große russische Bildhauer Neiswestny ausgedrückt hat, von dem John Berger berichtet, er habe sich in einem brisanten Streit mit Chruschtschow damit durchgesetzt, daß er brüllte: »Sie mögen meinetwegen Premier und Parteivorsitzender sein, aber hier vor meinen Werken sind Sie's nicht. Hier bin ich Premier, und wir werden als Gleichberechtigte diskutieren.«
Derselbe Neiswestny war es auch, der auf die Frage, wie in aller Welt er soviel staatlichem Druck standhalten könne, die Antwort gab: »Es gibt gewisse Bakterien – sehr klein und weich –, die können in einer übersättigten Salzlösung leben, in der sogar der Huf eines Nashorns zersetzt werden

würde.« (Ebenfalls von Berger in *Art and Revolution* zitiert.)

3

Es hat wenig Sinn, in der Geschichte zu weit zurückzugehen, denn die Funktion des Schriftstellers im Griechenland der Antike oder im Mittelalter unterscheidet sich so sehr von der Funktion, die er etwa in der Renaissance oder danach ausübte, daß es praktisch unmöglich ist, natürliche Entsprechungen zur heutigen Situation zu finden. (Es ist auch bezeichnend, daß der *Index Librorum Prohibitorum* mit dem Aufkommen der Renaissance und der Reformation zusammenfiel!) Praktisch existierte die gesamte vor der Entdeckung der Druckerpresse entstandene Literatur in Form von *Samisdat avant la lettre,* wurde privat kopiert und verteilt und war daher schwer zu kontrollieren; und im Mittelalter hing selbst diese Form einer eingeschränkten Veröffentlichung fast ausschließlich vom System des Mäzenatentums ab. Ein Schriftsteller konnte sich eine Veröffentlichung seines Werkes einfach nicht leisten, solange es nicht von seinem Gönner gutgeheißen wurde – ein Verfahren, das eindeutig die Verteilung von »akzeptablen« Versionen der Wahrheit begünstigte.

Dennoch mögen einige Bemerkungen zu dieser fernen Vergangenheit angebracht sein. Lobenswert war im alten Griechenland die Idee der *parrhesia,* der Freiheit des einzelnen, öffentlich und privat seine Meinung zu äußern. In der Praxis beschränkte sich das natürlich auf die Tatsache, daß nur privilegierte Bürger ein Interesse daran hatten, diese Freiheit auszunützen (und selbst unter ihnen gab es die ernüchternde Erinnerung an Sokrates!). Wer in Rede oder Schrift gegen die gewohnheitsrechtlichen Vorschriften verstieß, die regelten, was unanständig, beleidigend usw. war, der wurde verbannt – die logische Form der Bestrafung in einer Gesellschaft mit überwiegend mündlichen Traditionen in der Literatur. Und was Aristophanes oder Euripides widerfuhr, illustriert sowohl das Maß an Toleranz als auch die Effektivität der Verbannung in der antiken Welt. Man beseitige den anstößigen Sprecher, und er wird automatisch verstummen. Genau das wollten die Richter auch mit Sokrates machen, aber er weigerte sich zu gehen.

Auch Rom sah darin einen geeigneten Weg, mit Freimütigkeit umzugehen, wie Ovid feststellen mußte. Aber mehr als die Maßnahmen der Obrigkeit interessiert uns seine Reaktion darauf. Im Exil in Pontus schrieb er seine größten Werke, die *Tristia* und die *Epistulae ex Ponto*, und Kopien dieser Werke sickerten bis ins undankbare Vaterland durch. Und als alle Kopien seiner früheren Werke aus den öffentlichen Büchereien entfernt wurden, zirkulierten sie auf privater Ebene weiter. Trotz des peinlichen, wenn auch verständlichen, demütigen Tons in seinem späteren Werk gab es einen Bereich, in dem er jedes Zugeständnis ablehnte: »Über Dichtung hat der Kaiser nicht zu entscheiden«, war sein beharrlicher Standpunkt, der durch den fortgesetzten Umlauf seiner Werke bestätigt wurde.

Aber Rom war ja gar nicht so intolerant. Man konnte jeden Kaiser mit den übelsten Beschimpfungen überhäufen, wenn er erst mal tot war: nur der Herrscher, der an der Macht war, mußte rücksichtsvoll behandelt werden, was erklärt, warum Leute wie Seneca, Tacitus und Sueton alle einigermaßen ungeschoren ihrer Arbeit nachgehen konnten. Und selbst wenn der herrschende Kaiser beleidigt wurde, schritt man gegen den Autor gewöhnlich nur ein, wenn sein Werk in der Öffentlichkeit zirkulierte; es wurde offenbar kein Versuch gemacht, private Kopien zu konfiszieren.

Diese Haltung behauptete sich während des ganzen Mittelalters und bis weit hinein in die Renaissance, nur daß jetzt die Kirche den Staat in der Rolle des Zensors weitgehend ablöste. Wo sich der Staat auch weiterhin mit solchen Angelegenheiten befaßte (etwa in Großbritannien, wo alle Theateraufführungen von einem Beamten genehmigt werden mußten, der den kostbaren Titel eines *Master of Revels* oder *Lord of Misrule* trug), tat er es in enger Zusammenarbeit mit der Kirche und später dann als ihr »Schutzherr«.

Der glanzvollste Name aus dieser Zeit ist der Dantes, obwohl die Tatsache, daß er, während er mit einem diplomatischen Auftrag in Rom war, in Abwesenheit zum Tode verurteilt wurde, mit seinem Schreiben nichts zu tun hatte. Trotzdem ist seine Reaktion auf das Urteil nicht ohne Belang für uns: als er in Bologna daranging, seine *Divina Commedia* zu schreiben, verbannte er alle seine Widersacher in die Hölle.

4

Die ersten Jahrhunderte nach der Entdeckung des Buchdrucks brachten für die Situation des Schriftstellers bedeutsame Veränderungen, was vor allem durch Entwicklungen in Großbritannien verdeutlicht wird.

»Im Interesse der Sicherheit des Staates« nahmen sich britische Könige das Recht heraus, allein zu entscheiden, ob irgend etwas, vom Pamphlet bis zum Buch, gedruckt werden durfte – eine Art von Vorzensur durch ein Genehmigungsverfahren, das den Schriftsteller in eine besonders prekäre Lage brachte. Damals wie heute ergaben sich die meisten Probleme allein schon aus der Verschwommenheit von Begriffen wie »aufwieglerische Worte«, »unschickliche Worte«, »unziemliche Worte« oder »gottlose Ansichten«; und es half in dieser Lage nicht gerade, daß bei der Anwendung der Zensur Kirchenleute das Übergewicht hatten, eine Praxis, die Südafrika einen festen Platz im ausgehenden Mittelalter sichert.

Wenn man sich dann noch überlegt, daß Heinrich VIII »Märchen und Lügengeschichten« besonders wenig schätzte, wird man ohne weiteres verstehen, daß der Schriftsteller oder Dramatiker der damaligen Zeit im Nachteil war, noch bevor er ein Wort zu Papier gebracht hatte. Trotzdem sollte man diejenigen, die so rasch mit dem Hinweis bei der Hand sind, Shakespeare habe seine Stücke trotz einer strengen Zensur geschrieben, der Ausgewogenheit zuliebe darauf hinweisen, daß als »unerwünscht« zu seiner Zeit fast ausschließlich das angesehen wurde, was aller Wahrscheinlichkeit nach die Kirche oder den König kränken würde. Tatsächlich hatten die Puritaner beim Erwerb von Drucklizenzen mehr Ärger als irgend jemand sonst! 1593 klagte zum Beispiel ein Mr. Stubbes voll Bitterkeit:

»Ich kann nicht umhin, die Unredlichkeit unserer Zeit zu bejammern, denn es ist heutzutage leider eine mühselige Sache geworden, ein gutes Buch lizensiert zu bekommen, ohne vielleicht ein Vierteljahr darauf zu warten; wahrhaftig, manchmal wartet einer zwei oder drei Jahre, bevor ihm eine Erlaubnis oder am Ende auch eine fröhliche Ablehnung zuteil wird; so daß das, womit manch guter Mann ... sich lange abgemüht hat ... nie das Licht der Welt erblicken wird; wohingegen ... andere Bücher voll Schmutz, Unflat, Zoten, Zügellosigkeit, Ausschweifung, Betrügerei und dergleichen ... entweder rasch genehmigt oder zumindest anstandslos geduldet werden.«

Von 1557 an hatte die »Stationers' Company« im Druckgewerbe das Monopol in Großbritannien; zudem mußte jedes Manuskript erst ein Auswahlkommittee passieren, dessen Mitglieder von Kirche und Staat gemeinsam ernannt wurden. Trotz alledem erlebte die Literatur im Elisabethanischen Zeitalter bekanntlich eine Blütezeit. Es gab zahllose Lücken im System. Man konnte dem Beispiel Shakespeare folgen und sich von wichtigen Gönnern vor anderen schützen lassen; oder man konnte die Spannungen der Gegenwart in den Mantel historischer – britischer und ausländischer – Ereignisse kleiden, um das aufmerksame Interesse derer zu wecken, die wußten, worauf sie zu horchen hatten. Sonst konnte man auch dem Beispiel Marlowes oder seiner Nachfolger Dryden und Milton und anderer folgen und sich an die im Geheimen arbeitenden Druckereien wenden. Wenn die Vorschriften überhandnahmen, fehlte es an der Kontrolle; und von denen, die das Sagen hatten, waren die meisten geneigt, ein Auge zuzudrücken – anders als diejenigen, die heute in Südafrika die Zensur vertreten.

In einem ausgezeichneten Artikel über die Pressefreiheit schreibt Robert Birley: »In diesen Tagen wurden die Techniken der subversiven Literatur erlernt: wie man sie im Verborgenen druckt, wie man Kolporteure zu ihrer Verbreitung einsetzt, wie man Bücher mit falschen Druckvermerken versehen und so die Ermittler von der richtigen Spur abbringen kann, wie man Bücher aus dem Ausland einschmuggelt...« Zahllose französische Bücher wurden in Großbritannien oder den Niederlanden gedruckt; und zahllose englische Bücher in Frankreich. Manchmal wurden englische Bücher auch in England gedruckt und zur Täuschung der Zensoren mit dem Druckvermerk eines ausländischen Verlegers versehen (vgl. die unbezahlbaren »Douai«-Veröffentlichungen aus dieser Zeit). Und gerade das Monopol der »Stationers' Company« führte dazu, daß private Drucker in großer Zahl durchs Land streiften und ihre Dienste jedem Schriftsteller anboten, der etwas zu sagen hatte und ein paar Pfennige besaß, um dafür zu zahlen.

Solche Schriftsteller fanden ihre Rechtfertigung in einer

vielsagenden Erklärung Giacomo Contios, der es 1565 einfach lächerlich fand, daß die Wahrheit durch die Macht staatlicher Behörden verfochten werden sollte. Er sagte, die Suche nach der Wahrheit müsse mit Zweifeln beginnen; der Weg zur Wahrheit führe durch eine freie Diskussion; wenn die Freiheit erst einmal hergestellt sei, werde die Wahrheit am Ende obsiegen. Diese Worte geben jenen Kritikern eine Antwort, die immer erpicht darauf sind, dem Schriftsteller Überheblichkeit vorzuwerfen, als gebe er vor, er sei der einzige Hüter der Wahrheit auf der Welt. Zweifellos hat kein Schriftsteller, kein Individuum, ein Monopol auf »die Wahrheit«. Aber nur wenn für Zweifel Platz ist, wenn eine furchtlose und freie Diskussion zugelassen wird, können Menschen einer Vorstellung von der Wahrheit näherkommen. Und am Ende bricht sich diese Wahrheit Bahn, mag es auch noch so viele Bemühungen geben, sie aufzuhalten oder zu ersticken. Kann man es sich leisten, Miltons herrliches Bild in den *Areopagitica* (1644) zu vergessen, seinen Vergleich der Zensur mit »jenem guten Mann, der glaubte, die Krähen einsperren zu können, indem er sein Gartentor zumachte«?

Für Miltons großen französischen Zeitgenossen Molière war das Schreiben auch nicht gerade ein Honiglecken, nicht einmal, als er den Sonnenkönig auf seiner Seite hatte (was an sich die Möglichkeit bot, das zu tun, was man wollte): er genoß zwar noch so viel Freiheit, daß er auf den Skandal im Anschluß von *L'Ecole des Femmes* mit der geistreichen Schärfe von *La Critique de l'Ecole des Femmes* und *L'Impromptu de Versailles* antworten konnte, aber als es um seine größten Werke ging, blieb ihm jede Möglichkeit einer Vergeltung versagt. Alle öffentlichen Aufführungen des *Tartuffe* wurden 1664 verboten. Doch anstatt sich dem Druck zu beugen, reagierte Molière mit seinem *Don Juan*, der einen noch größeren Skandal hervorrief. Die folgenden fünf Jahre tat er alles, was er nur konnte, um den König zu einer Aufhebung des Verbots zu bewegen, bis er es 1669 endlich geschafft hatte.

Inzwischen war sein Zeitgenosse John Bunyan bereits dabei, eine andere Reaktion auf Verfolgung zu demonstrieren, obendrein die Reaktion eines archetypischen Schriftstellers: zu zwölf Jahren Gefängnis verurteilt, weil er sich geweigert hatte, das Angebot seiner den Vorschriften der anglikanischen Kirche zuwiderlaufenden Gottesdienste aufzugeben, schrieb er seine wichtigsten Werke im Gefängnis: *Grace Abounding* und insbesondere *The Pilgrim's Progress*, wo er, wie Dante vor ihm, persönliches Erleben auf die Ebene einer universellen Allegorie hob.

Eine völlig andere Reaktion auf einen Zustand der Belagerung kam während einer besonders düsteren Phase der Aufklärung von Voltaire. Wie seine englischen Pendants Swift, Addison und Steele benützte auch Voltaire zu seiner Verteidigung am liebsten das Rapier des Spotts, der Satire, des Witzes: aber Voltaire war zu sehr Virtuose, als daß er sich mit nur einer Waffe zufriedengegeben hätte. Er fand eine besonders raffinierte – und sehr französische – Lösung, nachdem seine *Lettres Philosophiques* ihn in Schwierigkeiten gebracht hatten: er zog bei der mächtigen Madame du Châtelet ein und begann ein Liebesverhältnis mit ihr; dadurch fühlte er sich sicher genug, weiterzuschreiben wie zuvor, denn er wußte, daß ihre Macht ausreichte, selbst den Sonnenkönig in Schach zu halten. Als zusätzliche Vorsichtsmaßnahme täuschte er vor, seine Schriften würden in Kehl gedruckt (während in Wirklichkeit alles in Frankreich gedruckt wurde). Alles, was von den Werken, die er in diesen Jahren schrieb, konfisziert werden konnte, wurde – feierlich oder ohne Umstände – verbrannt, was allein schon den Wert seiner Bücher steigerte. Von einigen Inspektoren des Buchhandels war bekannt, daß sie die Exemplare seines

Werkes, derer sie habhaft werden konnten, heimlich aufbewahrten, weil sie damit rechneten, sie später mit Gewinn verkaufen zu können. (Während der langen Geschichte der Zensur war das immer eine der positiveren Nebenwirkungen der sonst so deprimierenden Angelegenheit. Wie sagte doch Richard Carlile 1831: »Eine Verfolgung wird zum mächtigen Anstoß, ein bestimmtes Buch zu lesen, und mit Thomas Pains sage ich noch einmal: ›Möge jedes gute Buch verfolgt werden.‹«)

Als Voltaire der Boden unter den Füßen dann doch zu heiß wurde, besann er sich auf den uralten Ausweg des Exils. Die Ironie dabei war, daß er schon bald nach seinem Abschied vom katholischen Frankreich den Zorn der eifernden Genfer Calvinisten herausforderte. Die einzige Lösung war, daß er sich nach Ferney zurückzog, wo er, in einem Zeitalter der Intoleranz, fortfuhr, Toleranz zu predigen. Beispielhaft an Voltaire, wie an all den anderen Schriftstellern in unserer Liste, ist letzten Endes die Tatsache, daß ihn nichts – weder Unannehmlichkeiten noch Gefahren, weder Verfolgung noch Verbannung – zum Verstummen bringen konnte.

5

Nach dem Sturm auf die Bastille kam die Erklärung der Menschen- und Bürgerrechte, in der besonders der freie Austausch von Gedanken und Meinungen betont wurde, als eines der kostbarsten Rechte des Individuums: jeder Bürger sollte frei sprechen, schreiben und veröffentlichen können, allerdings mußte er in vom Gesetz vorgeschriebenen Fällen jeden Mißbrauch dieser Freiheit rechtfertigen.

In der Praxis ließ sich das für Schriftsteller leider nicht so gut an, besonders in den Jahren nach dem Wiener Kongreß, als die meisten europäischen Regierungen gegen kritische Intellektuelle scharf vorgingen – in den meisten Fällen aus politischen und anderen öffentlichen, in einigen Fällen aber auch aus persönlichen Gründen. Am meisten zählt für uns jedoch wieder die Tatsache, daß weder Autoren, die wegen ihrer politischen Flugschriften eingesperrt wurden, noch Dichter, Romanschreiber oder Dramatiker, die im neunzehnten Jahrhundert oft auf spektakuläre, wenn auch nicht so übersteigerte Art verfolgt wurden, zum Schweigen gebracht werden konnten. Mindestens einer von ihnen – Strindberg – wurde wahnsinnig, aber das wäre vielleicht ohnehin passiert (vorausgegangen war eine Strafverfolgung wegen Blasphemie): bezeichnend ist, daß sein wichtigstes Werk *nach* den Verfolgungen entstand. Ibsen kehrte seinem Land angewidert den Rücken (»Mein Land kennt keine Freiheit: nur kleinere Freiheiten« – was Südafrikaner vermutlich mit »getrennte Freiheiten« übersetzen würden); selbst nach seiner späteren, triumphierenden Heimkehr blieb er Zeit seines Lebens ein Rebell, und sein letztes Wort war ein trotziges *Tvertimut* – »Im Gegenteil!« –, für den Schriftsteller ein Wahlspruch *par excellence*.

Mit Ibsen haben wir schon die Schwelle zu unserem eigenen Jahrhundert überschritten. Und welche Ironie, daß das Land, das kurz nach 1900 mehr als alle anderen die beflügelnde Vision einer Neuen Menschlichkeit versprach, Rußland nämlich, so rasch zum Inbegriff der schlimmsten Unterdrückung und Verfolgung von Schriftstellern und der schlimmsten Unterdrückung der Wahrheit wurde, die die Welt je gekannt hat. Das zwanzigste Jahrhundert ist zu einem Zeitalter neuer – rechter wie linker – Diktaturen geworden, die alle Anstrengungen unternehmen, die Wahrheit vorsätzlich zum Schweigen zu bringen oder sie zu verzerren oder mit Lügen zu verdecken: Ideologien und Massenwerte bedrohen die Stimme des Individuums so stark wie nie zuvor.

Aber es ist noch nicht geschehen, noch nicht ganz. Aus dem unerschöpflichen Angebot an Beispielen aus der Chronik unseres Jahrhunderts seien einige aufschlußreiche Fallbeispiele angeführt.

Die Weimarer Republik und das Dritte Reich: jahrelang rangen Schriftsteller darum, im eigenen Land zu überleben und taten alles, sich mit öffentlichen Protesten, Abordnungen, Kongressen Gehör zu verschaffen. Doch 1933 mußten sie erkennen, daß sie an einem Scheideweg standen. Nach dem Reichstagsbrand machte Hitler die Intellektuellen (ob Kommunisten oder Antikommunisten) für das verantwortlich, was geschehen war. Das löste die großen Autodafés aus, die Verhaftungen, die systematische Verfolgung. Das Ergebnis war nicht das allgemeine Schweigen, das er sich erhofft hatte, sondern ein Massenexodus führender Schriftsteller (darunter Brecht und Heinrich und Thomas Mann), die sich in anderen Ländern – in der Schweiz, in Frankreich, in den Niederlanden, in den USA – neu gruppierten, von wo aus eine richtig organisierte Exilliteratur lanciert wurde.

So sagte Heinrich Mann 1934, daß die Emigration die Stimme eines Volkes sei, das verstummt ist.

Als Thomas Mann beschuldigt wurde, Deutschland in den Rücken gefallen zu sein und die Nation verraten zu haben (Beschuldigungen, die afrikaansen Autoren nur zu vertraut sind, auch wenn sie noch nicht annähernd in einer vergleichbaren Lage sind), erwiderte er 1937, wenn man behaupte, er habe mit seiner Auflehnung das Reich beleidigt und Deutschland verwundet, so hätten die, die das sagten, die unglaubliche Dreistigkeit, sich selbst mit Deutschland zu verwechseln. Und 1939 folgte die wunderbare Arroganz und schlichte Wahrheit einer weiteren kurzen Stellungnahme: »Wo ich bin, ist Deutschland.« Denn nirgends und auf keine andere Weise wird eine Nation so authentisch vertreten, wie im Werk ihrer besten Schriftsteller – selbst wenn dieses

Werk, oberflächlich betrachtet, das Vaterland anzugreifen oder zu verdammen scheint.

Auch andernorts in Europa, überall, wo der Adler seine düsteren Schwingen ausbreitete und den Hakenkreuzabdruck seiner Klauen hinterließ, machten sich Schriftsteller bemerkbar und verschafften sich Gehör. Sogar in einem deutschen Lager hörte der niederländische Autor Vestdijk nie auf zu schreiben und bewältigte sein tägliches Pensum, das er sich selbst auferlegt hatte, in aller Ruhe: eine stille, aber unwiderstehliche Demonstration von Würde im Angesicht der Erniedrigung. Und unmittelbar vor den Augen der deutschen Besetzer und ihrer Vichy-Kollaborateure schrieben französische Autoren wie Anouilh *(Antigone)* und Sartre *(Die Fliegen)*, um nur zwei zu nennen, »Neufassungen« klassischer griechischer Theaterstücke, die so zu Vehikeln ihres heftigen Widerstandes wurden. In ihrer Situation wurden die Klassiker zu Masken, mit denen sie die Haltung einer ganzen Nation ausdrückten – für ihr Publikum leicht zu durchschauen, unverständlich dagegen für die deutschen Oberherren. Camus und Beckett liefen ständig Gefahr, hingerichtet zu werden, aber sie schrieben, jeder in seinem Versteck, trotzdem weiter; in erster Linie beschäftigte sie die *Qualität* ihrer Arbeit und, im Falle Camus', der Drang, all den stummen Unterdrückten des Krieges seine Stimme zu leihen. Ein Schriftsteller kann seine Arbeit in unserer Zeit nur auf eine Art tun, sagte Camus, und das ist *écrire dangereusement.*

6

Seit dem Krieg sind es die Länder hinter dem Eisernen Vorhang und die Dritte Welt, die uns am meisten beschäftigen.

Was über Rumänien geschrieben worden ist, paßt auch auf viele andere Länder: daß sich nach 1945 zwei deutlich unterscheidbare Gruppen von Schriftstellern herausgebildet haben; die einen wie Sadoveaunu, Călinescu etc., die sich zügeln und zu »Lobhudlern« machen ließen; und die anderen wie Blaga, Barbu, Voiculescu etc., die nur noch »für die Schublade« schrieben. Dabei blieb es bis zum Tod Stalins; erst dann kam es zu einem vorsichtigen Neubeginn: Schriftsteller kamen, wie es in einem Kommentar hieß, hinter die Geheimnisse der Parabel (Bücher mit versteckten Hinweisen) und der »partiellen Wahrheit« (genauer wäre: Wahrheit tröpfchenweise). Ein neuer Abschnitt begann 1977, als die bürokratische Zensur abgeschafft und durch ein noch teuflischeres System ersetzt wurde, denn nun mußten *Schriftsteller* die Arbeit ihrer Kollegen beurteilen – eine Raffinesse, derer sich seit kurzem auch südafrikanische Quislinge bedienen können. Mit den Worten eines rumänischen Schriftstellers: »Zu Zensoren gewordene Autoren gehen mit den Manuskripten ihrer Kollegen rücksichtsloser um als die Berufszensoren... Ein Autor zögert nicht, das Werk eines Kollegen zu verdammen – eines Kollegen, der öfter in den Westen gereist ist als er selbst oder der mehr verdient als er oder der einen Preis gewonnen hat, der ihm selbst verweigert worden ist, oder der gestern im Kaffeehaus über ihn gesagt hat, er sei...«

Auch in Ungarn wurde die gesetzliche Zensur schließlich abgeschafft, aber nur, weil man sich darauf verlassen konnte, daß die streng kontrollierten Verleger der Regierung diese Arbeit abnehmen würden. (Haben wir da nicht auch schon unsere Erfahrungen gemacht?) Wie von dort zu hören ist, hat das zur Folge, daß von den Verlagen gute Werke immer häufiger zurückgewiesen und in die Schublade verbannt werden. Hier gibt es wie in Rumänien einen wachsenden Bedarf von *Samisdat*. Aber während *Samisdat* in der UdSSR ein beträchtliches Ansehen genießt, seit praktisch alle bedeutenden kritischen Werke in dieser Form verbreitet werden, ist aus Ungarn zu hören, daß dort die meisten führenden Autoren zögern, ob sie einen so entscheidenden-Schritt tun sollen – aus dem naheliegenden Grund, daß die offizielle Zensur abgeschafft worden ist. Sie halten sich offenbar lieber zurück, in der Hoffnung, daß es ihnen eines Tages möglich sein wird, ihre Werke auf normalem Wege zu veröffentlichen. Ihr Zögern verhindert, daß immer mehr potentielle Leser die Alternativen zu jener verderblichen »offiziellen« Wahrheit erfahren, die in autoritären Gesellschaften vorherrscht. Um dem entgegenzutreten, bringt neuerdings eine kleine, von Janos Kĕnedi angeführte Gruppe Intellektueller halb im Geheimen die Reihe *Profile* heraus: Werke, die keine Chance haben, in Ungarn publiziert zu werden, werden aus dem Land geschmuggelt und kommen hauptsächlich nach England, wo sie dann, gewöhnlich in der Originalsprache, erscheinen. Es gibt da offensichtlich interessante Parallelen zwischen *Profile* und *Taurus* in Südafrika, das dem Schriftsteller eine »ehrenwerte« Möglichkeit bietet, jene Werke herauszubringen, deren Veröffentlichung den größeren, etablierten Verlagen als zu gefährlich erscheint – ohne damit völlig in den Untergrund zu gehen. Gleichzeitig bietet es den Autoren, die andernfalls zu leicht allein auf Grund von Gerüchten in Mißkredit gebracht werden können, eine gute Möglichkeit, sich selbst zu verteidigen.

In den ersten Jahren nach dem Krieg schrieben auch Autoren in der Tschechoslowakei »für die Schublade«, ehe sie es wagten, ihre Werke zu veröffentlichen. Dušan Hamšik zufolge fielen die meisten dieser Bemühungen in der Tat sehr vorsichtig und problematisch aus, da die Schriftsteller versuchten, »sich zu den heiklen und schmerzlichen Problemen der Gegenwart dadurch zu äußern, daß sie sie *offensichtlich* ignorierten. Wir wollten ihre Wurzeln in der Vergangenheit suchen, entweder in der authentischen Geschichte oder in jener Pseudo-Geschichte, die sie im nationalen Bewußtsein wach hält...« Mit der Zeit wurde selbst das verboten. Die Schriftsteller reagierten, wieder laut Hamšik, mit »allegorischen Aussagen, die die Wirklichkeit in einem geheimen Code aus vagen Anspielungen und Absurditäten schilderten«. Mehrere der größten Schriftsteller verließen nach 1968 die Tschechoslowakei: Škvorecký, Kundera, Lustig... Von denen, die im Land blieben, wurden einige allmählich selbstsicherer, frecher, was schließlich mit dem Erscheinen der *Charta 77* zu einer direkten Konfrontation mit der Obrigkeit führte. Die Folge war, wie wir nur zu gut wissen, eine totale »Niederlage« – zumindest auf kurze Sicht –, aber wenn die Meinung der Weltöffentlichkeit und der ungebrochene Mut tschechischer Schriftsteller irgend etwas bedeuten, dann muß auf lange Sicht unweigerlich ein Sieg herauskommen. Selbst extrem autoritäre Regierungen bleiben gegenüber der besonderen Art von internationalem Skandal, den ein scharfes Vorgehen gegen Dissidenten auslöst, seltsam empfindlich (auch wenn sie erst einmal so tun, als seien sie nicht aus der Ruhe zu bringen).

Einige Jahre vor der *Charta 77* hatten tschechische Schriftsteller das bemerkenswerte *Padlock*-Projekt auf die Beine gestellt; diese von Ludvik Vaculík herausgegebene Reihe hat bereits über hundert Werke in Umlauf gebracht, und zwar in Form von *Tamisdat* (Veröffentlichung im Ausland): die Bücher werden im Ausland gedruckt und in die Tschechoslowakei zurückgeschmuggelt. (Die Tragweite des ganzen

Unterfangens wird noch dadurch gesteigert, daß *Samisdat* für eine rasche Verbreitung sorgt und daß die Bücher – sowohl auf englisch als auch im Original – außerdem in London publiziert werden.) Lange Zeit sahen die Behörden davon ab, gegen *Padlock*-Autoren vorzugehen und beschränkten ihre repressiven Maßnahmen auf Leser, in deren Besitz Exemplare gefunden wurden. Die Verhaftung des Dichters Jiri Grusa 1978 markierte sichtbar einen Wendepunkt in dieser speziellen Geschichte; aber der dadurch ausgelöste internationale Aufschrei war so gewaltig, daß die tschechischen Behörden dabei zumindest eine schwere moralische Beule davontrugen. Sie werden die Aktion wohl nicht ohne weiteres wiederholen: aber selbst wenn sie's tun (und sie mögen sich auf absehbare Zeit verpflichtet fühlen, die Muskeln spielen zu lassen, nur um zu »beweisen«, daß sie nicht eingeschüchtert sind), haben Grusa und seine Kollegen die Welt bereits mit dem beeindruckt, was Kohout und Vaclav *(in absentia)* 1978 auf dem PEN-Kongreß in Stockholm als »die Unteilbarkeit der Freiheit und ... unsere Verantwortung für sie« bezeichnet haben.

Als der führende Romanautor Chinas gilt Pa Chin, der von der Kulturrevolution in Mißkredit gebracht wurde, nachdem er sich in den 1930er und 40er Jahren einer ungeheuren Popularität erfreut hatte. Nun mußte er zehn Jahre lang in den Büros des Schriftstellerverbandes die Fußböden schrubben und die Toiletten putzen. Nach Maos Tod kam er frei – denn das Leben eines politischen Regimes, mag es auch noch so dauerhaft erscheinen, ist begrenzt, und das Wort eines Schriftstellers lebt länger –, und in einem neuen Roman enthüllte er alles, was er durchgemacht hatte: »Ich will anklagen und meine Empörung ausdrücken.« Doch selbst in den Jahren, als den Schriftstellern von Maos Regime übel mitgespielt wurde, war ihr Schweigen nicht total: in dieser Zeit, als praktisch nichts außer Maos eigenen Werken in

Umlauf gebracht werden durfte, wurden Tausende von Gedichten und Kurzgeschichten und allem Anschein nach auch ganze Romane *mündlich* verbreitet. Berichte aus erster Hand lassen darauf schließen, daß diese Kommunikationsform Teil einer ganzen neuen Gemeinschaftskultur wurde. Bei zeremoniellen Teegesellschaften wurden diese Werke vorgetragen, und jeder in der Runde wurde aufgefordert, seinen eigenen Beitrag zu dem sich entwickelnden Ganzen beizusteuern – was natürlich große Ähnlichkeiten mit der Entstehung der frühesten Sagen und Epen unserer Kultur aufweist. Und es ist sicherlich von Bedeutung, daß diese spezielle Form des mündlichen *Samisdat* heute unter den Schwarzen in Südafrika verbreitet ist: während sich das geschriebene Wort ohne weiteres auf einen Autor zurückführen läßt, der dann verfolgt oder eingeschüchtert werden kann, bewegt sich das gesprochene Wort wie Wasser, läuft durch die ganze Gesellschaft wie ein unaufhaltsamer Fluß, der manchmal unter der Erde verschwindet, um dort, wo die Geologie es erlaubt, wieder aufzutauchen. In der gleichen Weise werden Theaterstücke aufgeführt: heute abend noch hier, morgen schon anderswo, zuerst sind sie in Soweto, dann verschwinden sie, tauchen in New Brighton oder Langa oder an irgendeinem anderen Ort wieder auf und stärken ein Bewußtsein der Solidarität im Rahmen einer Revolution, die längst angefangen hat...

Beispiele aus der UdSSR sind so bekannt, daß es genügen müßte, ein paar der berühmteren Fälle kurz zusammenzufassen.

Da war Ossip Mandelschtam, der in den 1930er Jahren fast ständig entweder auf der Flucht oder im Gefängnis war, wo er nicht schreiben durfte: also fing er an, seine Gedichte auswendig zu lernen oder sie seiner Frau Nadeschda vorzutragen, damit die sie auswendig lernte... und Jahre danach, kurz bevor er im Exil in einem Durchgangslager starb, rekonstruierte sie alles, was sie auswendig gelernt hatte, und schrieb es auf und stellte damit sicher, daß es bei Lesern auf der ganzen Welt überleben konnte.

Da war Boris Pasternak, dessen internationales Ansehen so groß war, daß ihm nicht einmal Stalin etwas anhaben konnte. Aber seine Freundin Olga Iwinskaya, verwundbar, weil sie nicht verheiratet waren, konnte ins Gefängnis gesteckt werden, von 1949 bis 1953 und ein zweites Mal, nach Pasternaks Tod, von 1960 bis 1964 (wonach sie ihr eigenes, tief bewegendes Buch veröffentlichte, um vor der Welt Zeugnis abzulegen). Er durfte schreiben, mußte es aber für sich behalten. *Novyi mir* war bereit, einige Auszüge aus *Doktor Schiwago* abzudrucken, mehr aber auch nicht; und ihre Abneigung rührte nur daher, daß er die Revolution nicht in Rosarot und Himmelblau geschildert hatte. Als er sich schließlich damit abfinden mußte, daß es keinen rechtmäßigen Weg für ihn gab, sich auf russisch Gehör zu verschaffen, stimmte er einer Veröffentlichung seines Werkes im Ausland zu. »Sie haben mich soeben eingeladen, meiner eigenen Hinrichtung beizuwohnen«, sagte er 1956 nach dem Abschluß der Verhandlungen zum Beauftragten des Hauses Feltrinelli: und doch zog er das dem Schweigen vor. So wurde er zu einem lebenden Beispiel für Malraux' berühmte Feststellung, daß die Kunst sich nicht unterwirft, sondern erobert.

Pasternaks wichtigster Schüler, Andrei Sinjawski, wurde kurz nach dem Tod des Meisters zusammen mit Juli Daniel verfolgt. Ungeachtet aller Warnungen weigerte sich Sinjawski, seine Kritik an Zeitgenossen zu mildern, die sich sklavisch an Stalins Anweisungen hielten. Als dann der Stalinismus seinen schändlichen Niedergang erlebte und das ganze literarische Bezugssystem eines parteiorientierten Sozialistischen Realismus mit sich riß, hatte Sinjawskis früheres Verhalten zur Folge, daß seine Integrität als Schriftsteller intakt geblieben war. Das genügte schon, seine Kritiker immer heftiger werden zu lassen; er wurde zum Stachel im Gewissen des Establishments. Als er in seinem Land niemanden finden konnte, der seine Geschichten druckte, folgte er Pasternaks Beispiel und publizierte im Ausland, in der Emigrantenzeitschrift *Kultura* in Paris. 1965 wurden Sinjawski und Daniel verhaftet. Monatelang versuchten die Behörden, von ihnen das Eingeständnis zu erzwingen, sie seien »Abweichler« (etwas anderes war gegen sie nicht vorzubringen), aber sie ließen sich auf nichts ein. Ihr Prozeß im Jahr 1966 wurde zu einem neuen Kapitel in der verworrenen Geschichte von Schriftstellern in einer bedrängten Lage, denn nicht einmal in der UdSSR war bis dahin ein Schriftsteller allein wegen seiner literarischen Werke an den Pranger gestellt worden. Aber auch das brachte sie nicht zum Schweigen: in den Briefen an seine Frau fuhr Sinjawski fort, ein quälendes und bewegendes Bild vom Leben im Gefängnis zu zeichnen; nach seiner Freilassung wurden diese Arbeiten unter dem Pseudonym Abram Tertz veröffentlicht, das Sinjawski für seine früheren Veröffentlichungen im Ausland verwendet hatte. *Eine Stimme aus dem Chor,* diese »stille Bombe von einem Buch« (mit den Worten Heinrich Bölls), ist eines der edelsten literarischen Dokumente unserer Zeit, basierend auf Sinjawskis intimsten Gedanken und Erfahrungen in der Gefangenschaft: »Sind dem Menschen im Raum keine Grenzen gesetzt, strebt er ständig danach, sich vorwärts in die Ferne zu bewegen... Doch wenn er eingeschränkt, in die Schranken verwiesen, auf das Minimum reduziert wird, dann schafft er sich im Geist, der Wälder und Felder beraubt, eine innere Landschaft, genährt von den eigenen unerschöpflichen Reichtümern.«

Diese Worte könnten – wie jenes andere Wort Sinjawskis, daß man Kunstwerke schafft, um den Tod zu überwinden, – als Motto für das Leben und Werk Alexander Solschenizyns dienen. Auch er ließ sich durch Gefängnis, Erniedrigung, Verfolgung oder Exil nicht gefügig machen. Wenn er nicht schreiben durfte, lernte er, wie Mandelschtam, Tausende von Zeilen auswendig, um sie Jahre später niederzuschreiben. Tatsächlich begann seine Schriftstellerlaufbahn erst im Gefängnis, von der Verfolgung beflügelt und bestärkt; und auf seine eigene Weise lernte er, so wie Dostojewski hundert Jahre vor ihm, persönliche Erfahrungen zu läutern und anzureichern und in ein Monument zu verwandeln: *gegen* die Gewalt und *für* die Unbesiegbarkeit des Mitleids, der Fähigkeit des Menschen, durchzuhalten.

Gehen wir aber weiter zu anderen Ländern, anderen Schriftstellern.

Auf den Philippinen, wo Marcos im Ruf stand, die Unterdrückung der Schriftsteller persönlich zu überwachen, kann schon das Flüstern gefährlich sein – und doch gedeiht die Literatur, wie ein Beobachter zusammenfaßte, »in vervielfältigten Texten, Pamphleten, Plakaten, geheimen Diskussionsgruppen und Mund-zu-Mund-Propaganda«. In Südkorea wird die Welt der Literatur von dem heroischen Spaßvogel Kim Chi Ha beherrscht, 1970 wegen seines satirischen Werkes eingesperrt, doch so unbeugsam, daß er direkt unter den Augen seiner Wächter einen Band mit satirischen Balladen aus dem Gefängnis schmuggelte. Seit 1975 sitzt er in Einzelhaft, nach wie vor der grimmigen Überzeugung, daß der Weg zu Freiheit und Selbstbestimmung über freiwilliges Dulden führt. In Ägypten wurde 1959 der Lyriker Ahmed Fouad Negm, ins Gefängnis gesteckt und schmuggelte von dort seine ersten Arbeiten heraus; nach seiner Freilassung lernte er den blinden Sänger Sheikh Imam kennen, und nun verbrachten sie ihre Zeit entweder im Gefängnis oder in einem sicheren Versteck und brachten Lied um Lied heraus – so wie Theodorakis, als ihn die Obristen in Griechenland einsperrten. Und offenbar sind ihre Verse, obwohl sie im

Dialekt geschrieben sind, die einzigen, die alle Grenzen der arabischen Welt überschritten haben, dilettantisch auf Kassetten aufgenommen, wie Khalil Hindi schreibt, und von einem Land ins andere geschmuggelt, für ein breites Publikum aus Studenten, Intellektuellen und Arbeitern bestimmt.

Indonesiens führender Schriftsteller ist Pramoedya Ananta Toer, der erstmals im Verlauf des Befreiungskampfes gegen die Niederländer ins Gefängnis kam; unterstützt von ein paar wohlwollenden Niederländern schmuggelte auch er seine Werke aus dem Gefängnis. Nach der Unabhängigkeit wurde er freigelassen, nur um unter dem Sukarno-Regime, das sein Handwerk offenbar von den alten Oberherren gelernt hatte, erneut in Schwierigkeiten zu geraten. Er wurde auf der gottverlassenen Insel Buru inhaftiert. Er bekam die Erlaubnis, zu schreiben, durfte aber kein Schreibmaterial verwenden. So verfiel auch er auf das Auswendiglernen. Seit 1965 sitzt er nun im Gefängnis. Während der letzten fünf Jahre ist ihm wenigstens erlaubt worden, normal zu schreiben; und wie man hört, hat er schon acht Romane abgeschlossen. Als er neulich in einem Interview im Gefängnis gefragt wurde, was die vierzehn Jahre Haft für ihn bedeutet hätten, gab er eine Antwort, die deutlich macht, was den Schriftsteller mehr als alles andere beschäftigt: »Es ist eine Zeit der Konzentration gewesen, die dem Ziel diente, bessere Werke zu schreiben.«

So hart sein Schicksal ist, scheint es dennoch vergleichsweise erträglich, wenn man an die Vorgänge in Ländern wie Argentinien und Chile denkt (Südafrikas enge Verbündete und getreue Freunde), wo Tausende ermordet und ungezählte andere zur Flucht gezwungen werden und wo viele führende Schriftsteller und Intellektuelle einfach »verschwinden«. Für sie gibt es kaum eine Chance, im Gefängnis weiterzuschreiben, so wenig wie für jene Autoren, die in den Gefängnissen Afrikas schmachten. (Die Soyinkas und

Awoonors können sich noch »glücklich« preisen: sie wurden wenigstens irgendwann freigelassen und bekamen die Erlaubnis, im Exil wieder zu schreiben – allerdings sollten wir dieses *dur métier que l'exil* nie unterschätzen! –, aber das gilt nicht für Ngugi wa Thiongo im liberalen Land Kenia...) Doch selbst unter diesen fast unerträglichen Bedingungen ist das Wort des Schriftstellers nicht in den Schatten gestellt worden.

Wenn man sich Chile ansieht, fallen einem die Worte Jesu ein: »Wo diese werden schweigen, so werden die Steine schreien.« Denn etwas ganz Einmaliges ist dort geschehen, erst in Santiago und dann nach und nach im ganzen Land: Frauen – einfachste Frauen, Arbeiterinnen, Wäscherinnen, die weder lesen noch schreiben können – haben sich erhoben, um dagegen zu protestieren, daß man ihre Angehörigen und Freunde zum Schweigen brachte und verschwinden ließ. Sie strömten zu den Textilfabriken, wo sie um ausgemusterte Stoff- und Wollreste bettelten. Daraus machen sie Teppiche und Applikationen, die stumm, aber drastisch, die schlichten schrecklichen Wahrheiten ihres rechtlosen Daseins verkünden. Viele dieser Bilder sind »verschlüsselt«; viele, so möchte man meinen, sind in ihrer Aussage unverhüllt und direkt, aber von einer Naivität, die den scharfen Augen des Staatsapparates zu entgehen scheint.

Was hoffen sie damit zu erreichen? Darauf antwortete eine der Wäscherinnen so: »Wir möchten auf unseren Teppichen zeigen, was die Menschen durchmachen, die Wirklichkeit, Dinge, die etwas aussagen. Wir haben viel durchgemacht, und wir müssen es erklären. Wir müssen irgendeinen Weg finden, wie wir es sagen können.«

Und eine andere: »Ich möchte, daß die Menschen Bescheid wissen. Oft hält man still, weil man sich schämt, aber ich will diese Dinge erzählen; ich schäme mich nicht, weil all

das, was ich erlebte habe, stimmt... Ich kann nicht stillhalten, weil ich das selber durchgemacht habe.«
Und eine dritte: »Wenn alle Mittel erschöpft sind, wenn das Elend an die Tür klopft, wenn Hunger der tägliche Feind ist und Überleben das einzige Ziel... dann muß man etwas tun, muß man handeln, darf man nicht nachgeben. Also sind wir zu den Fabriken gegangen, um Stoffreste zu holen. Denn alles, auch der Humor, ist zu einer Waffe in unserem Kampf geworden.«
Unter diesen Bedingungen werden Literatur und Kunst gezwungen, zu ihren ureigenen Wurzeln zurückzukehren, zu den elementaren und rudimentären Anfängen. Alles – nur nicht stillhalten. *Ich kann nicht stillhalten, weil ich es selber durchgemacht habe.*

7

Es wird Zeit, unseren kurzen und sehr oberflächlichen Streifzug durch die Geschichte und Geographie zu Ende zu bringen. Und welch deprimierendes, vielfältiges Bild haben wir dabei von dem Schriftsteller gewonnen, der in der Welt nie richtig »zu Hause« ist. Manchmal wird seine Gegenwart geduldet; manchmal wird er gefördert; oft werden sämtliche Waffen aus dem Arsenal der Obrigkeit gegen ihn eingesetzt: Hausarrest, Inhaftierung, Gefängnis, Folter, Verbannung, Tod.
Doch das endgültige Bild, das sich aus dem Palimpsest ergibt, zeigt das Durchhaltevermögen des Schriftstellers und das Unvermögen aller organisierter Macht und ihrer Instrumente, das Wort unwiderruflich auszuschalten, das der Schriftsteller im Belagerungszustand mit so viel Integrität, Demut und Stolz äußert.
Und was ist mit uns, in unserer Situation in Südafrika, die

wir auf so vielfältige Art und auf so vielen Ebenen bedroht werden? Die Geschichte ist so wenig wie ich in der Lage, irgendwelche Lösungen anzubieten. Wir können nicht mehr tun, als von einigen Antworten Notiz zu nehmen, die einige unserer Vorgänger und Zeitgenossen gefunden haben – das heißt, nachdem der Schriftsteller, wie Camus' Rebell, die erste entscheidende Wahl zwischen Leben und Tod getroffen hat, und das wäre in unserer Situation die Wahl zwischen Schreiben und Schweigen.

Hat der Schriftsteller diese Wahl getroffen, steht er vor einer zweiten Entscheidung: die streitbare Gesellschaft zu verlassen und im Exil zu schreiben oder das Risiko einzugehen, im Land weiterzuarbeiten. In diesem Erfahrungsbereich muß jeder einzelne für sich selbst entscheiden und die Verantwortung, die sich daraus ergibt, selbst übernehmen. Einem Thomas Mann oder Bertolt Brecht war es im Dritten Reich physisch unmöglich, im Land zu bleiben und weiterzuschreiben; für Arthur Miller war es undenkbar, das Land zu verlassen – auch wenn er angesichts der drohenden Gefahren der McCarthy-Ära Codes wie die Hexenjagd oder einen Vorfall in Vichy gebrauchen mußte, um mitteilen zu können, was ihm so sehr am Herzen lag.

Entschließt sich der Schriftsteller, im Land zu bleiben, hat er die freie Wahl zwischen der Allegorie und der Konfrontation. Nach dem Krieg wurden in Polen, der Tschechoslowakei, Ungarn und anderen Ländern die erfrischenden Möglichkeiten der allegorischen oder versteckten Methode demonstriert – aber in einigen Fällen auch die in ihr steckenden Gefahren, insbesondere die des Obskurantismus, wobei der Text im Bemühen, die Obrigkeit zu täuschen, so kryptisch wird, daß von seiner wesentlichen Funktion, etwas mitzuteilen, viel verlorengeht. Auf der anderen Seite lebt der Schriftsteller, der sich für die Konfrontation entscheidet, ständig in der Gefahr, daß nicht nur sein Werk verboten, sondern er auch persönlich verfolgt wird. Aber selbst in dieser Lage verfügt er über mehrere Möglichkeiten, darunter *Tamisdat,* wie von Pasternak oder Sinjawski vorgemacht, oder eine Publikation halb im Geheimen, wie vom ungarischen *Profile* demonstriert, oder das endgültige Untertauchen mit *Samisdat.*

Nach meiner Überzeugung nähern wir uns in Südafrika rasch einer Situation, wo *Samisdat* unser einziger Ausweg sein könnte, und ich muß die Regierung nachhaltig davor warnen, es so weit kommen zu lassen, denn letztlich werden sie einen höheren Preis dafür zu zahlen haben als die Schriftsteller. Wenn nämlich die Schriftsteller in einem Land gezwungen werden, in den Untergrund zu gehen, dann ist das ein untrügliches Zeichen dafür, daß der beginnende Zerfall bereits die ganze Gesellschaft erfaßt hat; auf lange Sicht kann keine Regierung hoffen, ihn entweder aufhalten oder überleben zu können. Gleichzeitig muß ich auch eine Warnung für Schriftsteller anklingen lassen: *Samisdat* ist kein modisches, aufregendes Spielchen, sondern die letzte Zuflucht, die verantwortungsbewußten Menschen bleibt, nachdem sie in einer extremen Situation alle anderen Möglichkeiten ausgeschöpft haben. Und gerade weil der Untergrund so leicht auch Schriftstellern Schutz bieten kann, die einfach zu schlecht sind, als daß sie einen Verleger finden könnten, müssen wir absolut sichergehen, daß wir, wenn der Tag des »Untertauchens« für uns kommt, unsere Entscheidung nur mit der größten Umsicht und dem höchsten Verantwortungsbewußtsein treffen. Zugleich werden wir jedoch, wenn der Augenblick kommen sollte, nicht wagen zurückzuschrecken: wir werden tun, was nicht länger zu vermeiden ist.

Auch in diesem fortgeschrittenen Stadium habe ich die aufrichtige Hoffnung, daß die Regierenden, die uns bis an den Rand getrieben haben, rechtzeitig einhalten und erkennen, was für einen fatalen und törichten Kurs sie eingeschlagen haben: sie haben immer noch eine kleine Chance, das Gesicht zu wahren. Wenn sie nicht zum Wandel bereit sind, gilt unsere Warnung, daß wir alles tun – ihnen immer einen Schritt voraus – werden, um sicherzustellen, daß ihre Lügen entlarvt werden, daß die Wirklichkeit nicht verzerrt wird, daß sich die Wahrheit durchsetzt.

Unsere kleine Rundreise durch die Geschichte hat gezeigt, mit welch unendlichem Einfallsreichtum der Schriftsteller immer wieder einen Weg findet, sich Gehör zu verschaffen, und wie er dabei entdeckt, daß die Eingebungen gerade von den Gefahren kommen können, die sein Überleben bedrohen, selbst wenn das zu jenen Symbolen zurückführt, die von den Wäscherinnen in Chile gewebt und gestickt werden.

Letzten Endes gibt es nur eine grundlegende Antwort, die ein von seinem Gewissen getriebener Autor anzubieten hat; es ist zugleich die einfachste und die schwierigste aller Antworten, denn sie drückt sich in der *Qualität seines Werkes* aus.

Selbst auf einer ganz praktischen Ebene ist das die einzige Antwort, die auf lange Sicht Wirkung zeigt: wenn Pasternak und Solschenizyn dem Gewissen der Welt heute noch einheizen, dann liegt das nicht nur daran, daß sie gelitten haben und verfolgt wurden und daß nichts sie vom Schreiben abhalten konnte; vielmehr liegt es auch an der Qualität ihres Werkes.

Ein unbedeutender Schriftsteller kann im Getümmel der Welt verschwinden. Aber wenn es das Werk wert ist, enthält es die Mechanismen, die sein Überleben sichern.

Es enthält vor allem den einen Mechanismus, der für das Ringen des Schriftstellers in und mit seiner Welt wirklich relevant ist: große Literatur ist eine Garantie gegen den Tod. Selbst der Schriftsteller, der in der sichersten Gesellschaft arbeitet, die man sich vorstellen kann, steht eines Tages diesem letzten Widersacher gegenüber, dem Tod. Unser Werk ist, wenn es gut genug ist, der einzige Teil von uns, der das Grab überleben kann. Darin liegt der einzige Daseinszweck der Literatur in einer Welt, die sie sonst leicht beiseite schieben könnte. In der Wahrheit, die in der Welt des Schriftstellers verankert ist, liegt jene unsagbare Macht, vor der sich Tyrannen und Tyranneien und andere Vertreter des Todes so sehr fürchten, daß sie bereit sind, alles, was sie haben, dagegen aufzubieten. Denn sie wissen nur zu gut, daß letztendlich keine Strategie und kein System jemals dem Wort der Wahrheit widerstehen kann.

(Dank schulde ich dem Index on Censorship, *dessen verschiedenen Ausgaben ich viele meiner zeitgenössischen Beispiele entnommen habe).*

Der Intellektuelle und seine Welt

[1980]

Wenn man feststellt, das letzte Viertel des zwanzigsten Jahrhunderts konfrontiere uns mit einer schwierigen und zweckgerichteten Welt, mit schwierigen und zweckgerichteten Anforderungen an die Gesellschaft und das Individuum, dann stellt man etwas Offensichtliches fest. Aber das Offensichtliche kann eine ebenso gründliche Prüfung erforderlich machen wie das Kryptische oder Verborgene, da es gerade wegen seiner Offensichtlichkeit Gefahr läuft, als selbstverständlich hingenommen zu werden. Das führt leicht zu intellektueller und moralischer Trägheit. Und unsere Welt von heute, provisorisch als schwierig und zweckgerichtet beschrieben, erfordert vor allen Dingen eine bestimmte Form des intellektuellen und moralischen Mutes – besonders, wenn sie aus der Perspektive des Akademikers angegangen wird.

Es ist üblich geworden, über die Ohnmacht des Individuums im allgemeinen und des Intellektuellen im besonderen zu spotten. In einer Welt, die von Massen überrollt wird und die für ihre zweckgerichteten Bedürfnisse ständig anwachsende gemeinsame Nenner braucht, scheint das Individuum tatsäch lich ein armseliges und unbedeutendes Geschöpf zu sein, das mehr hindert als hilft. Und in einer Welt, die für Probleme wie Hunger, Rassismus, Ausbeutung, ideologischen und territorialen Expansionsdrang, Aggression und Repression dringende Lösungen braucht, mag die Tätigkeit des Intellektuellen nicht nur aussichtslos, sondern auch überflüssig erscheinen, ein Luxus, den sich die Gesellschaft schlecht leisten kann.

In diesen Zusammenhang gehört Lorcas berühmte Anekdote von dem reichen Mann und seinem notleidenden Nachbarn, die miteinander durch eine besonders malerische Landschaft spazierten: der reiche Mann blieb alle paar Minuten begeistert stehen und rief voller Bewunderung aus: »Wie schön!« Doch der arme Mann konnte sich immer nur den Bauch halten und wiederholen: »Ich habe Hunger, ich habe Hunger, ich habe Hunger!« Und in diesem Zusammenhang bekommt man auch oft den Vorwurf zu hören: »Kein Buch und kein Gedanke kann eine Gewehrkugel aufhalten!« Oder: »Ich habe gelitten, und ihr habt mir eine Relativitätstheorie angeboten. Ich war unterdrückt, und ihr habt ein Kommittee für Freiheit und Gerechtigkeit gegründet, in dem über das Wesen der Unterdrückung diskutiert wurde. Ich wurde von der Sicherheitspolizei verhaftet und gefoltert, und ihr habt gesagt, die Freiheit sei eine löbliche Sache.« Und in dem Zusammenhang ist auch zu sehen, was eine führende südafrikanische Sonntagszeitung schrieb, als ganze Abteilungen einer bestimmten Universität aufgelöst und die Lehrkräfte entlassen wurden: dies sei nur ein logischer und möglicherweise heilsamer Schritt, in Übereinstimmung mit der Praxis großer Unternehmen, unrentable Produktionsbereiche aufzulösen.
Diese Argumente und Vorwürfe gehen auf einen kartesianischen Rigorismus zurück, der Denken und Handeln zwei getrennten Kategorien zuteilt, die ein Entweder/Oder voneinander trennt. In jeder Gruppe findet man äußerst wohlmeinende Menschen, die die andere, vermeintlich gegnerische Gruppe verdammen: »Du bist ja nur ein Intellektueller ...« / »Du bist ja nur ein Praktiker ...« Wir haben im Westen offenbar die unglückselige Neigung, in diesen linearen Begriffen, diesen sauberen Gegensätzen zu denken. Wenn du gegen die Regierung opponierst, bist du ein Kommunist; wenn du nicht opponierst, bist du ein Faschist. Und

wenn eine Aussöhnung versucht wird, scheint die Lösung üblicherweise darin zu bestehen, daß eine gleitende Skala geschaffen wird, die vom Denken am einen, zum Handeln am anderen Ende reicht, mit der logischen Folgerung, daß die Richtigkeit des Denkens von dem Maß bestimmt wird, in dem es sich zum Handeln weiterentwickelt oder in dem es das Handeln auslöst oder fördert. Meines Erachtens verarmt unsere Erfahrung, wenn wir in diesen Begriffen denken. Ja, ich möchte behaupten, daß sich diese Denkweise entweder aus einem falschen Verständnis oder einer Vernebelung der Begriffe »Denken« und »Handeln« entwickelt, und damit auch des Begriffes »intellektuell«. Es ist die gleiche Art von Mißverständnis, das so lange die Begriffe der »Form« und des »Inhalts« in der Kunst vernebelt hat.

Aus einer ganz bestimmten Sicht heraus könnte man sagen, »Denken« und »Handeln« seien in Wirklichkeit zwei Seiten einer einzigen Münze, und es komme nicht auf Zahl oder Wappen an, sondern auf das massive Metall dazwischen. Bei dieser Betrachtungsweise würde das Denken als verinnerlichtes Handeln gesehen; das Handeln als zum Ausdruck gebrachtes oder sichtbar gemachtes Denken. Und das eine kann ohne das andere nicht existieren – nur in unserer verarmten Deutung der Erfahrungsprozesse trennen wir sie auf verhängnisvolle Weise. Aber vielleicht ist selbst das Bild von der Münze zu schablonenhaft: vielleicht sollte man sich einen Eisberg vorstellen – neun Zehntel Denken bleiben unsichtbar, damit ein Zehntel Handeln herausragen kann.

Auch wenn das ein genaueres Bild sein mag, sind wir, wie ich zu Beginn meiner Rede angedeutet habe, in einer Situation, in der bestimmte *Arten* des Handelns anderen offenbar vorzuziehen sind: vorzuziehen jedenfalls im Rahmen der »zweckgerichteten« Anforderungen einer organisierten Gesellschaft. Wir haben es, mit anderen Worten, immer noch mit dem hungernden Mann zu tun, der nicht mit

Schönheit abzuspeisen ist, mit dem Gefängnisinsassen, der mit schönen Sprüchen nicht freizubekommen ist, mit der Firma, die die Belegschaft verkleinert, um zu »rationalisieren«, und die von den Universitäten das gleiche verlangt. Aber auch in dieser Situation scheint mir das Entweder-Oder eine Betrachtungsweise, die dem Zweck zuwiderläuft, ein allzu billiger Ausweg. Niemand bestreitet, daß ein hungriger Mann gespeist, ein zu Unrecht Eingesperrter befreit oder eine kränkelnde Firma saniert werden sollte. Wäre aber die Gesellschaft nach Erfüllung dieser Pflichten eine gerechte und freie Gesellschaft? Würden dann die Menschen automatisch mehr Erfüllung finden, wäre die vielgerühmte Lebensqualität« *sans plus* verbessert? Auf denkbar einfache Art ausgedrückt: kann der Mensch wirklich vom Brot allein leben? Um noch einen Schritt weiterzugehen, ohne den Rahmen unserer vorgegebenen Beispiele zu verlassen: wenn Lorcas hungriger Mann sein tägliches Brot bekommt, kann man dann seinem wohlgenährten Nachbarn die Freude an schönen Dingen versagen? Kann ein von Gerechtigkeit geprägtes Klima, in dem die zu Unrecht Eingesperrten freigelassen werden, ohne den engagierten Einsatz derer geschaffen werden, die darauf beharren, daß Gerechtigkeit eine Grundbedingung der Gesellschaft ist? Und wenn unsere Firma erst saniert ist und wieder rentabel produziert, gibt es dann nicht andere Richtlinien zur Beurteilung der »Rentabilität« einer Einrichtung im Dienste der höheren Bildung? Ausgeglichene Bücher sind eine gute und ehrenwerte Sache, aber sie schließen Bücher anderer Art, die für geistigen Ausgleich sorgen, nicht aus. »Brot für einen Yen«, sagt das japanische Sprichwort, »für den anderen Yen weiße Hyazinthen.«

Und so sind wir im Grunde wieder da, wo wir angefangen haben: »Der Intellektuelle und seine Welt.« Es scheint viel-

leicht so, als seien wir nun berechtigt zu fragen: Welche Funktion hat der Intellektuelle in seiner Welt? Um jedoch mit Hamlet zu sprechen: *Gnäd'ge Frau, mir gilt kein »scheint«*. Denn die Frage ist in der Tat so unziemlich, wie es die unterstellte Zweiteilung zwischen »Denken« und »Handeln« war. Diese Frage zu stellen, hieße schließlich, jene Zweiteilung wieder aufzugreifen, die ich zu Beginn angezweifelt habe: sie würde auf einen Unterschied zwischen einem »Intellektuellen« und einem, sagen wir, »gewöhnlichen« Menschen hinweisen, was immer diese Begriffe bedeuten mögen. Als ich 1968 in Paris in die Studentenunruhen hineingezogen wurde, gab es eine ganz bestimmte Demonstration, an der eine Million Menschen teilnahmen, unmittelbar nachdem Daniel Cohn Bendit aus Frankreich ausgewiesen worden war, und eine Million Stimmen schrien: »Wir alle sind deutsche Juden« – wahrscheinlich das einzige Mal in der Geschichte, daß die Franzosen Sympathien für die Deutschen zeigten. Aber jeder, der das wörtlich verstanden hätte, hätte sich natürlich lächerlich gemacht. Eine Art von Poesie beherrschte an diesem Tag die Straßen; und eine Million Menschen bekräftigten ihr gemeinsames Menschsein und ihren gemeinsamen Widerstand gegen einen Gesetzesapparat und eine Gesellschaftsstruktur, die dieses Menschsein leugneten oder bedrohten. In diesem Sinne sind wir alle entweder »gewöhnliche Menschen« oder »Intellektuelle« – oder beides: auch wenn, in Orwells unsterblicher Formulierung, einige gleicher sein mögen als andere.
Ich versuche hier nur klarzustellen, daß die Frage nach der Funktion des Intellektuellen möglicherweise falsch gestellt ist. Erkundigen wir uns vielmehr, und zwar behutsam, nach der Funktion des Teiles in uns allen, der mit intellektueller Tätigkeit zu tun hat: eine Erkundigung, die im Zusammenhang mit einer Universität offensichtlich besondes relevant ist. Denn wie »modern« oder »zweckgerichtet« oder »prag-

matisch« oder »gesellschaftsorientiert« wir mittlerweile auch sein mögen, hätte ich es trotzdem gern, wenn bei dem Begriff »Universität« etwas von der ursprünglichen »Universalität« aus der Düsterheit schimmerte: und wird die Universität als Institution aus Not und Notwendigkeit auch zu einer an Karrieren orientierten Maschine, so kann sie doch niemals, ohne sich selbst zu verleugnen, die Funktion der untergetauchten neun Zehntel ihres sperrigen Eisbergs aufgeben, nämlich die intellektuelle Neugier zu formen, zu erweitern, anzuregen und zu lenken.

Wenn ich meine kurze Untersuchung damit auf die »intellektuelle« Hälfte oder neun Zehntel des »universalen Menschen« ausrichte, dann akzeptiere ich, was Sir Herbert Read so gesagt hat: »Ich bin nicht an der Durchführbarkeit eines Programms interessiert. Ich bin nur daran interessiert, die Wahrheit festzuhalten.« Das ist ein ehrgeiziges Unternehmen, das man nur als Individuum in Angriff nehmen kann: Denken kommt so ausschließlich dem Individuum zu wie Geborenwerden oder Sterben; und es ist ebenso endgültig, möchte ich meinen. Da ist es nur natürlich, daß sich diese Tätigkeit des Individuums häufig im Konflikt mit den akzeptierten Strukturen der Gesellschaft befindet: in diesem Kontext ist dann auch das Unterrichten – zurecht, wie ich finde – als »subversive Tätigkeit« bezeichnet worden. Denn im Bereich des Geistes, wo der Mensch auf eine totale und kühne Art allein ist – auch wenn er mit dem, was er tut, Verantwortung für alle Menschen übernehmen mag (so wie Sir Edmund Hillary den Mount Everest gewissermaßen für die ganze Menschheit bestiegen hat) –, kann der einzelne, der alles aufs Spiel setzt, nur von der vollen und überwältigenden Wirklichkeit *dieser Situation* gelenkt werden, und nicht von allgemeinen Regeln oder Traditionen. Es ist eine religiöse Einsamkeit, die zur ewigen Verdammnis oder zur Erlösung führen kann; aber gerade weil der Einsatz so hoch ist, ist es ein Abenteuer, dem kein anderes gleichkommt. Um noch einmal mit Read zu sprechen:

»Das Leben ist auf die Unruhe angewiesen, die von ein paar exzentrischen Individuen geschaffen wird. Um dieses Lebens, dieser Vitalität willen muß eine Gemeinschaft gewisse Risiken eingehen, muß sie ein Körnchen Ketzerei zulassen. Sie muß gefährlich leben, wenn sie überhaupt leben will.«

Oder an anderer Stelle:

»Mir ist klar, daß Form, Struktur und Ordnung wesentliche Aspekte des Daseins sind; aber für sich allein sind sie die Attribute des Todes. Um Leben zu erzeugen, um für Fortschritte zu sorgen, um Interesse und Lebendigkeit zu schaffen, ist es erforderlich, die Formen zu zerstören, die Strukturen zu verzerren, das Wesen unserer Zivilisation zu verändern.«

Dies scheint ein hochtrabendes und verworrenes Ideal. Aber man kann es auch genauer ausdrücken. Ich will das keineswegs erschöpfend abhandeln, wenn ich ein paar Möglichkeiten intellektuellen Handelns aufzeige: ich möchte mich nur ein paar Schritte über die Grenze dieses »unentdeckten Landes« wagen, das sich von dem Hamlets darin unterscheidet, daß diejenigen, die es betreten, überleben und ihre Geschichte erzählen.

»Wir müssen begreifen, was uns ergreift«, sagte der Literaturtheoretiker Emil Staiger: eine Vorstellung, die sich auf die intellektuelle Tätigkeit in ihrer Gesamtheit erweitern läßt. Es gehört sicher nicht zu den Voraussetzungen menschlichen Daseins, einfach hinzunehmen, was geschieht: selbst unter Umständen, die es uns unmöglich erscheinen lassen, den Lauf der Dinge aktiv zu beeinflussen, kann schon der einfache, aber bedeutsame Akt der Klarstellung – bei dem festgehalten wird, *was* geschieht und *warum* – zum Ausgangspunkt wichtiger sozialer Aktionen werden. Das geht in zwei Stufen vor sich: man informiert sich und gibt diese Information an andere weiter. Die ganze Stoßkraft sozialer Aktionen gegen autoritäres Schweigen oder autoritäre Lügen hängt davon ab, daß zuerst diese beiden Tatsachenreihen festgehalten werden: was geschieht, und warum. Man sollte nie zulassen, daß Regierungen Umstände schaffen, die es irgend jemandem möglich machen zu sagen: *Ich habe nichts davon gewußt.* Was ein sehr simpler, elementarer Weg scheint, kann sich in einer Gesellschaft wie der unseren als Mutprobe herausstellen. Für die Fischers und Mandelas war es der Ausgangspunkt im Ringen um ein klein bißchen Vernunft in einem vernunftwidrigen System. (Wäre die Herausforderung ihres intellektuellen Drängens angenommen und nicht hintertrieben worden, hätte sich der Ausbruch von Gewalt vermeiden lassen.) Es war der Grundsatz, dem sich *Beyers Naudé* und das *»Christian Institute«* verschrieben haben. Die *»Black Consciousness*-Bewegung, der *Students' Council* von Soweto, *The World*, Steve Biko, Donald Woods und ein nicht geringer Teil der in die Tausende gehenden Bücher, die in diesem Land gebannt sind, sind auf ganz unterschiedliche Art und Weise, aber letztlich alle aus dem gleichen Grund, zum Schweigen gebracht worden: weil die Wahrheit in einer auf Lüge aufgebauten Gesellschaft unerträglich ist. Und nur durch das Handeln engagierter Individuen, durch die entschlossene moralische und intellektuelle Suche eines unabhängigen Geistes, können das Schweigen und die Lüge bekämpft werden. Wir haben das elementare Bedürfnis, zu wissen, was uns »ergreift«.

Diese Suche gilt nicht ausschließlich einer Welt aus sogenannten äußeren oder sozialen Fakten. Der intellektuelle Mut, der in unserer Zeit Tillichs »Mut zum Sein« in sich schließt, verlangt auch eine Untersuchung seiner eigenen Prozesse: der Sprache und des Denkens selbst. Wir alle wissen, wie wir die Auskünfte eines Immobilienmaklers zu bewerten haben: »bezaubernd« heißt in Wirklichkeit »ganz scheußlich«, »sofort beziehbar« heißt »baufällig«, und eine »interessante Aussicht« bedeutet einen ungehinderten Blick auf den Zaun des Nachbarn. Aber wir müssen auch der Sprache des Autoritarismus auf den Grund gehen: wir haben die semantische Verwandlung der »Apartheid« verfolgt, erst in »getrennte Entwicklung«, dann in »parallele Entwicklungslinien«, in »gleiche Voraussetzungen für alle«, in eine Art »Staatenbund«; oder die Verwandlung des Geheimdienstes BOSS in DONS – eine kuriose Aufwertung, an der die Mafia Gefallen finden würde –, und so weiter. Doch das sind nur die krasseren, auffallenden Beispiele, und in einer autoritären Gesellschaft ist die Semantik ein sehr subtiles Spiel. Wir brauchen nur an Begriffe wie »Staatssicherheit«, »Recht und Ordnung« und andere zu denken, um uns darüber klarzuwerden. Neben anderen Prozessen sollte man vor allem den Prozeß der *Definition* argwöhnisch betrachten: unsere eigene Gesellschaft läßt bestürzende Ähnlichkeiten mit der des stalinistischen Rußland erkennen. Roland Barthes sagt in diesem Zusammenhang, daß es in der stalinistischen Welt, in der die *Definition*, d.h. die Trennung von Gut und Böse, zum einzigen Inhalt der Sprache wird, keine wertfreien Worte mehr gibt und daß letztlich die Funktion des Schreibens darin besteht, eine Phase aus einem Prozeß herauszulösen: zwischen dem Benennen und dem Bewerten liegt kein Abstand mehr, und es kommt zu einer vollkommenen Geschlossenheit der Sprache.

Die Suche nach der Wahrheit – und das heißt, die Suche der intellektuellen Tätigkeit des Individuums – bedeutet auch einen Angriff auf oberflächliche Polaritäten. In unserer gefährlichen Gesellschaft wird fast alles in einem Schema des Entweder/Oder erfahren. Besonders kraß: Schwarz/Weiß, Segregation/Integration usw. ... In so einer geschlossenen Situation kann, meine ich, intellektuelles Handeln dazu

beitragen, die von stark vereinfachenden Polaritäten geschaffene Spannung dadurch zu entschärfen, daß es die Vielschichtigkeit der betreffenden Themen erhellt und nach Alternativen sucht.
Konkret gesagt: mehrere bislang von Weißen beherrschte Gesellschaften an unseren Grenzen haben in den letzten Jahren, ja Monaten, eine Reihe verschiedener Möglichkeiten vorgeführt. In einem begrenzten Umfang gilt das sogar für Namibia, wo einige weiße Afrikaner Gesetze und Vorschriften abgeschafft haben, die in den Augen anderer weißer Afrikaner die nationale Identität garantierten. Wenn Namibia ohne Paßgesetze, getrennte Wohngebiete oder die relevanten Bestimmungen des *Immorality-Act* überleben kann, warum sollten wir sie dann als einziges Land der Welt für unser Überleben benötigen?
Südafrika ist in eine erregende Phase seiner Geschichte eingetreten, in der nach dreißig Jahren zum ersten Mal ein begrenztes Spektrum neuer Möglichkeiten erörtert wird und in der der Begriff vom »Wandel«, für sich allein genommen, kein Tabu mehr darstellt. Wenn man diesen Wandel in Bausch und Bogen ablehnte, würde das so wenig von intellektueller Integrität zeugen, wie wenn man ihn, für sich allein genommen, als ausreichend akzeptierte. Statt dessen würde der wahre intellektuelle Mut sicherstellen, daß das Spektrum der Möglichkeiten in der Breite und in der Tiefe grenzenlos erweitert wird und daß nicht nur den Fragen des täglichen Brots und des physischen Überlebens nachgegangen wird, sondern auch – und vor allem – jenen Fragen des Intellekts und der Moral, ohne die es vermessen von uns wäre, uns selbst als *Menschen* zu bezeichnen. Ohne Quantität mögen wir nicht in der Lage sein, zu überleben: ohne Qualität würde sich das Überleben nicht lohnen.

Schreibend das Schweigen durchbrechen

[1980]

Es ist wirklich eine besondere Ehre, durch diesen Preis mit Martin Luther King, dem großen Streiter für Gerechtigkeit, Freiheit und eine alle Menschen einschließende Humanität, in Verbindung gebracht zu werden. Sein Name hat gerade im Zusammenhang mit Südafrika besondere Bedeutung, erkennt man dort doch viele Elemente jener Gesellschaft wieder, in der Martin Luther King selbst wirkte und die am Ende den gewaltsamen Tod eines außergewöhnlich gewaltlosen Mannes bewirkte. Über die Schranken von Zeit und Raum hinweg und über die Schranke, die das Leben vom Tod trennt, bringt diese Auszeichnung Menschen aus verschiedenen Zeiten und Ländern miteinander in Berührung; und die Erfahrung des einen wird im Sinne der Erfahrung eines anderen neu bestätigt.

In *Weiße Zeit der Dürre* habe ich versucht, die Verantwortung, die jeder seiner Gesellschaft und seiner Zeit schuldet, zu übernehmen; das Buch ist in einem qualvollen Prozeß entstanden, und beim Schreiben empfand ich Schmerz und Wut, aber keinen Haß. Selbst wenn man durch sein Gewissen in die Position des *j'accuse* getrieben wird, kann das, was dabei herauskommt, als literarische Erfahrung nur dann bestehen, wenn es nicht von der Sterilität einer rein negativen Haltung hervorgebracht wird, sondern von einem alles verzehrenden Glauben daran, daß der Mensch von seiner Blindheit und seinen Torheiten befreit werden *kann* und daß es eine gerechtere und freiere Welt geben *kann.* Wenn man

dazu getrieben wird, »Nein« zu sagen, dann sollte das über die Unmittelbarkeit des bloßen Negierens hinausgehen und zu einer positiven Bekräftigung werden, einem Bekenntnis zu mehr Gerechtigkeit, mehr Wahrheit und mehr Mitgefühl, als in der Vergangenheit zu erfahren erlaubt war.
Vielleicht kann man dieses »erlaubt« als ein Schlüsselwort ansehen: in jeder autoritären Gesellschaft – Südafrika ist dafür nur ein Beispiel – gibt es einen eng umgrenzten und umschriebenen Bereich von Erfahrungen, die dem einzelnen »erlaubt« sind. Die »Sicherheit des Staates« – der Begriff, der üblicherweise bemüht wird, auch als *Weiße Zeit der Dürre* anfänglich gebannt wurde – bestimmt, wieviel Freiheit dem einzelnen »erlaubt« wird. Unter diesen Umständen wird der Akt des Schreibens zu einem Akt des Widerstandes, da damit ja das absolute Recht einer Autorität, die schöpferischen Prozesse entweder vorzuschreiben oder zu verbieten, in Frage gestellt wird. Das Schreiben ist eine Bestätigung, nicht nur für den einzelnen, sondern auch für die namenlose und sprachlose Menge, für die vielen, die sich darauf verlassen müssen, daß jener einzelne ihre Daseinsberechtigung stichhaltig begründet.
Ich werde oft gefragt – und manchmal wird die Frage auch zum Vorwurf –, wie man in einer Lage wie der in Südafrika zum Romanschreiben Zuflucht nehmen kann, wo doch die Realitäten des Leidens und der Einengung in ihrer Unmittelbarkeit so überwältigend sind. Damit soll natürlich ausgedrückt werden, das Schreiben sei eine Flucht, ein Aussteigen aus einer Situation, die ja wohl eher Taten als Worte erforderlich mache. Ich möchte aber auch hier, wie schon so oft in der Vergangenheit, behaupten, daß das geschriebene Wort gerade in einer Situation wie der in Südafrika so schwer wiegen kann wie eine bedeutsame Aktion. Wenn das nicht so wäre, warum würden dann autoritäre Regime zu Zensurmaßnahmen greifen? Warum würden sich sonst

Regierungen gerade vom gedruckten Wort so eigenartig bedroht fühlen?
In Südafrika ist die Zensur nur Teil einer großen und komplizierten Maschinerie der Unterdrückung. Und diese Maschinerie ist selbst nur ein Symptom einer tiefergehenden Krankheit, einer Krankheit des Geistes; sie ist Symptom einer Angstpsychose, die nach einer teuflischen Logik auf die einfache Tatsache zurückzuführen ist, daß Menschen voneinander ferngehalten werden und keine Gelegenheit erhalten, einander kennenzulernen. Diese Trennung, diese schreckliche Apartheid, geht weit über die Dimension der Politik hinaus, die für mich der Ausgangspunkt zu *Weiße Zeit der Dürre* war. Und die Grausamkeiten an der Oberfläche, mögen sie auch noch so furchtbar sein, sind nur Zeichen jener tieferen Grausamkeit, die Menschen das Recht abspricht, die Hand auszustrecken und einen Mitmenschen zu berühren: und das ist, glaube ich, die elementarste symbolische Geste im Leben und Denken Martin Luther Kings. Das Beschreiben, Erforschen, Ausloten dieser Situation, der Versuch, ihr auf den Grund zu gehen – das alles wird zu einem Akt des Protestes und Widerstandes gegen die ganze Existenz eines solchen Systems. Der Vertuschung ist nur mit der Enthüllung zu begegnen, der Lüge mit der Wahrheit, dem Schweigen – auch dem Schweigen eines Volkes, das aufgehört hat, die eigenen Lebensumstände in Frage zu stellen – mit dem Wort. Eine Funktion des Schriftstellers in einer eingeschränkten Gesellschaft besteht nach meiner festen Überzeugung darin, daß er den Leuten einfach klarmacht, *was geschieht:* was sie alles geschehen lassen. Das Schreiben gehört zu den wirkungsvollsten Antworten auf die Nürnberger Ausrede, nichts gewußt zu haben: vorausgesetzt, es geht über den äußeren Schein und die bloßen Fakten hinaus – denn die sind die Domäne des Politikers, des Soziologen, des Historikers. Für den Schriftsteller zählt

die menschliche Dimension: nicht Ideologien oder Mittel gegen die Symptome, sondern die Realität der Menschen, ihr Leiden und Leben. Der Schriftsteller liefert keine fertigen Antworten, er stellt Fragen.

In diesem Sinne möchte ich den Martin-Luther-King-Gedächtnis-Preis nicht einfach als eine Auszeichnung meines Buches *Weiße Zeit der Dürre* sehen, sondern als eine Anerkennung der unentbehrlichen Arbeit, die von Schriftstellern in Südafrika geleistet wird: die meisten von ihnen sind jung, die meisten von ihnen verfolgt, viele von ihnen wurden sehr rasch zum Schweigen gebracht. Ich denke besonders an die Schriftsteller in Soweto, die Autoren des Magazins *Staffrider*, die das Interesse, den Zuspruch und die Unterstützung einer internationalen Gemeinschaft verdienen.

Sie schreiben nicht im luftleeren Raum, und sie schreiben nicht vergebens. Schon hat es – im vergangenen Jahr – Anzeichen dafür gegeben, daß ein Wandel in Südafrika immerhin möglich sein könnte, etwas, was unter Vorster und in früheren Zeiten undenkbar gewesen war. Bisher existiert von dieser neuen Bewegung vieles nur auf der Ebene der Worte und vagen Versprechungen; und wenn die nicht bald in effektive und gründliche Taten umgesetzt werden, könnten die enttäuschten Hoffnungen der Mehrheit der Südafrikaner einen Vulkanausbruch zur Folge haben, der das, was 1976 in Soweto ablief, wie eine Feier zu Ehren Guy Fawkes' aussehen lassen könnte.

Ich habe jedoch ein bescheidenes Quentchen Hoffnung, daß Martin Luther Kings Weg – der Weg des gewaltlosen Übergangs zu einer gerechteren, nicht-rassistischen Gesellschaft – noch nicht völlig verbaut ist. Und das Schreiben ist nach meiner festen Überzeugung eine Möglichkeit, diesen Weg offen zu halten.

Die Freiheit des Veröffentlichens

[1980]

1

Die Freiheit an sich, also auch die Freiheit zu veröffentlichen, ist nicht meßbar – so wenig wie ein Wasserlauf oder der Wind meßbar oder auch nur wahrnehmbar sind –, es sei denn, sie wird auf irgend etwas anderes bezogen, oder ihre Entwicklung wird durch ein Hindernis unterbrochen, abgeschnitten oder bedroht. Die Freiheit wird in dem Maße meßbar, wesentlich und bedeutsam, in dem sich die Unfreiheit bemerkbar macht und sie behindert. Mit anderen Worten: wenn wir uns der Freiheit bewußt sind, läßt das auf die Existenz der Unfreiheit schließen.

Die Freiheit ist nie etwas Absolutes, ein Land der Verheißung, das man betritt und in dem man lebt. Sie ist nur in dem Moment wahrzunehmen, wo die Grenzen der Unfreiheit überschritten werden.

Unfreiheit ist unser Zustand, Freiheit unser Verlangen: dazwischen liegt unsere Natur, und in ihr verankert der Drang, Grenzen, Schranken, Sperren, Barrieren zu überwinden.

In diesem Rahmen wird der Akt des Schreibens mit seiner natürlichen Folge, dem Akt der Veröffentlichung, zu einer bedeutsamen Aussage über das Verlangen nach Freiheit, das ein Teil des Lebenswillens ist. Schreiben und Veröffentlichen definieren und demonstrieren das Bedürfnis des Menschen, die Grenzen seiner Unfreiheit zu überschreiten. So verstanden, ist es kein Luxus, sondern eine Voraussetzung für eine Existenz von Bedeutung; kein Privileg der Art, wie

es von einer gütigen Obrigkeit überdrüssig oder argwöhnisch den »Verdienstvollen«, d. h. den Unterwürfigen, verliehen werden mag, sondern ein Grundbedürfnis.
Dieses Bedürfnis ist Teil des komplexen menschlichen Bedürfnisses, sich mit anderen auszutauschen, die Erweiterung eines biologischen Triebes, ohne den selbst Tiere kaum überleben können und dessen Entwicklung beim Menschen ein Stadium erreicht hat, in dem sogar sein Menschsein auf dem Spiel steht. Als Schriftsteller, der zu Verlegern spricht, sollte ich darauf hinweisen, daß dieses dringende Bedürfnis, sich mit anderen auszutauschen, aus zwei Richtungen betrachtet werden kann.

2

Zunächst einmal kann es aus der Sicht des Schriftstellers betrachtet werden, des ursprünglichen Vermittlers der vielschichtigen kulturellen Codes, die von seinem Gedicht oder Schauspiel oder Roman zum Ausdruck gebracht werden. Während er sein Werk gestaltet und ihm Substanz verleiht – mit allem, was er in sich hat, und mit der Totalität seiner Erfahrung, zum einen als Individuum, zum anderen als ein Faktor, der mit der Menschheit zu tun hat und ihr verpflichtet ist –, durchläuft der Schriftsteller zwei verschiedene Stadien.
Das erste ist eine ausschließlich und intensiv persönliche Erfahrung, so persönlich, wie man sich das nur vorstellen kann: es geht um den Prozeß des Schreibens an sich, also um das Formulieren und Gestalten von Erfahrung, um es beim Namen zu nennen. Und das ist, für sich allein genommen, nur ein Symptom eines tieferen und drängenderen Prozesses, des Bemühens nämlich, das Selbst in den Griff zu bekommen, es zu definieren und dabei zu verändern und zu

vergrößern. Ohne dieses Stadium kann die im Akt des Schreibens verkörperte Suche nach der Wahrheit nicht eingeleitet werden, denn der Schriftsteller kann die Wahrheit im wesentlichen nur an sich selber messen, an seiner Erfahrung, an jenem flüchtigen Eindruck von Wahrheit, der ihm von seinem Temperament und von seinen Neigungen und von seinem Leben her zugänglich ist. Geht er aber einen Schritt weiter, kann er die Wahrheit auch an dem messen, was ihn mit dem Gros der Menschheit verbindet.

Selbst die Privatsphäre, in der sich dieser Prozeß vollzieht, kann verletzt oder bedroht werden – wie ich erfahren mußte, als die Sicherheitspolizei mein Haus durchsuchte, sorgfältig meine ganzen Notizen für einen Roman durchging und sogar meine Schreibmaschinen konfiszierte; wie viele meiner schwarzen Kollegen in Südafrika erfahren müssen, wenn sie – manchmal nur auf Grund der Tatsache, daß sie ein Gedicht oder ein Theaterstück geschrieben haben – auf unbestimmte Zeit festgehalten oder auf unterschiedlichste Weise eingeschüchtert werden, weil man sie davon abbringen will, sich auf die Suche nach der Wahrheit zu begeben. (So darf zum Beispiel ein Freund von mir, nur weil er schwarz ist, nicht reisen – nicht einmal innerhalb Südafrikas –, was ihn effektiv von einer Region fernhält, in der er seinen entstehenden Roman angesiedelt hat und die er noch einmal aufsuchen muß, um die topographischen und anderen Fakten zu überprüfen.)

Doch diese Phase des Schreibens ist, mag sie von noch so entscheidender Bedeutung sein, erst der Anfang des Kommunikationsprozesses. Wenn alles erkundet ist, wenn die Aussage chiffriert und niedergeschrieben ist, muß sie veröffentlicht, »öffentlich gemacht« werden, damit sich ihre Relevanz im Hinblick auf das Leben in der Gemeinschaft überprüfen läßt und damit dieses Körnchen Wahrheit in der Welt überleben und sich behaupten kann. Die ganz und gar persönliche Wahrheit hat zwar für das betreffende Individuum ihren Wert, aber sie bringt der Menschheit keine Erleuchtung. Sie *muß* zunächst persönlich und individuell sein; um aber Allgemeingültigkeit zu erlangen, muß sie über das Leben des Individuums hinausgehen.

Wegen der Intensität dieses Austauschs ist eine gewisse Ähnlichkeit mit dem Geschlechtsakt nicht zu übersehen: das Schreiben als solches bringt eine wichtige Befreiung und eine Entdeckung des Selbst – was an Masturbation oder an eine Form des Coitus interruptus denken läßt; durch die Veröffentlichung wird der Prozeß abgeschlossen, der andere wird erreicht, eine Situation des Gebens und Nehmens wird hergestellt, eine metaphysische Osmose findet statt – wie beim vollzogenen Geschlechtsverkehr.

An dieser Stelle erlangt das Bündnis zwischen Schriftsteller und Verleger entscheidende Bedeutung: nicht, oder nicht nur, als Geschäftspartner, die füreinander unentbehrlich sind, sondern als Verbündete in einem kraftvollen Kommunikationsprozeß; das ist der Grund, weshalb die Beziehung zwischen Schriftsteller und Verleger fast ausnahmslos zu einer so kostbaren, vielseitigen und vielschichtigen Erfahrung wird. Zusammen setzen sie ein besonderes Bild der Wahrheit frei und schenken ihm ein neues Leben unter Menschen.

In einer Gesellschaft, die die Menschenwürde achtet, wird diese Funktion der persönlichen Wahrheit, öffentlich Einfluß zu nehmen, heilig gehalten. Immer wenn eine Gesellschaft vom Weg der Wahrheit abweicht – aus Gründen des Eigennutzes, der »Staatssicherheit«, der Anhäufung von Reichtum oder Macht und so weiter – fühlt sie sich angesichts der Veröffentlichung unsicher und unternimmt Schritte, diesen vitalen Prozeß zu verhindern, um künstlich und gewaltsam den eigenen Fortbestand zu sichern. Die Wahrheit wird für die Lüge gefährlich; das Wort bedroht

das Schweigen. Die Literatur und das Veröffentlichen von Literatur werden in einer geschlossenen oder korrupten Gesellschaft, die die Lüge hochhält und fortbestehen läßt, daher als feindselig, terroristisch, sabotierend betrachtet: nicht weil sie Instrumente des Terrors sind, sondern weil die geschlossene Gesellschaft die Wahrheit nicht ertragen kann.
Daraus ergibt sich für Schriftsteller und Verleger die unumgängliche Pflicht, ihre gefährliche Arbeit fortzuführen, *ganz besonders* in den Gesellschaften, wo sie bedroht werden: allein schon die Tatsache, daß die Bedrohung existiert, bestimmt den Bedarf an Wahrheit, d. h. den Bedarf an Veröffentlichungen.

3

Aber ich habe eingangs gesagt, das Thema könne auch aus der anderen Richtung, d. h. aus der Sicht des Lesers betrachtet werden. Und ich habe den Eindruck, daß der Leser, der dort, wo Zensur und Unterdrückung herrschen, der eigentliche Verlierer ist, bei Untersuchungen dieser Art zu oft außer acht gelassen wird.
Als Literatur ist das Werk nur ein vorgegebenes Potential, ein Spektrum an Möglichkeiten, ein auf Zeit gespeicherter latenter elektrischer Strom. Damit das Werk sein Potential entfalten, seine Möglichkeiten verwirklichen, den Strom freisetzen kann, muß es vom Leser »eingeschaltet« werden. Der Leser ist für das Buch, was der Dirigent und das Orchester für die Partitur einer Sinfonie sind: er ist der »ausführende Künstler«, der das, was in dem Buch enthalten ist und dort schlummert, zum Leben erweckt. Mit dem Schreiben seines Werkes hat der Autor sein ganzes Leben aufs Spiel gesetzt, nur weil er eine Möglichkeit sah oder die bloße Hoffnung hatte, sein Körnchen Wahrheit zu

finden. Nun setzt der Leser in einem realen Sinn – und oft ohne daß es ihm selbst bewußt ist – *sein* ganzes Leben, *seine* Persönlichkeit, *seine* Erfahrung aufs Spiel, wenn er sich auf diese literarische Form des Geschlechtsakts einläßt. Das flüchtige Abenteuer ist beim Lesen ebenso möglich wie beim Sex, aber das volle Potential der Kommunikation ist nur zu erfahren, wenn sich die Fülle zweier Leben und zweier Persönlichkeiten im Akt einander darbieten, total entblößt, total verletzbar, ganz und gar sie selbst – in einer Erfüllung, die ein neues, ungeahntes Leben schaffen kann.

Von einem pragmatischeren Standpunkt, der vor allem das Soziopolitische einbezieht, hat der Leser – als Staatsbürger – ein unveräußerliches Recht, die Wahrheit zu erfahren: dieses Recht ist letzten Endes so zwingend wie der Anspruch auf Essen und Trinken und ein Dach über dem Kopf, denn der Mensch lebt nicht vom Brot und nicht von der Politik allein. Das veröffentlichte Wort – d. h. eine öffentlich gemachte Darstellung der Wahrheit – ist eine der wichtigsten Sicherungen gegen die Lüge; oder, positiv gesehen, einer der wichtigsten Zugänge zur Wahrheit. Nun ist es aber ein besonderes Merkmal der Wahrheit, daß sie sowohl persönlich als auch kollektiv existieren muß: nachdem sie zunächst die private Entdeckung des einzelnen Schriftstellers gewesen ist, wird sie öffentlich gemacht, damit auch andere Einzelpersonen sie sich aneignen können, jeder von der eigenen Erfahrung und vom eigenen Bewußtsein her. Doch die autoritäre Organisation, die die öffentliche Existenz einer ganzen Gemeinschaft regelt, muß schon ihrem Wesen nach ihr Denken und Handeln und ihre Gesetzgebung an gemeinsamen Nennern, am Ganzen, an den Massen ausrichten: die Entfremdung des Individuums wird unvermeidlich. Und ein Buch bietet einen Ausweg, indem es zu einer privat erkannten Wahrheit öffentlich Zugang bietet. Der Lüge, die von der Kollektivität lebt und deren Garantie

der gemeinsame Nenner ist, kann auf diese Weise widersprochen werden.
Wenn also einem Leser der Zugang zu einem Buch verweigert wird, dann heißt das, daß *seine* Freiheit gefährdet wird, daß *seine* Chancen, die Wahrheit zu sehen, verringert werden, daß *sein* Recht, Neues zu lernen und zu entdecken, beschnitten wird. So werden die gesunde Entwicklung und Lebensfülle der Gemeinschaft in ihrer Gesamtheit bedroht, wenn die Publikationsfreiheit eingeschränkt wird. Das Privatleben und das öffentliche Leben werden auf Verdrehungen, Schweigen oder Lügen in der Maske »offizieller Wahrheiten« abgestimmt. Und wieder einmal ergibt sich für den Schriftsteller, den Verleger und den Leser gleichermaßen die Pflicht, dafür zu sorgen, daß der Zugang zur Wahrheit nicht blockiert wird.

4

Aus dem Gesagten folgt, daß die Zensur, die spektakulärste Bedrohung der Publikationsfreiheit, ausnahmslos ein politischer und kein moralischer oder religiöser Akt ist; und sie entstammt dem Drang der Staatsmacht, sich selbst zu schützen, den Fortbestand zu sichern, sich zu behaupten.
Und wahrscheinlich hat es mit ihren finstern Ursprüngen zu tun, daß auch ihre Wirkungsweise meistens im Dunkeln bleibt. Nach meiner Erfahrung in Südafrika, das eines der strengsten Zensursysteme in der sogenannten »freien Welt« hat, gehen die schlimmsten Auswirkungen der Zensur nicht auf das eigentliche Verbot von Büchern zurück – obwohl auch das, weiß Gott, schlimm genug ist (unter anderem wurde in den 60er Jahren eine ganze Generation schwarzer Schriftsteller durch Verbot ausradiert, und im Moment droht das wieder: die übelsten Folgen zeitigt das Klima der

Angst, des Mißtrauens und der Ungewißheit im *Umfeld* der gesetzlichen Maßnahmen. Drucker bekommen es mit der Angst zu tun, da sie lukrative Aufträge von Interessengruppen verlieren können, wenn sie Werke einer bestimmten Art oder von bestimmten Autoren drucken (ich habe das selbst erlebt); Buchhändler haben plötzlich Angst davor, Titel auf Lager zu legen, die Gefahr laufen, gebannt zu werden (auch das habe ich selbst erlebt); Verleger bekommen es mit der Angst zu tun, weil sie schikaniert werden können oder weil sie eine Menge Geld verlieren können oder weil ihre eigene Zukunft in Gefahr geraten kann (leider habe ich auch das selbst erlebt); und letztlich können Schriftsteller plötzlich Angst davor haben, zu schreiben (ich hoffe, daß man das von mir nie wird sagen können).

Doch dem Schriftsteller bieten sich Auswege, sei es durch *Samisdat* oder eine der vielen Methoden, die von findigen Leuten in unserer und vor unserer Zeit entwickelt worden sind. Das Problem ist nur, daß diese krummen Wege für die anregende Beziehung zwischen Schriftsteller und Verleger, die in beiden Richtungen kreativ sein kann, eine Gefahr darstellen.

Als ein Schriftsteller, der die heftigen Frontalangriffe eines von einem rassistischen Regime entwickelten Zensursystems voll zu spüren bekommen hat, appelliere ich abschließend an die Verleger der Welt: helft dem Schriftsteller, steht ihm zur Seite, bietet ihm jene Solidarität, die dem Wort der Wahrheit in dieser gefährlichen und schwierigen Welt das Überleben sichern wird.

Einbildung und Wirklichkeit

[1981]

1

Der Zugang zur Wahrheit ist für den Menschen nie geradlinig oder leicht gewesen. Während ich durch das Minenfeld moderner und nicht-so-moderner Theorien über die Natur und Bedeutung des Mythos stolpere, finde ich in dem Gedanken, daß man sich die Wirklichkeit einbilden müsse, den Hinweis, der für meine persönlichen Überzeugungen und Erfahrungen als Schriftsteller am relevantesten ist. Denn was immer der Mythos in seinen aufeinanderfolgenden Phasen sonst gewesen sein mag (angefangen bei der primitiven rituellen und wahrscheinlich prä-verbalen Erfahrung, über die wortreichen Phasen im alten Ägypten, in Griechenland, Rom und Skandinavien, bis zur Psychologie eines Freud und Jung und der Anthropologie und semiotischen Lehre eines Lévi-Strauss und Barthes), sein wesentlichster Aspekt im Kontext der modernen Literatur scheint mir der zu sein, daß der Mythos sich unaufhörlich bemüht, über das bloß *Faktische* der Dinge hinauszugehen, um das zu finden, was man als ihre *Wahrheit* bezeichnen könnte, oder, um es in einer anderen Terminologie auszudrücken, von der oberflächlichen *Bedeutung* zum tieferen *Sinn* zu gelangen. Wenn der Mythos das Dasein auf sein Wie, Warum und Wozu hin erforscht, versucht er nicht nur zu erklären, warum *diese* Region so vegetationsarm ist oder warum *diese* zwei Bäume durch ihre Äste so unentwirrbar miteinander verflochten sind oder warum der Hase eine gespaltene Oberlippe hat, sondern warum die Welt so ist, wie sie ist; und welchen

Platz der Mensch in ihr einnimmt. Wenn sich der Mythos mit den Universalien des menschlichen Daseins beschäftigt, verleiht er dem, wie die Buddhisten es nennen würden, *Sosein* der Dinge einen Sinn. In seiner ursprünglichen Form und Funktion ist es die Essenz der religiösen Erfahrung: das Wort ward Fleisch; das Fleisch ward Wort.

Kurz, der Mythos geht über das Wort hinaus, so wie er, in einem anderen Sinne, das Wort vorwegnimmt. Das Wort ist der Treffpunkt des Prä und Post, des Vorher und Nachher, so wie im Fallen eines Steins die ihm vorausgehende und die ihm nachfolgende Stille zusammengefaßt ist. Und diese zusammenfassende Funktion ist, wie ich es sehe, für den Begriff des Mythos von entscheidender Bedeutung: zwischen dem Erzähler, dem Mythos und dem Zuhörer gibt es keine Distanz. Mit dem Erzählen des Mythos wird Konsubstantiation erreicht. Und durch diese Erfahrung wird der Mensch nicht nur über die Welt *unterrichtet,* was der Aufgabenbereich der Philosophie oder Didaktik wäre, sondern er wird in die Welt *einbezogen:* indem er die Einheit der persönlichen Erfahrung – nein, weitergehend: der menschlichen Erfahrung – anerkennt, gibt er dem Menschen seinen Platz in der Welt wieder, wo er weder bloßer Beobachter noch Opfer ist, sondern kreativer Teilnehmer.

2

Wenn das der wahre Sinn und die wahre Funktion des Mythos ist, könnte man – zumindest auf den ersten Blick – meinen, wir lebten in einem seinem Wesen nach nichtmythischen, ja sogar antimythischen Zeitalter. Es ist dem Mythos gegenüber nicht nur gleichgültig oder unwissend, sondern es ist aggressiv gegen ihn eingestellt: selbst auf einer höchst prosaischen Ebene ist die pseudo-wissenschaftliche

Funktion des Mythos in der primitiven, homogenen, religiös orientierten Gesellschaft durch die nachprüfbaren Untersuchungen der Naturwissenschaften in einer hochentwickelten, heterogenen, weltlichen Gesellschaft ersetzt worden. Der Fakt ist zum Feind des Mythos geworden. Und wie es Thomas Love Peacock vor hundert Jahren in seinem Roman *Gryll Grange* formulierte, »gibt es nun mal ... keine Najade in einem Fluß, der eine Spinnerei antreibt, keine Oreade in einem Gebirgstal, wo ein Eisenbahnzug eine Ladung Vandalen absetzt, keine Nereiden oder Oceanitiden am Meeresufer, wo eine Küstenwache nach Schmugglern Ausschau hält«. Kein Wunder, daß Marx (wie K. K. Ruthven in seiner kurzen Einführung zu *Myth* anmerkt) zu dem Schluß kam, daß phantasievolle Schöpfungen durch technische Neuerungen überflüssig gemacht werden. In den Fällen, wo das zwanzigste Jahrhundert die Illusion seiner eigenen Mythen geschaffen hat, sind sie von Politikern in die Antithese der urzeitlichen ritualistischen Erforschungen der Schöpfung, des Frühlingserwachens und des Lebenszyklus manipuliert worden: von dem deutschen Mythos der rassischen Überlegenheit, den uns Südafrika in einer zeitgenössischen Variante bietet, geht kein Leben aus, sondern Tod und Vernichtung.

Unsere Epoche scheint ihrer ganzen Art nach die Möglichkeit eines Mythos auszuschließen: sie ist diesseitig orientiert, ohne religiöse Inspiration und ohne religiöse Sehnsucht; sie fördert die Uneinigkeit, nicht den Zusammenhalt; die besonderen Tugenden, die zu ihrer Gestaltung beigetragen haben – Demokratie, Individualismus, Mitleid mit den Ausgebeuteten – sind zu Lastern entstellt worden, zu Gewöhnlichkeit, Mittelmaß und neuen Formen der Tyrannei und Ausbeutung. Vor diesem Hintergrund ist der immer wieder verkündete und eher ermüdende als überzeugende Nachruf auf den Roman zu einem Charakteristikum unseres Zeitalters geworden.

3

Aber vielleicht sollte gerade dieses Phänomen einen Anhaltspunkt für das hartnäckige Überleben des Mythos liefern. Wenn ständig verkündet wird, der Roman sei tot, Gedichte seien überflüssig, die Literatur spiele beim Lösen der drängenden Probleme der Welt (Hunger, Unterdrückung, Ungerechtigkeit, systematisches Lügen) nicht die geringste Rolle, dann sollte man das in der richtigen Perspektive sehen – und daß dabei auch Wunschdenken anklingt, geboren aus der Not und einer mehr als nur flüchtigen Panik, sollte man nicht überhören. Literatur ist den Fürsprechern der schönen neuen Welt ein Ärgernis, gerade weil sie den Schaden fürchten, den Literatur ihren verheerend logischen Systemen und Tyranneien zufügen kann: das heißt, weil ihr eine geheimnisvolle Macht zukommt, und das in einer Welt, die gerne so tun würde, als sei sie in ihrer Entwicklung so weit, daß man nichts Geheimnisvolles mehr brauche.

Und diese Macht, würde ich behaupten, ist die übrig gebliebene Magie des Mythos. Die Literatur erfüllt in unserer Welt, soweit sie das kann, die Funktion des Mythos in einer scheinbar einfacheren Gesellschaft.

Besonders seit Joyces *Ulysses* ist die Verwendung alter Mythen im modernen Gewand zu einer der bezeichnendsten Erzähltechniken des zwanzigsten Jahrhunderts geworden, die oft, wie sich ein amerikanischer Kritiker ausdrückte, zum reinen »Mythen-Großhandel« ausartet. Wo sie jedoch *glückt,* wird sie nicht nur zu einem aufregenden Kunstgriff, der verschiedene Bedeutungs- und Erfahrungsebenen in der Erzählung schafft, sondern zu einem beunruhigenden und überaus wirksamen Mittel, alte Wahrheiten im Kontext einer veränderten und sich verändernden Zeit neu zu formulieren. Schließlich sind in Joyces Roman nicht nur die Parallelen zwischen Leopold Bloom und Ulysses von Bedeutung, sondern auch die Diskrepanzen – was unter anderem dramatisch verdeutlicht, daß der Held in unserer Zeit an Größe verliert. In den Romanen des afrikaansen Autors Etienne Leroux bildet immer ein Mythos den Ausgangspunkt: und wenn in einem seiner Romane die alten kybelischen Mysterien um Attis' Tod auf eine Werbekampagne für Plastikjalousien reduziert werden oder wenn die sieben Schöpfungstage und die Konfrontation des Menschen mit Gut und Böse in der Einführung eines Nichtjuden in einen jüdischen Haushalt grotesk parodiert werden, dann ist das Leroux' Art, darauf zu bestehen, daß der Mensch nicht ohne Mythos leben kann: wir halten uns immer noch an die alten Rituale und Funktionen, auch wenn die Gesten ihre ursprüngliche Bedeutung verloren haben ... und obwohl ausgerechnet der Tod des Mythos selbst zum tragenden Mythos unserer Zeit wird. Für Leroux ist der Mythos das Bewußtsein von etwas Übernatürlichem, der kurze Blick ins Jenseits, das Erkennen des tieferen Sinnes, ohne den das Leben unvorstellbar ist. Im frühesten Kindesalter der Menschheit lebten die Menschen unter Mythen, von Mythen eingehüllt: als Schriftsteller von heute *suchen* wir nach dem Mythos oder besser nach den Scherben, die in einer kaputten Welt von ihm geblieben sind.

In einem Essay (in der *Time* vom 15. Dezember 1980) sprach Lance Morrow kürzlich von der »endlosen Wiederentdeckung des Rades«: wenn das Offensichtliche nicht wiederentdeckt und neu formuliert werde, könnten die grundlegenden Symbole und Überzeugungen, mit deren Hilfe wir überleben, verfallen und verschwinden. »Die Sache mit der Vergeßlichkeit und Wiederentdeckung«, sagt Morrow, »könnte Teil einer ausgedehnten dialektischen Sichtung und Weiterentwicklung sein, mit der die Geschichte das, was erhaltenswert ist, entdeckt und endlos wiederentdeckt.«

Darin liegt der tiefste Sinn der »Rückkehr zum Mythos« in so vielen Romanen und Theaterstücken unserer Zeit. Doch was solche Werke auf eine offene, manchmal überdeutliche und bewußt spektakuläre Weise erreichen, ist in Wirklichkeit das, worum es der *ganzen* wichtigen Literatur die *ganze* Zeit über geht: die Wiederentdeckung des Rades, die Erneuerung der bleibenden Wahrheiten, die die Beziehungen der Menschen untereinander und zwischen dem Menschen und der Welt bestimmen. Es ist von geringem Wert, einfach gewisse Wahrheiten festzustellen: wenn sie nicht erlebt und erfahren werden, bleiben sie zumindest inaktiv, wenn nicht unwirksam. *Das Leben will gelebt sein, um verstanden zu werden.* Und die Literatur – sofern sie als Mythos dient, d. h. sich selbst am treuesten ist – erreicht das, indem sie den Leser in vielfältige Erfahrungen hineinzieht, die er sonst vielleicht verpaßt haben würde. Wohl sind es Erfahrungen aus zweiter Hand, aber deshalb sind sie nicht weniger profund – aus einer Reihe von Gründen, von denen ich nur ein paar andeuten will.

Es ist zu einem Klischee geworden, daß die meisten von uns in einem Zustand der Entfremdung leben – ob man das nun im marxistischen Sinn sieht oder Sartre und Camus heranzieht, ob in der sozialen, politischen, philosophischen, ethischen, religiösen oder in irgendeiner anderen Dimension. Ein wesentliches Element dieser Entfremdung ist, daß Massengesellschaften dem Bedürfnis des einzelnen, für sich selbst zu denken, zu empfinden oder zu entscheiden, im Wege stehen. Doch die einsame Entscheidung, die dem Leseerlebnis zugrunde liegt, übt auf den einzelnen einen doppelten Einfluß aus: zuerst tritt er aus sich heraus und betritt die Welt, von der er liest; und am Ende kehrt er zu sich selbst und seiner Welt zurück, um das reicher geworden, was er aus dieser Erfahrung gewonnen hat. Er ahnt nun etwas von der Möglichkeit eines neuen tieferen Sinnes in der

Welt, die er bewohnt. Es ist die Erkenntnis des einzelnen, daß es möglicherweise eine Wahrheit gibt, die größer ist als er selbst.

Schließlich gibt es in einem Zeitalter starker Spezialisierung immer mehr Spezialisten, die immer mehr über immer weniger wissen: auch das ist ein Klischee. (Und da Klischees ein Ausgangspunkt für Mythen sind, komme ich nicht ohne Grund ständig auf sie zu sprechen.) Es ist nicht nur die *Vielfalt,* die den »normalen« Menschen immer noch mehr verwirrt, sondern allein schon die Fülle an Informationen, die ihn überschwemmt. Jeder Spezialist beansprucht einen exklusiven Zugang zu einem Spezialgebiet, und sei es noch so klein, mit dem Ergebnis, daß der Mathematiker so gut wie nichts von der Mikrobiologie versteht und der Botaniker ebenso wenig von der Astrologie – und der »normale« Mensch so gut wie nichts von nichts, weil sich die einzelnen Wissenschaftszweige immer stärker isolieren. (Sogar »literarische Experten« geben sich alle Mühe, die Literatur in eine ähnlich wasserdichte Enklave zu zerren, die nur ihnen zugänglich ist.) Die Literatur ist, nachdem sie den Mythos in der modernen Welt ersetzt hat, eine der wenigen Domänen geblieben, wo das Individuum immer noch einen Überblick über das Leben als Ganzheit gewinnen kann: daher die Einheit der persönlichen Erfahrung und die Einheit der menschlichen Erfahrung, die ich oben angesprochen habe. Der literarische Mythos stellt diese vielschichtige und bereichernde Einheit wieder her und garantiert sie.

4

Aber ist das keine Selbsttäuschung? Ist es nicht, wie viele wissenschaftlich denkende Menschen behaupten, eine *Flucht aus der Wirklichkeit* und als solche noch schädlicher als eine Beschönigung?

Mit allem Nachdruck: Nein!

Was Chesterton in einem etwas anderen Zusammenhang gesagt hat, ist erst recht entlarvend, wenn man es auf den Mythos und folglich auf Literatur-als-Mythos anwendet: »Im Märchen können Flüsse Wein führen, nur um uns einen ausgelassenen Moment lang daran zu erinnern, daß sie Wasser führen.«

Genau das hatte ich im Sinn, als ich sagte, die Literatur entführe den Leser nicht nur aus seiner vertrauten Welt, sondern bringe ihn, wenn sie gelungen sei, bereichert in seine eigene Welt zurück.

Erforderlich ist im wesentlichen – und die in einem verwirrenden und profanen Zeitalter als Mythos dienende Literatur macht es möglich –, daß wir uns *die Wirklichkeit einbilden.* Es geht nicht darum, daß wir vermeiden, was *ist,* indem wir einen Ersatz oder ein Linderungsmittel anbieten, sondern daß wir das, was existiert, so intensiv erleben, daß es durch die Einbildungskraft sein volles Potential verwirklicht. So wie das Proust'sche Gedächtnis den verlorenen und vergessenen Augenblick nicht nur wieder einfängt, sondern ihn lebendiger macht, als er ursprünglich gewesen ist, so bringt die Einbildungskraft die Wirklichkeit zur eigentlichen Geltung: erst durch Flüsse, die Wein führen, nehmen wir wirklich, wie zum erstenmal, die fließenden Gewässer der Zeit wahr, in der wir leben. Mit diesem Schritt und dieser Erfahrung wird dem Leben jener mythische Sinn wiedergegeben, ohne den es einfach durch uns hindurchfließen würde, unbehindert und unbemerkt. Der Mythos in der

Literatur schafft das Hindernis, durch das wir unsere Existenz und die Existenz der Welt erkennen und anerkennen. Dies ist der schwierige und mittelbare Zugang zur Wahrheit, von dem ich zu Beginn gesprochen habe.

5

In dieser Hinsicht kann also Literatur, wenn sie ihrer primitiven Funktion treu bleibt, nie etwas anderes sein als eine Suche nach der Wahrheit über den Umweg einer eingebildeten Wirklichkeit. Ich möchte diese einführenden Bemerkungen mit einem Mythos des südafrikanischen Volkes der Khoisan beschließen, den Olive Schreiner und Laurens Van der Post unsterblich gemacht haben:

In diesem Mythos bleibt ein junger Jäger, durstig von einem langen Streifzug durch den Busch, an einem Weiher stehen und beugt sich vornüber, um zu trinken. In dieser gebückten Haltung sieht er plötzlich das Spiegelbild eines großen, weißen Vogels im Wasser; es ist das herrlichste Geschöpf, das er in seinem ganzen Leben gesehen hat. Als er aufblickt, ist der Vogel am Himmel verschwunden; nachdem er jedoch dieses leuchtende Spiegelbild gesehen hat, weiß er, daß der Vogel existiert. Und von dem Augenblick an bringt er den Rest seines Lebens damit zu, nach dem großen, weißen Vogel zu suchen. Viele Jahre vergehen; und endlich, als er schon sehr alt und dem Tod nahe ist, wird er auf eine hohe und senkrechte Felswand aufmerksam gemacht, wo einem Gerücht zufolge der weiße Vogel der Wahrheit zu Hause ist. Die Wand erscheint unbezwingbar, doch mit der ganzen Kraft, die ihm noch bleibt, fängt er an zu klettern. Tagelang kämpft er sich an dem steilen Fels nach oben, bis er zu schwach ist, um weiterzuklettern. Er sinkt auf einen schmalen Sims und blickt mit gebrochenen Augen nach oben, zu

dem für immer unerreichbaren Gipfel. Und plötzlich schwebt eine einzelne weiße Feder herab und landet auf seiner Brust, bevor er stirbt.
Ich kenne kein eindringlicheres Symbol für die Suche des Schriftstellers, der mit Hilfe der Einbildungskraft das Wirkliche noch wirklicher und lebendiger macht als zuvor und der Fakten zur mythischen Wahrheit vertieft.

Die Sprachen der Kultur

[1982]

1

Kultur läßt sich so eng definieren (»die großen Meisterwerke der Philosophie, der Kunst und der Wissenschaft«) oder so umfassend (»all die ausgeprägten geistigen und materiellen, intellektuellen und emotionalen Merkmale, die eine Gesellschaft charakterisieren«), daß sie fast jede Bedeutung verliert. Dabei ist uns allen nicht nur bewußt, daß die Kultur existiert, sondern auch, daß ihre Existenz in Gefahr ist; bewußt ist uns nicht nur, daß es notwendig ist, sie zu hegen und in unsere Entwürfe für die Zukunft der Menschheit mit einzubeziehen, sondern auch, daß dieses Ziel ein Paradox beinhaltet – da eine gezielte »Protektion« und »Förderung« durch Regierungen oder die großen Organe und Organisationen der Gesellschaft oft die gegenteilige Wirkung erzielt und Individuen und Nationen nicht befreit, sondern sie allenfalls versklavt, indem es sie in vorgeformte Schablonen preßt. Fast zwangsläufig bildet ein »kulturelles Programm« Teil des »Großen Entwurfs« jedes totalitären Regimes. Durch die Kontrolle der kreativen künstlerischen Tätigkeit, der Bildungsstrukturen, des ethischen Spielraums, der Richtung und Anwendung wissenschaftlichen und religiösen Forschens wird selbst die wohlmeinende Regierung oder der ihr unterstellte Apparat die Kultur eher behindern als anregen. Im besten Fall unterstützt sie so behutsam wie möglich, fördert oder *duldet* einfach die Bedingungen und das Klima, in dem die Kultur zu ihrem Recht kommen kann.

2

Es mag von Nutzen sein, dieses »Recht« dadurch zu definieren, daß man sich die Kultur nicht als einen Inhalt – oder eine Reihe oder Anhäufung von Inhalten – vorstellt, sondern ganz speziell als eine sich ständig entwickelnde Anhäufung von Strukturen. Und selbst das sollte noch präziser definiert werden. Wir haben es in der Kultur nicht mit einer sich erweiternden und trotzdem endlichen Reihe von »Dingen«, »Ereignissen«, »Aktionen«, »Erzeugnissen« oder »Prozessen« zu tun – sondern mit Dingen, Ereignissen, Aktionen, Erzeugnissen und Prozessen, die durch ihre Wechselbeziehungen *Bedeutung hervorbringen.* Das ist, jedenfalls für mich, das Kennzeichen der Kultur: sie ist der Sektor oder Bereich unserer Existenz, aus dem Bedeutung hervorgeht; präziser ausgedrückt, die Erfahrung von Bedeutung, durch die der einzelne mit der Gemeinschaft kreativ verbunden ist.

Folglich kann die Bedeutung, aus diesem Blickwinkel betrachtet, niemals nur bestätigend sein, sondern sie muß sich unweigerlich für das offenhalten, was weiterführt. Es ist nicht Sache der Kultur, beizupflichten oder zu verzeihen: sie bringt ständig Bedeutungen hervor, die weiter reichen als die vorausgegangenen. Sie ähnelt der Sprache. Mehr noch: sie ist selbst eine Sprache, ja, eine Sprachengruppe.

Um sich äußern zu können, muß sie von einem Kontext ausgehen, von einem (flexiblen, sich ausdehnenden) Bezugssystem, in dem das Private und das Öffentliche aufeinandertreffen und kommunizieren können. Das erklärt auch, warum die glorreichen Epochen der »Hochkultur« in der Menschheitsgeschichte – das Athen des Perikles, das Florenz der Medici, das Spanien der Mauren, das elisabethanische England ... – fast ausnahmslos die Zeiten waren, in denen der »kulturell aktive«, der »Bedeutungen hervorbringende«

Teil der Gesellschaft ein gemeinsames Werte- und Bezugssystem hatte (das auf Kosten einer benachteiligten, ausgebeuteten und unterdrückten Minderheit ging – oder manchmal auch auf Kosten einer Mehrheit?).

Viele Jahrhunderte lang ist dieses Bezugssystem in der westlichen Welt vom Christentum bestimmt worden: nicht, wie Eliot es sieht, weil die Religion notwendigerweise die Kultur informiert, sondern weil das Christentum als System die »Form des Denkens« im Westen bestimmt hat. Doch die Hegemonie des Christentums ist im Verlauf des letzten Jahrhunderte zerschlagen worden; dagegen hat sich der Marxismus immer mehr zum motivierenden Faktor entwikkelt, wenn es darum ging, Bedeutung in die Gesellschaft zu bringen. Diese zwei Denkweisen, die eine religiös, die andere weltlich, haben beide eine utopische Sicht der Welt. Und wie sehr sie sich auch in den meisten Punkten unterscheiden mögen, so verraten zumindest ihre Ursprünge verblüffend ähnliche Lehren.

Die heftige Reaktion des Christentums auf den Marxismus hat aus meiner Sicht nicht nur mit der Tatsache zu tun, daß es, selbst nicht in der Lage, die Erwartungen zu erfüllen, in der utopischen Vision des Marxismus eine Bedrohung für die eigene Lehre sieht; dahinter steckt auch eine noch heiklere Angelegenheit: im *Fehlschlag* des Marxismus (an vielen Beispielen in vielen Teilen der Welt klar ersichtlich) sieht das Christentum, verheerender als in seinen früheren Triumphen, *die Bestätigung des eigenen Scheiterns.* Wir leben inmitten der Trümmer nicht nur einer, sondern zweier utopischer Visionen der Welt: zweier zusammenhängender geistiger Weltreiche, die die Menschheit in vielen Dingen versklavt haben mögen, ihr aber auch die Freiheit zum Träumen gegeben haben. Innerhalb beider großer Systeme konnte die Kultur gedeihen (»bis zu einem gewissen Punkt« natürlich, bis die Verwesung einsetzte); beide beflügelten das Hervorbringen von Bedeutung, indem sie die Bedingungen schufen, in denen sich die Ausdrucksformen der Kultur entwickeln konnten (»bis zu einem gewissen Punkt ...«). Nun leben wir in der Leere, die nach dem Zerfall der großen Bezugssysteme zurückgeblieben ist. Wir sind der »Weltöffentlichkeit« stärker ausgesetzt als je zuvor in der Geschichte der Menschheit; der Erdball ist auf die Größe eines Flughafens geschrumpft, die Zeit auf die Länge einer Radiowelle – und doch herrscht weniger Universalität als vorher, da wir die Bezugssysteme verloren haben, in deren Rahmen *Bedeutung* hervorgebracht werden konnte.

In seiner großartigen Essaysammlung *In Blaubarts Schloß* (mit dem Untertitel »Anmerkungen zum neuen Kulturbegriff«) beschäftigt sich George Steiner mit der Entwertung der Sprache als eines wirksamen Systems der kulturellen Kommunikation; an ihrer Stelle könnte sich seiner Ansicht nach die Musik als die neue Metasprache durchsetzen. Mir scheint die Musik jedoch in zwei Hauptrichtungen zu wirken, weg von und gegen Kultur, die als Hervorbringen von Bedeutung erfahren wird: entweder treibt sie den einzelnen aus seinem sozialen Milieu in die Abgeschiedenheit des Studios oder Wohnzimmers, wo er ganz für sich allein – wie herrlich – Schallplatten genießen kann; oder er besucht die Diskos und Festivals der Jungen, wo Musik als »totale Kommunikation« angeboten wird; tatsächlich funktioniert sie als ein *Ersatz* für Bedeutung; sie kann sogar – wie die Werbung, wie die Massenmedien – das *Fehlen* von Bedeutung überspielen. Und die rasende Aufeinanderfolge von Pop-Hits scheint diesen Eindruck zu bestätigen. Kultur ist mehr, als »zusammen etwas unternehmen«, mehr als »im gleichen Rhythmus tanzen« – denn das tut auch das Seegras im Strom der Gezeiten.

In diesem Vakuum, diesem Fehlen eines kreativen Umfelds für das Hervorbringen von Bedeutung, sind vielleicht einige

Hinweise zu finden, die für eine Untersuchung von der Art, wie die Unesco sie in Angriff genommen hat, unerläßlich sind.

3

In diesem Vakuum findet sich auch die Begründung für das beunruhigende, aber nur allzu verständliche Mißtrauen, das der »Kultur« in immer weiteren Kreisen unserer turbulenten Welt entgegengebracht wird. Es geht ohne Zweifel auf jene Geschichte der Goldenen Zeitalter der Menschheit zurück, die ich kurz erwähnt habe: wenn die Kultur zu Zeiten von Perikles oder den Medici, Elisabeth der Ersten oder den großen maurischen Herrschern in Cordoba und Granada und Cadiz das Privileg der Aristokratie war, dem später nach der Französischen Revolution auch die Bourgeoisie nachlief, wie kann sie dann – zumindest in der Dritten Welt – auf etwas anderes als Mißtrauen, Zweifel oder offene Ablehnung stoßen?
In einer Welt, die in bestürzendem Umfang immer mehr von Hunger und Krankheit, Gewalttätigkeit und Krieg, Flüchtlingen, Gewaltherrschaft und unterdrückten Massen bedroht wird, kann »Kultur« in der Tat zu einem schmutzigen Wort, zu einer Obszönität werden. Aber nur, wenn wir darauf bestehen, in der Kultur weiterhin ein Reservat für die Privilegierten, für den kleinen Kreis der Müßiggänger zu sehen: nicht, wenn wir in der Kultur den für die Gesellschaft in ihrer Gesamtheit unentbehrlichen Erzeuger von Bedeutung sehen. Mit anderen Worten: nur, wenn die Kultur als ein höfischer Dialekt und nicht als ein ganzer Sprachenkomplex betrachtet wird, der die menschliche Erfahrung insgesamt zum Ausdruck bringen kann und der deshalb unerläßlich ist.

Wenn es stimmt, daß die Kultur über viele Jahrhunderte hinweg immer mehr mit »denen, die es sich leisten können« identifiziert worden ist, dann hat sie denen, die um ihr physisches Überleben kämpfen, tatsächlich nicht viel zu bieten. Was bewirkt ein Meisterwerk der Musik gegen den nagenden Hunger eines Kindes? Welches »unsterbliche« Werk der Literatur kann die Fesseln eines Sklaven sprengen? Wieviel Zuspruch findet eine unterdrückte Frau in einem Selbstbildnis von Rembrandt?

Aber das sind natürlich unfaire Gleichungen, nein, es sind überhaupt keine Gleichungen. Hunger gibt es, und um ihn zu überwinden, muß man den Hungrigen Brot geben, nicht Musik. Leibeigenschaft gibt es, und sie ist nur dadurch abzuschaffen, daß man all die ungezählten – materiellen und geistigen – Fesseln sprengt, die die Unfreien festhalten. Die Anerkennung sämtlicher Menschenrechte für die Frau hängt nicht von einem Gemälde ab. Aber das besagt ganz und gar nicht, daß die Menschheit als solche – als Ganzes oder als Summe der Gesellschaften oder als Masse von Einzelpersonen – die Musik oder die Literatur oder die Malerei nicht *brauche* (ganz zu schweigen von der Bildung, von der entspannenden Unterhaltung, von den Wissenschaften, von intellektueller, emotionaler, geistiger Anregung). Wenn man anerkennt, daß Kultur notwendig ist, bedeutet das nicht, daß man die Grundbedürfnisse des Menschen zu überleben, frei zu sein, sein Los zu verbessern, geringschätzt: es besagt nur, daß die Menschheit auch die Bedeutung oder wenigstens die Suche nach ihr braucht. Dieses Bedürfnis *ersetzt* nicht das Bedürfnis, satt zu werden, frei zu sein, arbeiten zu können ... aber es hat seinen Platz *neben* diesen Bedürfnissen, die auf ganz eigene Weise die Menschheit als eine Form des Lebens auf der Erde identifizieren.

Wenn es in den Köpfen der großen Mehrheit gegen die Kultur der kleinen Minderheit abwehrende und feindselige

Gefühle gibt – und es gibt sie –, dann ist das wahrscheinlich eine Folge der Bemühungen, »Kultur in die breite Masse zu tragen«: ein Symptom des gleichen missionarischen Eifers, der zum Verfall sowohl des Christentums als auch des Marxismus beigetragen hat. (Beide sind in ihrer Teleologie utopisch, doch beide schließen einen lebensnotwendigen Teil der Bedürfnisse des Menschen aus – entweder den materiellen oder den geistigen.)

4

Es wäre vielleicht passender vorzuschlagen, man solle andersherum vorgehen und »die breite Masse zur Kultur bringen«. Aber unter dem Aspekt meiner Eingangsthese läuft auch dieser Vorschlag ins Leere. »Die breite Masse« (um absichtlich einen anstößigen Begriff zu verwenden) steht nicht »hier« – und die Kultur »dort«. Kultur ist KEINE Goldene Stadt, in die man Einlaß begehrt; kein Zustand, für den sich nur Eingeweihte qualifizieren können. Wenn wir sie als das Zentrum der Fähigkeit des Menschen (und als Ausdruck seines Bedürfnisses) sehen, Bedeutung hervorzubringen, dann ist sie so untrennbar mit der Situation des Menschen verbunden wie die Sprache selbst. Es geht dann darum, die Prozesse und Möglichkeiten der Kultur zu identifizieren, damit jene Umstände ergründet werden können, unter denen Bedeutung gleichsam am bedeutungsvollsten entstehen kann.
Gewalt wird oft als die Antithese und Verneinung der Kultur gesehen: hier Antichrist, dort kultureller Christ. Ich halte es allerdings für gefährlich und falsch, die Gewalt von der Kultur zu trennen. Besonders in einer mit Trümmern übersäten Welt, die ich kurz zu schildern versucht habe, hat die Gewalt selbst das Hervorbringen von Bedeutung zur

Folge: auf diese Weise sagt die Gesellschaft: »Nein!« Es ist eine besonders eindringliche, aber natürlich auch besonders destruktive Art von »Bedeutung«. *Gewalt ist die Sprache, die von der Kultur gesprochen wird, wenn ihr keine andere wirksame Ausdrucksmöglichkeit mehr bleibt.* Wenn wir die wahre Natur der Gewalt erst definiert haben (allgemein gesprochen, und getrennt für jeden spezifischen Zusammenhang), können wir vielleicht damit anfangen, diesen destruktiven Ausdruck von Bedeutung in eine positive Strömung umzuwandeln. Wenn Gewalt für Menschen in einer bestimmten Lage die einzig mögliche Ausdrucksform ist, wenn Mord und Plünderung in einer bestimmten Situation die einzig verständlichen Sprachen sind, dann liegt das Problem nicht in der Gewalt, sondern in der Tatsache, daß dem Menschen andere Ausdrucksmöglichkeiten genommen sind. Gewalt zu verstehen ist möglicherweise der erste Schritt auf dem Weg zu einem Verständnis von Kultur.

5

Auf dieses Gebiet kann man sich nicht mit vorgefaßten Meinungen oder Vorurteilen wagen. Allein schon der Druck der Gewalt kann Gegenformen von Bedeutung hervorrufen. In Südafrika hat es im Verlauf des letzten Jahrzehnts in allen Teilen der Bevölkerung eine regelrechte Explosion dichterischer Kreativität gegeben – auch wenn die Gründe für diesen plötzlichen poetischen Ausbruch zwischen schwarzen und weißen Gemeinden (und bei den letzteren zwischen Afrikaner- und englischsprachigen Gemeinden) weit auseinanderliegen mögen. Viele afrikaanse Autoren haben sich angesichts der Zensur auf die Lyrik zurückgezogen, durch die man sich weit weniger exponiert als durch Prosaliteratur; die englisch Sprechenden, die nach eineinhalb Jahrhunderten unangefochtener Vorherrschaft ihre politische Macht und einen großen Teil ihrer wirtschaftlichen Macht verloren haben, finden in der Poesie eine – relativ harmlose – Domäne, wo sie nun mit literarischen Mitteln die Muskeln spielen lassen können, um wenigstens in der Illusion an der Macht zu bleiben. Für schwarze Autoren bedeutet die Poesie genau das Gegenteil: ein Instrument der Befreiung, eine neue Sprache, die *Black Consciousness* auf erfrischende Art Gestalt und Bedeutung verleiht und zur Erfahrung einer Einheit verhilft, die sich über alle sprachlichen Grenzen hinwegsetzt: es ist kein Mittel, mit dem sich Zuflucht vor der politischen Macht oder Ersatz für sie finden läßt, vielmehr ein Mittel, mit dem man sich der politischen Macht *stellen* und das auch zum Ausdruck bringen kann. Dies ist Kultur in ihrer positivsten Form, und sie ist keineswegs auf eine exklusive Elite beschränkt.

Tatsächlich ist das, was in den letzten Jahren in Südafrika geschehen ist, geeignet, die paradoxe und vitale Eigenart der Kultur zu bestätigen: die Werke schwarzer und weißer (englisch-sprachiger und afrikaanser) Autoren zogen sich früher in drei mehr oder weniger getrennten Bahnen durch die südafrikanische Geschichte, eine Trennung, die in den vergangenen Jahrzehnten durch die Apartheid noch verstärkt wurde. Doch in allerjüngster Zeit sind alle drei Ströme – auch wenn jeder seine unverkennbare Identität behauptet hat – zusammengelaufen: sie wurden zu einem einzigen und einzigartigen Ausdruck des gemeinsamen Widerstands gegen die Unterdrückung. Was einzelne Autoren ausdrücken, wird natürlich in erster Linie von den privaten Erfahrungen, vom Temperament, von Hoffnungen und enttäuschten Hoffnungen bestimmt: doch im wesentlichen sind alle derselben Tätigkeit verhaftet – sie *opponieren* nicht nur gegen ein politisches Regime, sondern *bekräftigen* beständige menschliche Werte und sorgen

für die offenen Fragen, durch die diese weiterwachsen und sich ausdehnen können.
Alle haben mit der Artikulation kultureller Ausdrucksformen zu tun, in der Struktur verschieden, im Kern identisch. Und gemeinsam ist ihnen vor allen Dingen das Hervorbringen einer besonderen Bedeutung, die auf eine Suche zurückgeht, wie sie auch in vielen anderen zeitgenössischen Gesellschaften anzutreffen ist, die ebenfalls den Zerfall alter Gewißheiten erlebt haben. Dies ist die Suche nach den Wurzeln, nach den bleibenden menschlichen Werten, die von persönlichen politischen Erfahrungen oder der Auflösung der Großen Systeme nur vorübergehend verdunkelt worden sind. Vielleicht sind das Werte, auf die jede Kultur unweigerlich zurückkommt, wenn ihr die Ausrottung zu drohen scheint, und aus denen wir uns nähren müssen, um die Zukunft zu sichern. Es ist eine Reihe von Grundwerten, die zusammen jene Bedeutung ergeben, die bei der Geburt der Sprache zum Ausdruck kommt: *Ich bin: wir sind.*

Zensur und Literatur

[1982]

1

Das Gebiet, auf dem das Private und das Soziale zusammentreffen, ist schon immer ein stark aufgeladenes magnetisches Feld gewesen, besonders dann, wenn das Private von einem schöpferischen Individuum verkörpert wird. Es kann gar nicht anders sein. Das Individuum braucht den Schutz und die Sicherheit der organisierten Gruppe; der Künstler findet in seiner Gemeinschaft die Stütze, die Sicherheit einer Tradition, in deren Rahmen er sich ausdrücken kann, und die Öffentlichkeit, an die er sich unbedingt wenden muß, soll seinem Werk Bedeutung zukommen lassen. Umgekehrt braucht die Gesellschaft die Inspiration, den Unternehmungsgeist, die Anregung, die Vision des schöpferischen Individuums, damit sich neue Perspektiven und Möglichkeiten für die Zukunft eröffnen, ein neuer Einblick in die Gegenwart und eine gültige Deutung der Vergangenheit.
Mehr als in jeder anderen Kunstform gewinnt diese Beziehung in der Literatur eine ganz besondere Bedeutung, da das Medium, in dem der Schriftsteller seine höchst individuelle Sicht der Welt ausdrückt, zugleich auch das Medium ist, in dem sich die Gesellschaft verständigt. In dieser Hinsicht ist die Sprache als künstlerisches Ausdrucksmittel einzigartig und unterscheidet sich grundlegend, sagen wir, vom Marmor des Bildhauers, von der Farbe des Malers oder von den Tönen des Komponisten. Die Sprache ist ein Treffpunkt, an dem sich das Individuelle und das Soziale begegnen.
In der primitiven Gesellschaft scheinen diese zwei Welten im

allgemeinen gut zu harmonieren, ja, sie können in einer so engen Beziehung zusammenwirken, daß sie praktisch nicht voneinander zu trennen sind. Der primitive Künstler (der oft genug auch der Wissenschaftler, der religiöse Führer und sogar der Gesetzgeber seines Stammes ist) will seinen Leuten keine individuelle Sicht der Welt aufdrängen: im Gegenteil, er versucht, namens der Gesamtheit seiner Leute zu handeln; weit davon entfernt, die Glaubensgrundlagen seines Stammes in Frage zu stellen, pflegt und hütet er sie. Seine geistigen Fähigkeiten und sein Werk sind das Archiv, das Museum, der Tempel, die Kunstgalerie seiner Leute. Er handelt nicht gegen das Tabu, sondern mit ihm.

Die Probleme kommen, wenn dieser primitive und homogene Stamm anfängt, komplexer zu werden – auf der rein materiellen Ebene durch das zahlenmäßige Wachstum und die territoriale Ausdehnung, sowie durch die immer vielfältiger werdenden Beschäftigungen; und auf der intellektuellen und geistigen Ebene durch die Summe neuer Erfahrungen und die zunehmende Differenzierung öffentlicher Funktionen (wobei sich jeder – der Künstler, der Wissenschaftler, der Theologe, der Philosoph, der Gesetzgeber, der Richter – aus eigenem Recht entwickelt und seinen eigenen Zuständigkeitsbereich eifersüchtig bewacht). Früher oder später wird ein Stadium erreicht, wo das Private und Kollektive nicht mehr automatisch gut miteinander harmonieren; tatsächlich kann dann das Stammestabu dem Wissensdurst des einzelnen im Wege stehen.

Selbst in hochentwickelten Gesellschaften kann die Beziehung potentiell anregend und für die kreative Entfaltung sogar unentbehrlich sein. Im Idealfall haben die zwei großen Organe der Gesellschaft, Kirche und Staat, das Gemeinwohl im Sinn und erhalten Ordnung und Stabilität dadurch aufrecht, daß sie für ein Maximum an Menschen ein Maximum an persönlicher Erfüllung garantieren; sie halten die Vergangenheit in Ehren, indem sie die Tradition schützen; sie garantieren die Sicherheit, indem sie die akzeptierten und akzeptablen Werte der Gruppe hochhalten. Auf diese Weise ist die Gesellschaft ihrem Wesen nach konservativ; ihre Parole ist der Status quo. In der gleichen idealen Situation verhindert der Schriftsteller (und der Künstler ganz allgemein) dadurch ein Stagnieren, daß er neue Alternativen definiert; er ist der Vertreter des Wandels, der Erkundung, des Risikos.

Im Grunde kann keiner der beiden ohne den anderen auskommen. Der Künstler würde für sich allein die Anarchie herbeiführen; die Vertreter der Gesellschaft würden, wenn keiner sie kontrollierte, totalitär werden. Anders ausgedrückt: der vom Ideal der Freiheit beseelte Künstler würde eine andere Art der Willkürherrschaft herbeiführen, da die totale Freiheit jedes einzelnen für die Freiheit aller anderen zur Gefahr werden würde; wohingegen das Ideal der Gerechtigkeit, das eine Gesellschaft inspiriert und das Beste aus ihr herausholt, genau ins Gegenteil umschlagen würde, wenn man es zu einer absoluten Idee machte, die sich über alle persönlichen Interessen einzelner hinwegsetzte.

Mit Hilfe eines ausgeklügelten Systems gegenseitiger Kontrolle können der Künstler und seine Gesellschaft im oben skizzierten Idealfall eine dynamische Form der Koexistenz finden, die beiden privat und öffentlich eine positive Entwicklung sichert. Unglücklicherweise herrscht dieser Idealfall natürlich sehr selten oder überhaupt nie vor. In den wenigen glorreichen Momenten in der Geschichte der Zivilisation schienen die Wünsche des Individuums (wie sie vom Schriftsteller ausgedrückt wurden) auf wunderbare Weise mit den Bestrebungen der Nation und den Interessen der Gruppe zusammenzufallen. In den großen Epen Homers und Vergils ist diese Harmonie bewundernswert ausgedrückt. Aber der Zeitpunkt kommt, wo das Individuum in einem solchen Ausmaß und auf so vielen Ebenen bedroht wird, daß der Künstler keine andere Wahl hat, als sich gegen die Organisation und die Interessen der Organe der Gesellschaft zu wenden: eine derartige Situation entsteht besonders dann, wenn diese Organe ihre Funktion als Mittel zum Zweck überschreiten und zum Selbstzweck werden. Überdies fühlen sich die Organe der Gesellschaft, namentlich Kirche und Staat, in so einer Situation von jeder abweichenden Stimme bedroht, und sie greifen zu repressiven Aktionen, um ihre eigenen Machtinteressen und nicht etwa die Gesellschaft als solche zu schützen. Und das Tabu, das in der primitiven Gesellschaft eine kreative und möglicherweise unentbehrliche Funktion erfüllt, äußert sich nun in Form von Zensurmaßnahmen: was vorher konstruktiv und bekömmlich war, wird nun destruktiv und zeugt von Krankheit.

Meistens vollzieht sich der Wandel langsam und nicht wahrnehmbar, und so wird er gewöhnlich erst in einem Stadium erkannt, wo eine gewalttätige Auseinandersetzung nicht mehr zu vermeiden ist. In Südafrika wurde der Augenblick des Wandels 1966 in dem historischen Konflikt zwischen Verwoerd und Van Wyk Louw ganz dramatisch verkündet. Warum, fragte Verwoerd, sollte sich ein Schriftsteller genötigt sehen zu fragen: *»Wat is'n volk?«* Vom Schriftsteller, sagte der Premierminister, werden keine Fragen gebraucht, sondern eine positive Bestätigung. Während Verwoerd glaubte, wir lebten immer noch im epischen Zeitalter, hatte Van Wyk Louw begriffen, daß es bereits hinter uns lag. Und es kann kein Zufall sein, daß dieser Konflikt mehr oder weniger mit der Einführung der offiziellen, kodifizierten Zensur in Südafrika zusammenfiel.

2

Wie bedrohlich die Zensur für die Literatur ist, läßt sich im ganzen Ausmaß unmöglich beurteilen, wenn man nicht zuerst versucht, die Funktion des Schriftstellers in der Gesellschaft klarer zu definieren. Es leuchtet ein, daß einzelne Aspekte dieser Funktion von Gesellschaft zu Gesellschaft stark variieren können, aber es sollte nicht zu schwierig sein, das Wesentliche dieser Funktion herauszuarbeiten. In Anbetracht des kurzen historischen Überblicks, den ich oben gegeben habe, scheint mir, daß der Schriftsteller etwas von der ursprünglichen Funktion des *Schamanen* beibehalten hat. Bestimmte Aspekte dieser Rolle sind im Prozeß der Aufgabenverteilung und Spezialisierung, den die Entwicklung der Zivilisation mit sich gebracht hat, vom Wissenschaftler, Theologen, Philosophen, Lehrer usw. übernommen worden. Doch vom Schriftsteller ist zumindest zu sagen, daß er sich bei der Ausübung seiner Funktionen in besonderem Maße seiner Bindung an jene wesentliche Dimension des menschlichen Daseins bewußt ist, die als *Sinn* definiert werden kann.

Tatsächlich kann der Schriftsteller als eines der Organe gelten, die die Gesellschaft im Laufe ihrer Evolution hervorgebracht hat, um damit auf das ihr innewohnende (wenn auch oft verborgene) *Bedürfnis* nach Sinn zu reagieren – denn den braucht sie für ihr geistiges Überleben so dringend wie eine Pflanze das Sonnenlicht oder ein Fisch das Wasser. Es liegt in der Verantwortlichkeit des Schriftstellers, den Zugang zu diesen Grunderkenntnissen dadurch freizumachen, daß er ständig die Fakten seiner Welt und seiner eigenen Erfahrung ergründet und diese subjektiven Befunde zu den »Grundbegriffen« der Wahrheit, Freiheit und Gerechtigkeit in Beziehung setzt. Und das heißt ganz entschieden, daß die Funktion des Schriftstellers nicht auf die

Ästhetik beschränkt ist, sondern daß sie im eigentlichen Wortsinn existentiell und in der Moral verwurzelt ist.
Vielleicht sollte man im Schriftsteller einen Physiologen sehen, dessen Pflicht es ist, die Anatomie eines Organismus so sorgfältig wie möglich zu erforschen und die verborgensten Geheimnisse seiner chemischen Prozesse und Bedürfnisse auszuloten, um dann in der Wechselbeziehung der Organe, Teile und Funktionen die Möglichkeiten des Sinnes aufzuzeigen. Der Sinn ist seine Domäne, nicht die Heilung. Aber wenn er seine Funktion nicht ausübt und nicht gut ausübt und wenn seiner Diagnose keine Beachtung geschenkt wird, ist eine Heilung nicht möglich.
Seine Diagnose macht bekannt, was bis dahin ganz oder teilweise unbekannt gewesen oder gar vorsätzlich ignoriert worden ist, und das verdeutlicht auch die Gefahr, die der aufklärerischen Funktion des Schriftstellers innewohnt. Denn die Gesellschaft braucht zwar diese Erkenntnisse über sich selbst, aber sie gibt dieses Bedürfnis nicht immer offen zu: ihre instinktive Reaktion kann durchaus sein, daß sie in Ruhe gelassen und nicht gezwungen werden will, eine Sachlage anzuerkennen, die sie aus ihrer trägen Sorglosigkeit aufrütteln und zum Handeln veranlassen würde.
Es ist ein riskantes Unternehmen, nicht nur für den Schriftsteller, sondern auch für die Gesellschaft, die ihn seine Nachforschungen anstellen läßt. Er kann unangenehme Tatsachen ans Licht bringen, die die Machthaber vielleicht lieber im Dunkeln gelassen hätten – entweder um Panik zu vermeiden oder um die eigene Position zu stärken. Außerdem hat der Schriftsteller kein offizielles Mandat, keine verbindlichen Richtlinien außer seiner eigenen Wahrheits- und Freiheitsliebe – und die kann von Skrupellosen leicht zum eigenen Nutzen manipuliert werden. Selbst wenn unser Aufklärer denkbar ehrlich ist, bleibt sein Bericht eine höchst persönliche Angelegenheit, da er sich nur auf das stützt, was

er selbst erlebt hat. Er weiß nur zu gut – und leidet darunter –, daß seine Sicht der Dinge unzulänglich sein, daß sich in seine Analyse ein Fehler eingeschlichen haben, daß der aus seinen Untersuchungen herausgefilterte Sinn bei der Formulierung seines Befundes entstellt werden kann.
Doch das ist das Risiko, das die Gesellschaft eingehen muß, wenn sie den Künstler in ihrer Mitte duldet. Damit muß sie leben – und erhält sich dann wenigstens die Möglichkeit einer mehr oder weniger zuverlässigen Diagnose –, oder sie erfährt absolut nichts über den Körper und seine Funktionen. Eine gesunde Gesellschaft kann sich diesem Risiko stellen; wenn sie jedoch krank ist, fürchtet sie vielleicht das Bild, das ein unerschrockenes und unverschämtes Individuum von ihr zeichnen könnte. In diesem Fall bliebe eine tödliche Krankheit ohne Diagnose.

3

Gegen diese Funktion des Schriftstellers steht die Zensur, die alle repressiven Kräfte der Gesellschaft verkörpert. Wenn es einen grundlegenden Aspekt der Zensur gibt, der klar sein muß, bevor irgendeine ihrer Auswirkungen auf die Literatur erörtert werden kann, dann ist es die Tatsache, daß die Zensur nie für sich allein operiert. So wie die Literatur nicht vom »wirklichen Leben« getrennt existiert, sondern als ein wesentlicher Bestandteil der totalen Existenz des Individuums und der Gesellschaft und sogar als ein Ort der Wechselwirkung zwischen den beiden, so ist die Zensur ein wesentlicher Teil eines viel größeren und komplizierteren Phänomens. Sie repräsentiert die schützenden Mechanismen und Prozesse des sozialen Organismus in einem Stadium der exzessiven, krebsartigen Entwicklung. Daher ist die Zensur in Südafrika nur *ein* Teil einer Gesamtstrategie, die sich auch in vielen anderen Formen äußert, man denke an die Inhaftierung ohne Prozeß, willkürliche Bannungen, *job reservation, Group Areas Act,* jene Paragraphen des *Immorality Act,* die die Rassenmischung oder jede Form der »Liebe über die Rassenschranke hinweg« verbieten, die Zuzugskontrolle, die Vereitelung schwarzer Solidarität und den Entzug der allgemeinen Bürgerrechte für neun Millionen schwarzer Südafrikaner durch das Schaffen eines Mosaiks aus »unabhängigen« *homelands,* das Netz an gesetzlichen Maßnahmen zur Kontrolle der Presse und all die furchteinflößenden geheimen Aktivitäten der Sicherheitspolizei. Die Staatssicherheit, die in der gesunden Gesellschaft ein Mittel zum Zweck ist, ist zu einem absoluten Selbstzweck geworden – und das ungeheuerliche Märchen vom »totalen Angriff« ist von den Behörden erfunden worden, weil es ihren eigenen Zwecken dient, nämlich der totalitären Kontrolle einer heterogenen, vielrassigen, viele Kulturen umfassenden Gesellschaft durch eine kleine, machtbesessene Elite.

In der jüngsten Vergangenheit (1981–82) hat sich die Arroganz der Macht in Südafrika weit über ihre früheren Exzesse hinaus weiterentwickelt. Zwangsumsiedlungen schwarzer Gemeinden hatte es auch vorher schon gegeben (mit etwa drei Millionen Betroffenen), aber selten mit dem Zynismus, der den Abbruch von *squatter*-Hütten um Kapstadt mitten im Winter 1981 charakterisierte; nie mit der Mißachtung der vom eigenen Parlament beschlossenen Gesetze, die die Umsiedlung der Fingos aus dem Gebiet im Tsitsikama kennzeichnete, das ihren Vorfahren im neunzehnten Jahrhundert von der alten Kap-Regierung zugestanden worden war – zum Zeichen der Dankbarkeit für ihre Loyalität weißen Siedlern gegenüber. Übergriffe auf das Gebiet Angolas hatte es auch vorher schon gegeben, aber nie mit der Arroganz und Sinnlosigkeit der Operationen »Protea« und »Daisy« Ende 1981: und es ist bezeichnend, daß den meisten Südafrikanern die Wahrheit über diese abenteuerlichen Unternehmen bewußt vorenthalten wird. Todesfälle im Gefängnis hatte es auch vorher schon gegeben, aber selbst nach den schockierenden Enthüllungen im Zusammenhang mit Steve Bikos Ende im Jahr 1976 waren die Umstände, unter denen Dr. Neil Aggett im Februar 1982 zu Tode kam, im Hinblick auf die Methoden und die Überheblichkeit der Sicherheitspolizei besonders aufschlußreich. Der fehlgeschlagene Coup auf den Seychellen und die anschließende Reaktion der Minister verrieten eine ganze Menge über ein Regime, das in der Vergangenheit wegen des Prinzips der Nichteinmischung so viel Tamtam gemacht hatte. Die »Überarbeitung« der Sicherheitsgesetze, die offizielle Reaktion auf die Empfehlungen der De-Lange-Kommission hinsichtlich gleicher Bildungschancen und der Rat der Steyn-Kommission zur Kontrolle der Medien (die das Märchen vom »totalen Angriff« zu einem gewaltigen Luftballon aufblies) werfen ein ironisches Licht auf die sogenannte »Reformpolitik« der Regierung der Nationalisten. Schon die ersten Empfehlungen des Präsidialrats, des von dieser Regierung selbst eingesetzten »Instrumentes der Veränderung«, wurden mißachtet, und der Sechste Distrikt, eines der brutalsten Symbole weißer Arroganz in der letzten Zeit, wurde den *Coloureds*, denen er zehn Jahre vorher weggenommen worden war, nicht zurückgegeben.

Nachdem Mr. John Vorster das Amt des Premierministers in so ungehöriger Eile mit dem Amt des Staatspräsidenten vertauscht hatte (und nach Meinung vieler dieses Amt so behandelte, als sei ein staatliches Gebäude eine gewöhnliche Scheune, in der eine Ratte vor den Spürhunden des Informationsministeriums Zuflucht finden könnte), waren immer wieder »Veränderungen« versprochen worden; und die Voraussetzungen für kühne und kreative grundlegende Reformen wurden mit der Spaltung der Nationalen Partei Anfang

1982 noch besser, als es Premierminister Botha endlich gelang, seinen extremen rechten Flügel loszuwerden – doch wer von der Regierung einen wirklich bedeutsamen Schritt in Richtung einer Veränderung erwartete, erlebte statt dessen eine widerliche Demonstration von Kleinmut und – was Rassenfragen anging – eine alarmierende Verhärtung der Standpunkte. Der fortgesetzte Krieg der Sicherheitspolizei gegen neu zugelassene schwarze Gewerkschaften und die totale Mißachtung der Legalität, die sich in der Ankündigung äußerte, man wolle (ohne nennenswerte Rücksprache mit den unmittelbar Betroffenen) die schwarzen Territorien Ingwavuma und Kangwane an Swaziland abtreten, zeigen, mit welcher Geringschätzung sich die Regierung über Legalität, demokratische Verfahren und normalen menschlichen Anstand hinwegsetzt. Tatsächlich hat man den Eindruck, daß die südafrikanische Situation – trotz der trügerischen Ruhe an der Oberfläche – 1982 entschieden schlechter ist als während des Aufruhrs in Soweto im Jahr 1976. In der Tat haben sich die Standpunkte auf beunruhigende Weise polarisiert; und das erstaunliche Maß an gutem Willen und Bereitschaft zur Kooperation, das so lange die Haltung schwarzer Führer – selbst radikaler Leute wie Biko – gekennzeichnet hatte, geht nun erschreckend zurück, während auf der anderen, weißen Seite des Zauns die Angst und das militärische »Gerüstetsein« eskalieren. Eine Belagerungsmentalität hat sich breitgemacht und läßt einen frösteln, nachdem noch in den 1970er Jahren eine relative Offenheit herrschte, die den Eindruck vermittelte, trotz zahlloser, gräßlicher »Zwischenfälle« an der Oberfläche bewege sich die Gesellschaft in einer positiven *Grundrichtung*.

(Die Situation ist noch nicht *völlig* negativ: das zunehmende Gären in afrikaansen Akademikerkreisen und vor allem in der »Nederduitse Gereformeerde Kerk«, die vorher die hauptsächliche moralische Rechtfertigung für die Apartheid geliefert hatte, mag durchaus noch etwas Kreatives hervorbringen und mäßigend auf die Gewalttätigkeiten in der Übergangszeit einwirken, ehe sich schließlich das Mehrheitsprinzip – der historische Imperativ also – durchsetzt: bleibt aber genügend *Zeit*, gemessen an der Dringlichkeit legitimer schwarzer Bestrebungen und Forderungen, neu angefacht durch die Befreiung Mozambiks, Angolas und Zimbabwes? Zudem hat die Nationale Partei zum erstenmal in ihrer Geschichte wenigstens das Prinzip der Machtteilung akzeptiert: sind aber die vorsichtigen, ängstlichen, halbherzigen Maßnahmen, die zur Zeit diskutiert werden, ein Ausgangspunkt, der genügend Hoffnung macht – oder lediglich eine Wiederholung des Ian-Smith-Syndroms: zu wenig, zu spät?)

Dies sind also einige der Umstände, die die südafrikanische Gesellschaft von heute prägen: eine Gesellschaft, in der das physische Überleben so wichtig geworden ist, daß sie bereit scheint, all die geistigen und moralischen Werte zu opfern, die sie früher einmal geformt haben. Und das sind die Faktoren, die die Wirkungsweise der repressiven Maschinerie bestimmen; die Zensur macht einen Teil dieser Maschinerie aus, oder sie ist eines ihrer Symptome.

Eine spezifische und begrenzte Ausübung von Zensur scheint mir eine natürliche Funktion derer zu sein, die im erzieherischen oder religiösen Bereich Verantwortung tragen. Ich finde es normal, ja wünschenswert, daß Eltern oder Lehrer den Lesestoff eines heranwachsenden Kindes »sortieren«, um den wirklichen Bedürfnissen dieses Kindes auf seiner jeweiligen emotionalen und intellektuellen Entwicklungsstufe gerecht zu werden. Ich finde es sogar verständlich, wenn eine Kirche ihre Mitglieder vor Schriften warnt, die sie nach ihrer eigenen religiösen und moralischen Ideologie allen Ernstes für schädlich hält. (Selbst dann würde sich meiner Meinung nach eine kluge religiöse Führung sagen, es sei besser, ihr Dogma nicht in einem verdünnten und künstlichen Klima zu schützen, sondern darauf zu bauen, daß eine Auseinandersetzung mit anderen Ideen die gesunde Neugier anregen und den Glauben stärken sollte.) Aber die Kirche sollte nicht über diesen Punkt hinausgehen: wenn sie das tut und tatsächlich einzelne Werke bannt oder Individuen das Recht beschneidet, nach eigenem Ermessen zu handeln, dann wird das sehr rasch zu einer unerträglichen Einschränkung der persönlichen Freiheit des einzelnen.

Wenn jedoch der Staat selbst die Zensur einführt, dann ist das keine moralische, sondern eine politische Entscheidung. Und es kann nicht überraschen, wenn man feststellt, daß die Zensur ausnahmslos von einem autoritären Regime eingeführt wird, das sich seiner eigenen Überlebenschancen nicht sicher ist – entweder weil es gerade erst an die Macht gekommen ist oder weil seine Macht in irgendeiner Weise bedroht ist. Wenn Castro oder Mao oder Salazar oder Franco oder Verwoerd oder der Ajatollah nach ihrer Machtübernahme so rasch wie möglich eine strenge Zensur einführten (unter dem Vorwand »moralischer« Erwägungen), dann war das ebenso logisch, wie es für die »offenen« Regierungen Spaniens und Portugals Mitte der 1970er Jahre logisch war, die Zensurmaßnahmen zu lockern. Die Tatsache, daß Pornographie in Südafrika als »kommunistische Unterwanderung« und in einigen Ländern des Ostblocks als »westliche Propaganda« gebrandmarkt wird, legt nahe, daß die Moral als solche sehr wenig mit der Sache zu tun hat. Sobald ein politisches Regime eine einheitliche Ideologie durchsetzen will und die totale Unterwerfung verlangt, entsteht das Bedürfnis, vor allen Dingen das Denken der Menschen zu kontrollieren, und da eine politische Liberalisierung meistens auch eine moralische – namentlich sexuelle – Liberalisierung bringt, wird die Zensur zur akzeptierten Waffe des autoritären Regimes.

Man kann in der Zensur eine Zwangsmaßnahme sehen, die das Recht des einzelnen unterdrückt, selbständig zu denken und zu entscheiden; sie ist gewissermaßen ein Angriff auf das freie Unternehmertum des Geistes. In diesem Sinne ist die Zensur ein wesentlicher Bestandteil der institutionalisierten Gewalt, die die Regierenden anwenden, um an der Macht zu bleiben.

4

Auf den ersten Blick mag es vor dem oben skizzierten Hintergrund widersprüchlich erscheinen, mit vielen anderen zu behaupten, die Zensur sei in den letzten paar Jahren gelockert worden, besonders nachdem 1979 der damalige Vorsitzende des *Publications Appeal Board*, der Ex-Richter Snyman, aus dem Amt schied (ohne daß ihm jemand eine Träne nachweinte) und durch den jungen und aufgeschlosseneren Jura-Professor Van Royen ersetzt wurde. (Ungefähr zur selben Zeit wurde ein Literat, Professor A. J. Coetzee, zum *Director of Publications* ernannt.) Mehrere Tatsachen erhärten den Eindruck einer Entspannung. Nachdem sie Etienne Leroux' Roman *Magersfontein, o Magersfontein* bannten und damit beim afrikaansen literarischen Establishment, für die Leroux zur intellektuellen Kultfigur geworden war, auf nahezu einstimmige Empörung stießen, hob der *Appeal Board* seine frühere Entscheidung wieder auf. Nadine Gordimers *Burgers Tochter*, in der zweiten Hälfte des Jahres 1979 gebannt, wurde drei Monate später wieder freigegeben, so wie kurz danach mein eigenes Buch *Weiße Zeit der Dürre*. Gegen dieses obszöne Verfahren, bei einigen wenigen weißen – im Ausland wohlbekannten – Vorzeige-Autoren Ausnahmen zu machen, protestierten wir, und daraufhin wurde Anfang 1980 auch die von dem schwarzen

Autor Mathobi Mutloatse stammende Anthologie *Forced Landing* freigegeben. In den Jahren 1981 und 1982 wurden auch etliche bis dahin gebannte bedeutende internationale Werke freigegeben, darunter das von so manchem Kampf gezeichnete Flaggschiff *Lady Chatterley.* Und im Mai 1982 wurde auch mein vorher bereits viermal gebannter Roman *Looking on Darkness* (bedingt) zugelassen. Nacktheit in Filmen wird nicht mehr automatisch gebannt. Gleichzeitig hat es eine Reihe bedeutsamer Verschiebungen bei den Kriterien gegeben, nach denen die Zensoren ihre Entscheidungen fällen. Snymans berüchtigter »Mann von der Straße« wurde durch die vernünftigere Vorstellung vom »wahrscheinlichen Leser« ersetzt; ein Buch wird nicht mehr wie bisher üblich schon deshalb gebannt, weil »irgendein Teil« daraus als anstößig gilt, sondern es wird als Ganzes beurteilt; es sind Versuche gemacht worden, die Leserschaft »abzustufen« und nur Lesern unter achtzehn die Lektüre bestimmter Bücher zu verbieten (eine Regel, die praktisch unmöglich anzuwenden ist, der aber wenigstens das Verdienst zukommt, die Bürde der Überwachung vom Staat auf die Eltern zu verlagern). Und während Snyman in seinem Urteil über Jack Copes Roman *The Dawn Comes Twice* behauptete, das vorliegende Gesetz gelte »dem erzieherischen Faktor und nicht dem literarischen Faktor«, und sich sogar zu der Feststellung verstieg, »gerade die literarische Qualität des Werkes« könne »den Schaden bewirken, den das Gesetz zu verhindern sucht« (*Burgers Tochter* und *Weiße Zeit der Dürre* wurden unter anderem mit der Begründung freigegeben, sie seien so schlecht geschrieben, daß sie niemanden täuschen oder kränken könnten!), berücksichtigt die neue Regelung literarische Vorzüge in der Art von mildernden Umständen. (In der Praxis könnte diese Betrachtungsweise allerdings zum Bumerang werden. 1980 bekräftigte ein Kommittee »literarischer Experten«, angeführt von Professor Merwe Scholtz, den Bann gegen *Looking on Darkness,* da sie fanden, dem Roman fehle jeder literarische Wert. Das Dokument, in plumpem Englisch und mit kurioser Argumentation, bietet urkomische Einblicke in die Gedankengänge der Person, die es formulierte – der Ausschuß hatte nicht ein einziges englischsprachiges Mitglied).

Bedeutet das aber, daß die Zensur in Südafrika einen eindeutigen Wandel durchgemacht hat? Noch wichtiger: würde das bedeuten, daß die Bewegung hin zum politischen Totalitarismus revidiert oder aufgehalten worden ist?

Es gilt, eine Reihe verschiedener Faktoren zu berücksichtigen. Einmal ist festzuhalten, daß zwar die Anwendung des *Publications Act* von 1974 (mit seinen Ergänzungen) in einigen sorgfältig ausgewählten Bereichen und Fällen zweifellos abgeschwächt worden ist, daß aber *das Gesetz selbst unverändert bleibt* und der Regierung immer noch zur Verfügung steht, sollte sie es irgendwann für notwendig erachten, seine ganzen bösartigen Paragraphen heranzuziehen.

Zweitens sollte man, um den neuen Trend der Zurücknahme von Bannungen in die richtige Perspektive zu rücken, erst einmal sehen, was nach wie vor gebannt bleibt. Unter den literarischen Leichen auf dem Schlachtfeld der etwa 20 000 in Südafrika verbotenen Titel – *ohne* die Werke unserer ganzen Generation von schwarzen Schriftstellern, die mit einem einzigen Strich einer bürokratischen Feder in den frühen 60er Jahren zum Verstummen gebracht und ins Exil verbannt wurden – finden sich Namen wie Carlos Castaneda, Françoise Mallet-Joris, Emile Zola, John Updike, Robert Penn Warren, James Baldwin, Erskine Caldwell, Jack Kerouac, Junichiro Tanizaki, William Styron, J. P. Donleavy, Vladimir Nabokov, Henry Miller, Alberto Moravia, Mary McCarthy, Brendan Behan, Nathaniel West, Guy de

Maupassant, André Pieyre de Mandiargues, Colin Wilson, Jean-Paul Sartre, Alain Robbe-Grillet, William Burroughs, Jean Genet, Bernard Malamud etc. etc. etc. Der Bann gegen Mutloatses *Forced Landing* wurde aufgehoben; aber Mutloatse war damals beim PEN in Soweto eine führende Persönlichkeit mit internationalen Beziehungen von unschätzbarem Wert; dagegen bleibt der bewegende und ungeheuer wichtige Short-Story-Band *Call Me Not a Man* von Mtutuzeli Matshoba – der keine derartigen internationalen Kontakte hat – weiterhin gebannt.

Wenn, drittens, eine gewisse vorsichtige Liberalisierung offenkundig ist, dann hat sie sich aus einem Zusammentreffen sehr spezifischer Umstände ergeben. Der Bann gegen *Magersfontein, o Magersfontein* entfremdete der Regierung einen wichtigen Teil ihres eigenen kulturellen Flügels: mit dem Vorgehen gegen Leroux hatte sie eine unsichtbare Grenze überschritten, und die Reaktion unter »aufgeklärten« Anhängern der Partei (einschließlich einer ganzen Anzahl prominenter Leute aus dem Zensurapparat selbst) kam für die Behörden völlig überraschend. Das fiel mit der Bekundung einer beispiellosen Solidarität in den Reihen südafrikanischer Schriftsteller aller Hautfarben und Sprachen zusammen: in einer direkten Herausforderung an die Regierung erklärten wir, wenn sich an der Zensur nichts ändere, würden wir es einfach unseren Kollegen in anderen Ländern der Welt gleichtun und ganz in den Untergrund gehen. Der Erfolg mit der halb-geheimen Verbreitung von *Weiße Zeit der Dürre* – 3000 Exemplare waren im Umlauf, bevor die Zensoren etwas merkten und das Buch bannten – bewies zum einen, daß wir es ernst meinten, und zum anderen, daß gute Aussichten bestanden, mit einem richtigen *Samisdat* zum Erfolg zu kommen.

Das Ganze spielte sich zu einem Zeitpunkt ab, als die südafrikanische Regierung dringender denn je auf Freunde im Ausland angewiesen war. In England waren gerade die Tories an die Macht gekommen; in den USA schälte sich Reagan als eine reale Möglichkeit heraus; in Giscard d'Estaing hatte Südafrika bereits einen verständnisvollen Verbündeten. Es wäre von der südafrikanischen Regierung höchst unklug gewesen, gerade in diesem Augenblick der Geschichte sich die so dringend benötigten Verbündeten durch ein scharfes Durchgreifen gegen Schriftsteller zu entfremden.

Überdies fühlte sich die Regierung, jedenfalls in den letzten zwei Jahren, unmittelbarer und massiver von der Entwicklung schwarzer Gewerkschaften bedroht: die Behörden mögen sich, zu Recht oder nicht, gesagt haben, verglichen damit stellten die Schriftsteller eine weniger direkte und konkrete Bedrohung dar. Auch das mag auf die Veränderungen bei der Zensur seinen Einfluß gehabt haben.

Es gibt eine weitere Überlegung. In Italo Calvinos brillantem Roman *Wenn ein Reisender in einer Winternacht* bemerkt Generaldirektor Arkadian Porphyrich über das Funktionieren seines Polizeistaates, daß man ehrlicherweise sagen müsse, jedes Regime, auch das autoritärste, überlebe in einer von instabilem Gleichgewicht geprägten Situation, deretwegen es ständig die Existenz seines Unterdrückungsapparates rechtfertigen müsse, weshalb es ständig etwas zum Unterdrücken brauche. Man sollte die Raffiniertheit des südafrikanischen Regimes nicht unterschätzen.

Gleichzeitig sollte man sich über die Möglichkeiten der Regierung keinen Illusionen hingeben. Die Zensur ist nur ein Rädchen in einer gewaltigen Maschinerie. Repressive Maßnahmen sind zur Genüge in andere Gesetze eingebaut, so daß sich die Behörden bei der Anwendung des *Publications Act* eine leichte Liberalisierung *leisten* können. Die neuerdings wieder schärfere Kontrolle der

Medien läßt erst gar keine Zweifel an der Richtung aufkommen, die die Regierung eingeschlagen hat.
Noch im Juni 1982 wurde der Geistliche Mzwandile Maqina aus Port Elizabeth, Gründer der kulturellen Vereinigung *Roots* und Verfasser so überaus erfolgreicher Stücke wie *Give Us This Day*, *Trial* und des erst vor kurzem erschienenen *Dry Those Tears*, mit einem dreijährigen Bann belegt (kaum zwei Monate nach Ablauf eines fünfjährigen Bannes). Nach dieser neuen Verfügung muß der Dramatiker zwischen sechs Uhr abends und sechs Uhr morgens zu Hause sein, er muß sich einmal in der Woche bei der Polizei melden, es ist ihm verboten, irgendeine Bildungseinrichtung zu betreten oder an einer Versammlung teilzunehmen (in Südafrika gelten drei Menschen als eine Versammlung); *und es ist ihm verboten, irgend etwas zu schreiben, was für die Öffentlichkeit bestimmt ist.* Gleichzeitig darf er auf keine Weise zitiert werden. Das bedeutet, daß auch seine Stücke totgeschwiegen werden. Eine Regierung, die über so viel Macht verfügt und diese Macht so anwendet, ist kaum auf ein Zensurgesetz angewiesen.
Ein Schwarzer ist für die Regierung offenbar viel leichter zum Schweigen zu bringen als ein Weißer. Um nur einige wenige Beispiele aus meinem Bekanntenkreis und aus der jüngsten Vergangenheit anzuführen:
Ein junger Dramatiker schreibt und inszeniert ein Stück über einen Schwarzen, der sich in den Gesetzen der Weißen verstrickt: das Stück wird nach dem Motto »Spielen und noch in der Nacht weiterziehen« in den Townships aufgeführt, und eine Zeitlang entgeht es der Aufmerksamkeit der Behörden, doch dann wird es veröffentlicht. Das Buch wird augenblicklich gebannt, und kurz darauf wird der Autor verhaftet, mehrere Monate ohne Anklage festgehalten und erst entlassen, als sich sein Gesundheitszustand so sehr verschlechtert hat, daß von Schriftstellern und Organisatio-

nen draußen immer eindringlicher nach ihm gefragt wird. Nach seiner Freilassung wird er »gebannt«, und das bedeutet, daß er seinen Job nicht behalten darf. Und auch seine Frau wird von ihren Arbeitgebern an die Luft gesetzt, da sie den Makel des Umgangs mit ihr nicht haben wollen.

Ein anderer junger Schwarzer bietet dem rührigen Magazin *Staffrider* einige seiner Gedichte an und wird ermutigt, Mitglied des Pen zu werden. Unmittelbar danach wird er von der Sicherheitspolizei abgeholt, beleidigt, tätlich angegriffen und ermahnt, »ungute Kontakte« zu vermeiden. Er erzählt anderen Mitgliedern des Pen von seinem Erlebnis, und ein paar prominente Autoren legen offiziell Protest ein. Die Folge davon ist, daß sie über das Haus des jungen Dichters herfallen: es wird durchsucht und bietet hinterher ein Bild der Verwüstung; er wird wieder beleidigt und herumgestoßen – und erhält eine letzte Warnung: »Wenn du zu deinen weißen Freunden zurückgehst und dich über das hier beschwerst, wirst du verschwinden.«

Ein dritter schwarzer Schriftsteller, eine führende Stimme der jungen Generation, der schon mehrfach die öffentliche Aufmerksamkeit auf sich gelenkt hat, bekommt ein wichtiges Stipendium für einen Studienaufenthalt in den USA – aber man verweigert ihm einen Paß. Drei aufeinanderfolgende Anträge werden abgelehnt, ungeachtet förmlicher Proteste von seiten mehrerer Schriftstellerorganisationen, einschließlich des Pen und der »Afrikaans Writers' Guild«. (In diesem Fall ist von einem guten Ende zu berichten: der Paß wurde zuletzt doch noch ausgestellt, ganz offensichtlich, weil schließlich der Druck aus dem Ausland für die südafrikanischen Behörden zu peinlich wurde.)

Aus naheliegenden Gründen kann der weiße Autor ruhiger schlafen (obschon eine besondere Form der Schikanierung dem systemkritischen Afrikaaner vorbehalten bleibt, da ihm vorgeworfen wird, er falle »seinen eigenen Leuten« in den

Rücken). Doch vielen Außenstehenden scheint nicht bewußt, auf welch subtile Weise fortwährend Druck ausgeübt wird – selbst in einem Klima der sogenannten »gelockerten Zensur«. Es gibt schließlich eine besondere Abteilung der Sicherheitspolizei, die sich ausschließlich mit der Überwachung von Systemkritikern befaßt. Für den Schriftsteller beginnt es mit der Entdeckung, daß, einfach weil er Schriftsteller ist, seine ganze Post aufgemacht und sein Telefon abgehört wird. Und auch wenn es relativ leicht ist, sich darauf einzustellen – und darin vielleicht sogar einen Ansporn zum Weitermachen zu sehen (denn es beweist immerhin, daß man ernstgenommen wird!) –, kann es doch zur Qual werden, wenn der Druck auch auf andere ausgedehnt wird. Wenn sich eine Lehrerin, die mir als ein »Fan« arglos Briefe schreibt, plötzlich der Sicherheitspolizei gegenübersieht und Gefahr läuft, ihre Arbeitsstelle zu verlieren, nur weil sie mit mir korrespondiert hat, dann ist das nicht nur für ihr, sondern auch für mein Gewissen eine schreckliche Bürde.

Es belastet einen, wenn man ständig überwacht wird, selbst auf einem gewöhnlichen Ausflug mit der Familie; es ist eine aufschlußreiche Erfahrung, von einer Auslandsreise zurückzukommen und sich im Flugzeug einem Mann gegenüberzusehen, der einem kühl alle Einzelheiten der Reise aufzählt und alle Leute, die man getroffen hat, und der sein Geplauder mit dem sarkastischen Ausspruch beschließt: »Willkommen zu Hause in Südafrika.«

Aber man lernt natürlich, damit zu leben, so wie man lernt, mit den anonymen – schriftlichen oder telefonischen – Drohungen gegen die Familienangehörigen fertigzuwerden. Wenn man nicht bereit ist, damit zu leben, sollte man entweder auf den Zensor hören oder überhaupt nicht schreiben. Es gibt auch noch andere Methoden, alles Ausweitungen der Zensur: eine »Einladung«, die Sonderabteilung zu besuchen und die »Dinge zu bereden«; und beim nächsten Mal sind *sie* die Besucher, die unangemeldet und zur Demonstration ihrer Macht in großer Zahl ins Haus kommen, alles durchsuchen und Notizen und Korrespondenz und selbst Schreibmaschinen konfiszieren.

Das alles läßt die Verdienste der vielgerühmten »Liberalisierung« der offiziellen Zensur im Land in einem besonderen Licht erscheinen. Und Etienne Leroux' Warnung wäre es wohl wert, in Erinnerung gerufen zu werden: »Eine Puffotter ist dann am gefährlichsten, wenn sie sich tot stellt.«

5

In der einen oder anderen Form besteht die Zensur weiter. Und es wäre sinnlos, zu argumentieren, es gebe triftige Gründe für eine »vernünftige Zensur«, man wehre sich nur gegen eine »unvernünftige Zensur«. Das ist nicht Kasuistik: es ist ganz einfach falsch. Die Zensur ist *an sich* unvernünftig und schädlich. Welche Art von Drohung sie darstellt, läßt sich an vielen Punkten zeigen, von denen ich hier einige wenige zusammenfassen will.

1. Während der Schriftsteller auf einen Prozeß des Entdekkens, des Auslotens, des Enthüllens festgelegt ist, um Erfahrungen zu beurteilen und ihre Bedeutung zu definieren, arbeitet die Zensur mit dem Ziel des Verbietens und Stillegens. In Südafrika ist sie Teil eines riesigen Vertuschungssyndroms, wofür die Neurose im Anschluß an die Enthüllungen über den sogenannten »Informationsskandal« nur ein Symptom war. Die Regierung und ihre Vertreter und Vertretungen haben eine alles umfassende Strategie entwickelt, deren Ziel es ist, die Bevölkerung über die wahre Situation im Land im ungewissen zu lassen. Die Lüge ist zur etablierten Norm geworden: die Wahrheit ist mittlerweile die

eigentliche Obszönität. Und das ist bis hinunter auf die Ebene der Stammtischwitze durchgesickert. Es hat mehr als nur einen komischen Effekt, wenn ein gewisser Minister als »Mr. Wolf« bezeichnet wird – weil man nur vom Rotkäppchen erwarten kann, daß es glaubt, was er sagt.

2. Während die Literatur den ganzen Bereich der Werte und der Kreativität sowohl im persönlichen als auch im gemeinschaftlichen Erleben in sich schließt, was bedeutet, daß sie an sich gewaltfrei ist (eine Feder ist kein Schwert), verkörpert die Zensur eine besonders heimtückische Form institutioneller Gewalt.

3. Die Zensur entspringt ihrem Wesen nach dem Bedürfnis, *Massenwerte* durchzusetzen und richtet sich ganz speziell gegen die hochgradig individuellen, die Werke kreativer Schriftsteller auszeichnenden Zweifel an Massenwerten. Die Zensur kann keine Ausnahmen machen: die Gesetzgebung, in der sie ihren Ursprung hat, stützt sich unweigerlich auf eine Berücksichtigung des »allgemein Akzeptierten«, des größten verfügbaren gemeinsamen Nenners – und das bedeutet eine Absage an den kreativen Geist, der in einer Gemeinschaft für Wachstum und Entwicklung und geistige Gesundheit bürgt.

4. Noch schlimmer wird alles dadurch, daß diese Massenwerte von einigen wenigen, zu diesem Zweck ernannten Personen interpretiert werden, die *im Namen anderer* handeln müssen. Es gehört mit anderen Worten zum Begriff der Zensur, daß bei ihrer Handhabung jede Integrität im ursprünglichen Wortsinn fehlt: nicht die wahren Überzeugungen der Zensoren sind gefragt, sondern nur, was sie stellvertretend empfinden, ihre – zwangsläufig unzulängliche – Interpretation der »allgemeinen Bedürfnisse«, der »allgemeinen Werte«, der »allgemeinen Normen«. Das Motto des Zensors lautet: »Ich persönlich habe nichts dagegen, aber denken Sie doch mal an all die anderen, die

dadurch Schaden nehmen könnten.« Es gibt mit Sicherheit keine Beweise dafür, daß auch nur einer aus der Vielzahl älterer Menschen, die sich Wochen, Monate oder Jahre hindurch unanständige Filme oder pornographische Schriften zu Gemüte führen, dadurch verdorben worden ist. Aber ständig werden »die anderen« als Vorwand benützt.

Die Zensur geht von der Prämisse aus, daß eine Handvoll Menschen das Recht haben, zu entscheiden, was eine ganze Gesellschaft lesen, sehen, diskutieren und, letztendlich, denken sollte.

5. Mit der Einführung der offiziellen Zensur – wie 1963 in Südafrika, wo 1974 allerdings ein viel schärferes Gesetz verabschiedet wurde – wird ein großes Minenfeld aktiviert, das über die offiziellen Aktivitäten hinausgeht. Die Tätigkeit des ersten *Publications Control Board* und seiner verschiedenen Nachfolger (die zahllosen kleinen Komitees, das Direktorium und der Berufungsausschuß) bildet nur den Kern einer Krebszelle, die sich teilt und wieder teilt und so rasch vermehrt, daß sie zur Gefahr für den ganzen Körper wird.

Weil die Definitionen, die der Zensor anwendet, zwangsläufig extrem verschwommen sind, kann vorher keiner sicher sein, was gebannt werden wird und was nicht. Die unmittelbare Folge ist, daß Verleger mehr als vorsichtig werden (schließlich sind sie es, die das größte finanzielle Risiko auf sich nehmen), und so kann es vorkommen – was in Südafrika schon einige Male vorgekommen ist –, daß herausragende oder vielversprechende Manuskripte abgewiesen werden. Und selbst wenn Verleger bereit sind, das Risiko einer Veröffentlichung einzugehen, können immer noch Druckereien besonders vorsichtig sein oder von einer anderen Seite unter Druck gesetzt werden. Als sich der Verlag Human & Rousseau dafür entschied, meinen Roman *Lobola vir die lewe (Mitgift fürs Leben)* 1962 herauszubringen, während das Parlament noch über das erste Zensurgesetz debattierte, war unter den Druckereien, die den Auftrag ablehnten, mindestens eine, die von einer Kirche mit der Drohung unter Druck gesetzt wurde, sie werde die Geschäftsbeziehungen mit der fraglichen Druckerei abbrechen.

Auch Buchhändler werden zurückhaltend. Und weil die südafrikanische Zensur keine Zeitgrenze kennt (es sind schon Bücher gebannt worden, nachdem sie jahrelang im Umlauf waren), ziehen es viele Buchhändler vor, von »Risiko-Titeln« keine – oder nur sehr begrenzte – Bestände am Lager zu haben. Zu der Konfusion im Buchhandel tragen bestenfalls noch die Verzögerungen bei, mit denen bei Buchlieferungen aus dem Ausland zu rechnen ist, denn jedem beliebigen Zollbeamten steht es ganz nach Laune frei, auf unbestimmte Zeit eine Einfuhrsperre über ein Buch zu verhängen.

Auch Schriftsteller selbst können gehemmt werden. In den letzten fünfzehn Jahren habe ich von jungen, aufstrebenden Schriftstellern, die meinen Rat oder meine Meinung suchen, pro Woche durchschnittlich zwei oder drei Manuskripte bekommen: und am meisten beunruhigt mich dabei die seit Jahren (besonders nach 1974) zu beobachtende Tendenz, daß ein junger Autor in seinem Begleitbrief nicht mehr als erstes fragt: »Glauben Sie, daß mein Text gut genug ist?« sondern: »Glauben Sie, ich komme damit an der Zensur vorbei?«

Kann es da ein Zufall sein, daß im letzten Jahrzehnt nur *ein* bedeutender neuer Romanautor in Afrikaans (John Miles) erschienen ist und auch nur *einer* im Englischen (J. M. Coetzee)?

6

Man muß es realistisch sehen. Es gibt praktisch keine Gesellschaft in der modernen Welt, die nicht irgendeine Form von Zensur kennt. Keine menschliche Gesellschaft präsentiert eine ideale Koexistenz vollkommener Menschen: Einschränkungen sind vom ersten Moment an unerläßlich, wenn sich eine Gruppe von Individuen zum Zusammenleben entschließt. Das galt selbst in so zügellosen Zeiten, wie sie beispielsweise Aristophanes erlebte oder Plautus und Terenz oder Boccaccio oder Rabelais. Ja, einige dieser Autoren arbeiteten innerhalb der furchtbarsten Zensursysteme, die die Welt je gesehen hat. Und das sollte uns auch nicht überraschen, wenn wir die oben aufgezeigte historische Perspektive im Auge behalten. Um kurz zu rekapitulieren: die Gesellschaft und kreative Einzelpersonen sind füreinander unentbehrlich; jeder bedroht unweigerlich die territoriale Integrität des anderen – doch jeder stellt zugleich eine Herausforderung und einen Anreiz dar, die der andere zu seinem gesunden Wachstum braucht.

Das entscheidende Wort dabei scheint mir »Herausforderung« zu sein. Und es wäre vielleicht gut, die Theorie von der »Herausforderung und Erwiderung« wiederzubeleben, Kategorien, mit denen Toynbee den Aufstieg und Niedergang von Zivilisationen interpretierte. Vorausgesetzt, der soziale Körper ist gesund, stellen die bohrenden Nachforschungen des Schriftstellers eine Herausforderung dar, die zu einer ständigen Überprüfung der Werte führt und ein Wachstum ermöglicht. Ein kranker Körper ist für eine wirkungsvolle Reaktion zu schwach, denn seine Werte sind so dürftig, daß sie einer öffentlichen Prüfung nicht standhalten.

Die entgegengesetzte Beziehung erscheint in der augenblicklichen Situation bedeutsamer: die Herausforderung der

Gesellschaft und ihres Instrumentariums an die Findigkeit, die Willenskraft, die kreativen Mittel des Schriftstellers. Wenn diese Herausforderung vernünftig ist, bedeutet sie einen wichtigen Anreiz für Schriftsteller und andere Künstler. Shakespeare überlebte die strenge Zensur nicht nur, mit der seine Gesellschaft ihn ständig bedrohte, sondern triumphierte so eindrucksvoll über sie, daß er zum ruhmreichsten Produkt eben dieser Gesellschaft wurde. Tschechow gelangen seine Meisterwerke nicht nur trotz, sondern bis zu einem gewissen Grad wegen der Herausforderung durch die zaristische Zensur: die drohende Gefahr zwang ihn, seine Sensibilität zu verfeinern und einige der subtilsten Stücke in der Geschichte des Theaters zu schreiben. Solschenizyn verkörpert ein weiteres Stadium in der Beziehung zwischen der sozialen oder autoritären Herausforderung und der künstlerischen Erwiderung: er wurde effektiv an der Veröffentlichung seiner Werke gehindert und schließlich des Landes verwiesen. Daß er mit seiner Reaktion Erfolg hatte, liegt in der Tatsache begründet, daß gerade die gegen ihn ergriffenen Maßnahmen geholfen haben, ihn in der übrigen Welt zu einem bedeutenden Schriftsteller zu machen; mehr noch, und in unserem Kontext hier wichtiger: die sowjetische Zensur hat bewirkt, daß sein Werk in Rußland selbst in Form von *Samisdat* weiteste Verbreitung fand.

Aber manchmal wird ein Punkt erreicht, wo die Kräfte der Repression oder Unterdrückung so mächtig werden, daß eine Lähmung die Folge ist: wo, mit anderen Worten, die Herausforderung so groß wird, daß eine Erwiderung nicht mehr möglich ist. Auch wenn das nur vorübergehend oder nur auf der öffentlichen Ebene wirksam ist (d. h. wenn es Autoren unmöglich gemacht wird, zu veröffentlichen), bedeutet das, daß in diesem Prozeß eine wichtige Quelle der geistigen Nahrung für die Gesellschaft als Ganzes versiegt und so die Lebensfähigkeit dieser gesamten Gesellschaft bedroht ist.

Schon seit Platons Zeiten ist es für Regierende allzu leicht gewesen, die wahre Funktion des Schriftstellers und den von ihm geleisteten Beitrag zu unterschätzen oder gar zu ignorieren: für den Zensor ist der Schriftsteller entweder ein Ärgernis oder ein überflüssiger Luxus, aber jedenfalls kein lebensnotwendiges Organ der Gesellschaft. Und wo diese Denkweise vorherrscht, ist das eigentliche Leben und Wachstum der Gemeinschaft in Gefahr.

7

Auch wenn ich ein düsteres Bild gezeichnet habe, bin ich doch der Meinung, daß die Zensur in Südafrika im wesentlichen – auf sehr spezifische und manchmal ganz spektakuläre Weise – *gescheitert* ist, wenn man sie an ihren eigenen Rechtfertigungsversuchen mißt.

1. Die Zensur will verhindern, daß gegen das System geschrieben wird. In Südafrika ist das zugegebenermaßen bis zu einem gewissen Grad gelungen. Nachdem in den 60er Jahren schlagartig eine Menge begabter Leute die Literaturszene betraten, erlebten die darauffolgenden Jahre einen traurigen Rückgang der Aktivitäten; und das subventionierte Staatstheater ist trotz prächtiger Neubauten und allerlei Annehmlichkeiten praktisch zum Sterben verurteilt. Aber das Bild ist nicht komplett: Die schwarze Literatur, die im letzten Jahrzehnt viele neue Begabungen hervorgebracht hat, ist von einer Vitalität, die in der literarischen Geschichte Südafrikas ohne Beispiel ist. Vieles wird gebannt – aber das meiste davon wird auf die unterschiedlichste Art und Weise verbreitet, bevor es mit einem Bann belegt werden kann; und Dichterlesungen und Blitzgastspiele von Wanderbüh-

nen erreichen ein wachsendes Publikum. Tatsächlich ist die schwarze Literatur zu einem der wichtigsten Faktoren geworden, die in Südafrika auf Veränderungen (und auf eine entscheidende Mitsprache bei diesen Veränderungen) drängen.

Auch haben – zum Ausgleich für die geringe Zahl neuer Stimmen unter weißen Autoren – die schon länger Schreibenden eine wachsende Leserschaft in Südafrika und im Ausland gewonnen. Meine eigene Erfahrung mag für einen größeren Trend sprechen: nicht nur werden in Südafrika mehr Exemplare meiner Bücher verkauft als vor dem Eingreifen der Zensoren (und der Bann selbst belebt natürlich das Interesse an einem Buch); ich habe darüber hinaus wegen der Gefahr, in afrikaans zensiert und damit meiner gewohnten Leser wirkungsvoll beraubt zu werden, um des literarischen Überlebens willen angefangen, auch in englisch zu schreiben. Dadurch werden nun Bücher, die bisher nur in afrikaans zu haben waren, in vielen verschiedenen Ländern herausgebracht. Und weil sie auf englisch geschrieben sind, werden sie nun zum erstenmal auch von Schwarzen in Südafrika gelesen, daneben auch in afrikanische Sprachen übersetzt. In mehreren Ländern – namentlich in den USA, Frankreich und Schweden – hat sich in letzter Zeit ein neues Bewußtsein für südafrikanische Literatur entwickelt, eben weil das Vorgehen der Zensur so bekannt gemacht worden ist.

2. Die Zensur zielt darauf ab, Schriftsteller durch Angst und Einschüchterung voneinander zu isolieren. In Südafrika ist das Gegenteil eingetreten. Sehr lange sind drei verschiedene literarische Strömungen ihren jeweils eigenen Weg gegangen: die schwarze, die afrikaanse und die englische. Doch in den letzten paar Jahren ist ein neues Bewußtsein von einer gemeinsamen Schriftstelleridentität entstanden, und die schafft ein neues Gefühl der Solidarität in einer Fraktion des

informierten und artikulierten Widerstands gegen die Unterdrückung. Die Gründung eines PEN-Zentrums mit Sitz in Soweto war ein Höhepunkt in dieser Entwicklung. (Es stimmt, daß das Zentrum 1981 geschlossen wurde – für sich allein schon ein unheilvolles und deprimierendes Symptom der sich verschlechternden Situation im Land –, aber man sollte nicht verkennen, was da vorgefallen ist. Wenn sich schwarze Schriftsteller vom PEN abwandten, dann wegen des Drucks ihrer Gesellschaft und wegen ihres Engagements in dieser Gesellschaft, nicht weil sie selbst als Schriftsteller eine Zusammenarbeit mit Weißen ablehnten. Tatsächlich geht dieses Miteinander von Schriftstellern verschiedener Rassen und Kulturen in vielen Punkten und auf vielen Ebenen weiter, und es wird durch das Bewußtsein von einem gemeinsamen Feind noch verstärkt.)

Es wäre naiv, die vermehrte Opposition gegen die Apartheid allein der Zensur zuzuschreiben, aber in einer komplexen Situation ist die Zensur zu einem wichtigen Katalysator geworden, der geholfen hat, Solidarität entstehen zu lassen und das Bewußtsein zu vertiefen.

3. Die Zensur will Leser und Autor einander entfremden. Weit davon entfernt, dieses Ziel zu erreichen, hat die Zensur in Südafrika für den Leser ein neues Gefühl von Kühnheit in der Literatur geschaffen, ein neues Gefühl des »Dazugehörens«. Das zeigt sich in der steigenden Nachfrage weißer Leser nach gebannten Büchern und in der Art und Weise, wie Neuerscheinungen schwarzer Autoren auf den Straßen Sowetos verkauft werden. Als die ursprüngliche afrikaanse Fassung von *Looking on Darkness* gebannt wurde, kam es im Lesepublikum zu einer großen gemeinsamen Aktion: sie sammelten Tausende von Rand (das meiste davon in Beträgen von zwei und drei Rand, gespendet von anonymen Gebern, »gewöhnlichen Lesern«), um den Bann in den Gerichten anzufechten.

4. Die Zensur versucht, den Schriftsteller ohnmächtig zu machen. Doch die Gründung einer Reihe von Schriftstellerorganisationen (deren einflußreichste die allen Sprachen und Rassen offenstehende »Afrikaans Writers' Guild« ist) spricht für die Aussichtslosigkeit dieses Vorhabens. Schriftsteller haben seit der Einführung der Zensur ein größeres und wirkungsvolleres öffentliches Forum als je zuvor.

Es gibt ein weiteres eindrucksvolles Beispiel dafür, daß die Zensur in diesem Punkt gescheitert ist: der oben erwähnte Fonds, der eingerichtet wurde, um den Bann gegen *Looking on Darkness* anzufechten, wurde tatsächlich dazu verwendet, den kleinen privaten Taurus-Verlag aufzubauen, in dem jedes Manuskript publiziert wird, das Gefahr läuft, gebannt zu werden. Eine Liste von Abonnenten wurde angelegt, und als 1979 klar wurde, daß mein Roman *Weiße Zeit der Dürre* (in seiner afrikaansen Fassung) Gefahr lief, gebannt zu werden, wurden in aller Stille 2000 Exemplare gedruckt und an diese Abonnenten versandt; eine zweite Auflage folgte innerhalb einer Woche. Bis die Zensoren zuschlagen konnten, waren, wie schon an anderer Stelle erwähnt, genügend Exemplare im Umlauf, um dem Buch eine lange geheime Existenz zu sichern.

Wichtig war, daß ein psychologischer Sieg errungen wurde und daß von da an junge Schriftsteller wußten, ihr Werk konnte veröffentlicht werden, ob es nun in Gefahr war, gebannt zu werden oder nicht.

Es ist naheliegend, daß die Regierung, die ja einen gewaltigen Apparat zur Verfügung hat, zu gegebener Zeit die noch vorhandenen Schlupflöcher schließen könnte. Aber den Schriftstellern kommt nun zugute, daß sie einen Vorsprung haben und daß sie die Macht des geschriebenen Wortes aus eigener Erfahrung kennen. Gleichzeitig ist die Zensur mit ihrer Absicht, Schriftsteller kaltzustellen, gescheitert, weil das Werk einiger Autoren zunehmend internationale Anerkennung gefunden hat. Das mag zwar, sollte die Regierung einmal wirklich durchgreifen, keinen totalen »Schutz« bieten, aber es untergräbt mit Sicherheit die Effektivität der Zensur und die Glaubwürdigkeit der Regierung, die dahintersteht.

5. Die Zensur beruht auf dem Anliegen, eine Ideologie auf Kosten der freien Verbreitung von Ideen durchzusetzen. Und das Fehlen einer direkten Berührung mit den Ideen der Außenwelt hat die südafrikanische Gesellschaft in der Tat sehr verarmen lassen. Gleichzeitig weckt jedoch die Zensur das Interesse an allem Gebannten. Und die Tatsache, daß Werke systemkritischer Autoren von der jüngeren Lesergeneration (aller Rassen) begeistert aufgenommen wird, wiegt die verheerenden Auswirkungen der Zensur zu einem erheblichen Teil auf.

Dem Schriftsteller geht es nicht in erster Linie darum, »das System zu verändern«, sondern das individuelle Bewußtsein so wachzurütteln, daß schließlich eine Veränderung des Systems nicht nur möglich, sondern unvermeidlich wird. Und die Zensur begünstigt diesen Prozeß, indem sie den Worten von Schriftstellern mehr Resonanz verleiht.

6. Die Zensur zielt darauf ab, die Einheit des Systems aufrechtzuerhalten. In Südafrika hat die Bannung gewisser Werke (namentlich Leroux' *Magersfontein*) schon jetzt einige glühende Anhänger der Regierung in eine unerträgliche Lage gebracht – bei aller Loyalität zur Regierung sehen sie sich doch genötigt, sowohl die ästhetischen, als auch die moralischen Werte eines gebannten Buches zu verteidigen. Wenn eine Regierungsstelle ein Buch bannt und eine andere verleiht ihm einen renommierten Literaturpreis, setzt die Schizophrenie ein, und in der granitenen Fassade des Systems erscheint ein weiterer Riß.

7. Eine kleine, aber nicht unwichtige Nachbemerkung: die Zensur ist humorlos. Es kann gar nicht anders sein. Doch

wenige Institutionen sind in der jüngsten südafrikanischen Geschichte – nicht nur von Gegnern, sondern auch aus dem *laager* heraus – in so verheerender Weise lächerlich gemacht worden wie die Zensur. Einige der Persönlichkeiten, die zu Zeiten Krugers und Snymans für die Zensur verantwortlich waren, waren für das System ebensowenig förderlich wie so mancher absurde Widerspruch in ihren Entscheidungen. Tatsächlich unterstreicht jeder im Prozeß der Liberalisierung aufgehobene Bann die Sinnlosigkeit und Absurdität (und die Verschwendung von Steuergeldern) im Zusammenhang mit der ursprünglichen Bannung und unterminiert damit das System von innen.

8

Zum Frohlocken ist gewiß kein Anlaß: besagte Puffotter *stellt* sich vielleicht nur tot. Zwei Gefahren lauern in der neuen Liberalisierung selbst: sie kann entweder ein falsches Gefühl der Sicherheit auslösen, oder sie kann die Erstarrung des Ohnmächtigen herbeiführen, die Erstarrung dessen, der vom Staat für seine eigenen Zwecke »benutzt« und manipuliert wird. Und es besteht nicht der geringste Zweifel: diejenigen von uns, denen heute beim Publizieren mehr Freiheiten eingeräumt werden als vorher, werden *in der Tat* benutzt. Ist das aber ein Grund, zu verstummen und damit den Herrschenden noch glatter in die Hände zu arbeiten? Wenn im Werk eines Schriftstellers ein Kern Wahrheit steckt, dann wird die Wahrheit auch andere erreichen, mögen sich die Herrschenden noch so sehr bemühen, diese zu diskreditieren, zurückzuhalten, einzuschränken oder zu entstellen.

Der einzige verläßliche Maßstab in der Situation – wie in allen anderen – scheint mir das Gewissen des einzelnen

Schriftstellers selbst zu sein. Er mag nicht in der Lage sein, die Behörden am Versuch zu hindern, ihn dadurch in Schach zu halten, daß sie ihm mehr Spielraum lassen. Doch wichtig ist allein, daß er, dem Gebot seines Gewissens folgend, einfach *weiterschreibt:* daß er schreibt, was er auf Grund seines eigenen Temperaments und seiner Erfahrung und seiner anfechtbaren eigenen Einsichten glaubt schreiben zu *müssen.* Die Integrität seines Werkes liefert in sich die einzig verfügbare Garantie gegen eine Manipulation von oben – ob durch Einschränkung oder durch eine größere Bewegungsfreiheit. Wenn der Spielraum tatsächlich größer ist als vorher, dann ist es dringend notwendig, daß dieser Raum bis zum äußersten ausgenutzt wird – bevor die Dunkelheit hereinbricht. Der Körper ist nicht nur krank, er hat keine Ahnung von seinen Leiden und seinen wahren Bedürfnissen: ohne rechtzeitige Diagnose erweist es sich möglicherweise als eine Krankheit zum Tode.

Vom Schreiben im Belagerungszustand

[1986]

Als ich vor etwa fünf Jahren einen Essay mit *Der Schriftsteller im Belagerungszustand* überschrieb, da war das im übertragenen Sinn gemeint und bezog sich auf jede Form der Bedrohung des schöpferischen Geistes. Wenn man heute, im Zusammenhang mit dem Südafrika des Jahres 1986, von einer »Belagerung« spricht, kann man das leider auch ganz wörtlich verstehen. Als ich von der Universität nach Hause fuhr, um mit der Arbeit an diesem Vortrag zu beginnen, mußte ich anhalten, um erst mehrere Polizei- und Militärfahrzeuge vorbeizulassen, die auf dem Weg in die schwarzen *townships* waren. Ich hatte keine Ahnung, was sie an diesem Nachmittag vorhatten: vielleicht werde ich es nie erfahren. Die schwarzen *townships* sind von der »weißen« Stadt wirkungsvoll abgeriegelt, und es gibt nur minimalen Kontakt zwischen den beiden. Die reale Existenz der Apartheid – »Getrenntheit« – wird greifbar und eindringlich genau in dem Augenblick in jeder Stadt des Landes vorgeführt, da eine Orwell'sche Regierung der Welt stolz verkündet, die Apartheid sei tot.

Nach achtzehn Monaten ständig zunehmender Gewalttaten im Land, größtenteils von den sogenannten »Sicherheitskräften« begangen oder provoziert, wurde am 12. Juni dieses Jahres der offizielle »Ausnahmezustand« erklärt. Das diente nur dazu, einen Zustand, der sich über viele Jahre hinweg entwickelt hatte, beim Namen zu nennen. Eine ganze Generation von Südafrikanern hat nie eine andere

Regierung als die gegenwärtige, nie eine andere Politik oder Lebensweise als die der Apartheid gekannt. Und die Leute passen sich auch an die immer schlimmer werdende Situation an und akzeptieren mit dem Anbruch jedes neuen Tages als »normal«, was gestern noch als »anormal« gegolten hätte. Vor ein paar Monaten nahm eine Freundin von mir ihre schwarze Putzfrau und deren zweijährigen kleinen Jungen mit auf einen Tagesausflug zum Strand. Obwohl der Junge noch nie das Meer gesehen hatte, machte ihm der Ausflug überhaupt keine Freude: alles kam ihm fremd und bedrohlich vor, und die meiste Zeit saß er auf dem Schoß meiner Freundin und aß Eiskrem. Wie sehr sie ihm auch zusetzten oder schmeichelten, er sagte den ganzen Tag kein einziges Wort. Am späten Nachmittag fuhren sie dann die sechzig Kilometer zur Stadt zurück. Als sie in die schwarze *township* einbogen, bekam der Junge glänzende Augen und zeigte lächelnd auf ein gelbes Polizeiauto; zum erstenmal machte er an diesem Tag den Mund auf: *»Casspir«*, sagte er. Für ihn bedeutete dieser gepanzerte Lastwagen »Zuhause«. Es war das Zeichen des Vertrauten, das erste Mal an diesem Tag, daß er etwas sah, mit dem er sich identifizieren konnte. Wieviel leichter haben es da die Leute in den gut abgeschirmten weißen Villenvororten Südafrikas, sich an das wechselnde und kleiner werdende Territorium eines Landes im Belagerungszustand anzupassen. Als meine Frau und ich vor kurzem in einem Hotel in Kapstadt beim Essen saßen, kam unmittelbar nach dem Hauptgang der Oberkellner an unseren Tisch und legte uns diskret und lächelnd nahe, eine Weile mit einem anderen Teil des Hotels vorliebzunehmen, da es eine Bombendrohung gegeben habe. All die elegant gekleideten Gäste pilgerten langsam hinaus, in aller Ruhe, einen Drink in der Hand und ohne ihre Gespräche zu unterbrechen. Polizisten schwärmten in den Raum, und speziell abgerichtete Hunde zerrten an ihren Leinen. Zehn

Minuten später zogen sie ab, wir kehrten alle ins Restaurant zurück, und wir machten uns an unsere Crêpes Suzette. Um es zu wiederholen: das ist die »Norm« geworden. Und die Regierenden und die ganze Öffentlichkeit sind völlig überzeugt, daß wir im besten und glücklichsten aller Länder leben.
Unsere Augen haben sich an die flackernden Schatten an der Rückwand unserer Höhle gewöhnt: wir halten sie für die Realität.

Was geschieht mit dem Mann oder der Frau, die diese Lüge nicht akzeptieren wollen? Was geschieht mit dem Schriftsteller?
In einer Erörterung des primitiven Erzählens beschrieb der Literaturtheoretiker Tzvetan Todorov das, was er als »Sprache in Aktion« bezeichnete, als eine Form der Darlegung, die immer bemüht sei, eine Tat zu vollbringen, die über das Äußern dieser Worte hinausgehe und im allgemeinen mit einem Risiko für den Sprechenden verbunden sei. Mir scheint das eine besonders treffende Beschreibung der gegenwärtigen Situation des Schriftstellers im Belagerungszustand: einer Situation, in der Todorov Schweigen mit frommem Bescheiden und Sprache mit Rebellion verknüpft. Was vielleicht wie eine jener Übertreibungen aussieht, zu denen Schriftsteller neigen, wird zu einer sehr elementaren Tatsache, wenn man den deprimierenden Hinweis dagegenhält, der täglich auf der Titelseite der meisten südafrikanischen Zeitungen abgedruckt wird:

»Wir erinnern unsere Leser daran, daß diese Zeitung unter Zwängen hergestellt wird, die auf Zensur hinauslaufen. Die derzeitigen Einschränkungen im Rahmen des Ausnahmezustands haben zur Folge, daß Informationen und Kommentare von öffentlichem Interesse unterdrückt werden und daß der freie Nachrichtenfluß in einer Weise beeinflußt wird, die ernstlich in die Irre führen kann.«

In dieser Situation entstehen Berichte wie der folgende (um nur eines von zahllosen Beispielen anzuführen), der im *Eastern Province Herald* vom 23. 7. 1986 abgedruckt war:

INFO-MINISTERIUM SCHWEIGT ZU MASSNAHMEN IN TOWNSHIP
Seit Tagen bemüht sich der *Eastern Province Herald* um die Erlaubnis des Informationsministeriums, über Maßnahmen im Zusammenhang mit dem Ausnahmezustand in einer schwarzen *township* in Port Elizabeth zu berichten.
Diese Maßnahmen sind auch außerhalb der *township* klar zu erkennen.
Der *Herald* ist auch bemüht, vom Ministerium einen Kommentar zu diesen Maßnahmen zu bekommen.
Die Rechtsberater der Zeitung haben darauf hingewiesen, daß es unzulässig ist, über irgendwelche Maßnahmen der Sicherheitskräfte im Zusammenhang mit den augenblicklichen Einschränkungen einen Kommentar zu veröffentlichen.
Auf die Bitte, zu den Maßnahmen Stellung zu nehmen, antwortete das Ministerium: »Unter den Bestimmungen des Ausnahmezustands kann das Informationsministerium zum Verhalten der Sicherheitskräfte keinerlei Stellungnahme abgeben.«

Als einige Zeitungen in den ersten Tagen des Ausnahmezustands beschlossen, durch Lücken sichtbar zu machen, wo Nachrichten oder Kommentare wegzensiert worden waren, machte das Informationsministerium (»State Bureau for Information« – eine Bezeichnung, die an Orwell erinnert) solche Zeitungen warnend darauf aufmerksam, daß diese

Praxis zu Gegenmaßnahmen und zur Schließung führen werde, denn eine Lücke könne – ja, müsse – als negativer Kommentar gedeutet werden.
Auf Bitten um Anhaltspunkte, was denn nun als »subversiv« gelte und was nicht, gehen die Regierung und ihre Vertreter erst gar nicht ein; allenfalls spotten sie, sie könnten den Zeitungen nicht die Arbeit abnehmen. Es ist eine unmögliche Situation für Autoren, nicht zu wissen, was sie schreiben oder veröffentlichen dürfen; es ist eine unmögliche Situation für Akademiker, Intellektuelle, nicht zu wissen, was sie diskutieren oder auch nur denken dürfen; und es ist eine unmögliche Situation für gewöhnlich gesetzestreue Bürger, nicht zu wissen, wann sie zu gemeinen Verbrechern gemacht werden, weil sie vielleicht mit der einen oder anderen der drakonischen Vorschriften in Konflikt geraten, Vorschriften, wie sie sonst nirgends auf der Welt, auch nicht in den Ländern hinter dem Eisernen Vorhang, in Kraft sind. Und in allen drei Eigenschaften halte ich diese Rede: als Bürger eines Landes, in dem ich nicht einfach durch den Zufall der Geburt lebe, sondern durch eine bewußt getroffene Entscheidung, weil ich dieses Land liebe und von ihm geprägt worden bin und mir nicht vorstellen kann, ohne es zu existieren; als Akademiker, weil ich mich in meiner Existenz als denkender Mensch von den Bestimmungen des Ausnahmezustands bedroht fühle; und als Autor, weil die ganzen »Universalien« meines Berufes, wie Camus sie definiert hat, in der gegenwärtigen Situation zur Debatte stehen, nämlich die Suche nach Wahrheit, Gerechtigkeit und Freiheit.
Wenn die Regierung keine Anhaltspunkte geben will, aus denen hervorgeht, was gesagt werden darf und was nicht, und wenn nicht einmal Rechtsanwälte helfen können, weil der Wortlaut der Bestimmungen so vage und verdreht und verworren ist, dann gibt es für jeden, der aufrichtig versucht, die Grenzen des Sagbaren festzustellen, nur die Mög-

lichkeit, diese Grenzen dadurch zu entdecken, daß er sie überschreitet – um so, in Maurois' Worten (ich glaube, es war Maurois), herauszufinden, »wie weit man zu weit gehen kann«. Ich muß zur Verdeutlichung sagen, daß diese Bedingungen nicht nur für das gelten, was *innerhalb der Grenzen* Südafrikas gesagt oder geschrieben wird, sondern auch für alles, was aus Südafrika kommt und dann im Ausland verbreitet oder gesagt wird. Was ich in dieser Rede sage, ist mit mir aus Südafrika gekommen: mit meinen Worten gehe ich hier das gleiche Risiko ein, dem ich mich in Südafrika aussetzen würde. Dieser Gefahr bin ich mir bewußt: ich habe mich dafür entschieden, das Risiko auf mich zu nehmen. Und ich habe gleich nach der Erklärung des Ausnahmezustands angefangen, die der südafrikanischen Gesellschaft und dem menschlichen Denken aufgezwungenen Grenzen systematisch zu suchen und in Frage zu stellen, denn ich sehe darin eine Erweiterung meiner dreifachen Verantwortung als Schriftsteller, Intellektueller und Mensch. Es ist etwas, was getan werden *muß* – nicht allein für mich, denn ich habe weder den Ehrgeiz, mich zum Märtyrer machen zu lassen, noch habe ich als gesetzestreuer Bürger besondere Lust, zum Verbrecher zu werden –, zumindest bis zu einem gewissen Grade für ein Klima der Vernunft und für das Überleben der ganzen Gemeinschaft, in der ich lebe. Noch einmal Camus: »Ich rebelliere, also sind wir.«

Ich möchte Südafrika nicht als die einzige repressive Gesellschaft der Welt hervorheben! Wenn ich mich ständig darauf beziehe, dann nur, weil es den Rahmen darstellt, in dem ich zu leben habe: es ist »meine« Gesellschaft. Und ich liebe sie, wie der große afrikaanse Dichter N. P. van Wyk Louw einmal gesagt hat, nicht wegen ihres Glanzes, sondern wegen ihres Elends. Das heißt auch, daß ich für den Schriftsteller keine besondere »Funktion« beanspruche, *weil* er in einem Belagerungszustand lebt, *weil* er Südafrikaner ist. Es geht einfach darum, daß Südafrika, ein Land im Aufruhr und unter Druck von innen und vom Ausland, ein besonders eindringliches Bild der Unterdrückung und des Schriftstellerdaseins in einem solchen Staat bietet. Es veranschaulicht auf spektakuläre Weise, was – wenigstens bis zu einem gewissen Grad – für alle menschlichen Gesellschaften und für alle Schriftsteller gilt. Alle Gesellschaften sind zumindest in einigen Punkten »geschlossen«, sind »im Belagerungszustand«. Die totale Freiheit, das wissen wir, ist so unerreichbar wie die totale Gerechtigkeit (was natürlich nicht heißt, daß wir nicht unter allen Umständen nach mehr Freiheit und mehr Gerechtigkeit streben sollten). Und in hohem Grade veranlaßt das bloße Vorhandensein von Tabus und Einschränkungen in einer Gesellschaft jene Art der Reaktion, der Übertretung, die der Literatur ihr Gefühl der Kühnheit, des »Lebens mit der Gefahr«, garantiert. In einer Welt, in der immer mehr Wildnisse urbar gemacht werden, in der es immer weniger Grenzbereiche zu erobern gibt, wird oft nur das als relevant und signifikant angesehen, was ein Gefühl des Risikos mit sich bringt.

In diesem Sinne sind alle echten Schriftsteller ständig »in Gefahr«, unabhängig von der Gesellschaft, in der sie wirken. Sie scheinen instinktiv jene Bereiche der Erfahrung zu suchen, wo immer noch ein Gefühl der Gefahr und eine gewisse Herausforderung zu erwarten sind. Es ist ein natürlicher Teil dessen, womit Schriftsteller in aller Welt sich beschäftigen und was sie beschäftigt. Doch im großen und ganzen sind moderne Gesellschaften – jedenfalls im Westen – geneigt, diese Exkurse oder Inkurse zu dulden. Wie unfügsamen Kindern wird Schriftstellern weitgehend erlaubt, ihre eigenen Wege zu gehen, manchmal zu ihrem eigenen Verdruß. Es gibt jedoch Gesellschaften, und zu ihnen zählt auch Südafrika, wo dem Schriftsteller der Luxus verwehrt wird, seine Ziele bis zur letzten Konsequenz zu verfolgen; wo es nicht nur darum geht, sich gegen die Gefühle oder Meinungen gewisser Interessengruppen zu stellen oder sie gar zu beleidigen, sondern vielmehr darum, die eigene Sicherheit aufs Spiel zu setzen. Unter solchen Umständen werden gewisse Standpunkte von Schriftstellern einfach *verlangt*; manche werden verordnet, andere verboten. *Du sollst nicht* ... wird zur Parole, mit der er leben muß. Sogar seine Freiheit – nicht nur seine Meinungsfreiheit, sondern seine physische Bewegungsfreiheit – kann in Gefahr geraten. Aus einleuchtenden Gründen entsteht diese Situation ausnahmslos in Zeiten oder unter dem Vorzeichen politischer Umwälzungen oder Bedrohungen: zu dieser Taktik nimmt ein Regime Zuflucht, das sich unsicher fühlt und das das Risiko einer direkten Herausforderung scheut. Gerade deshalb kann seine Reaktion auf herausfordernde Gedanken und Schriften extrem und gewalttätig ausfallen. Das bringt den Schriftsteller nicht nur als Schriftsteller in Gefahr, sondern auch als Bürger seines Staates, als Mensch.

Das ist die derzeitige Situation in Südafrika. Ich möchte darüber nicht in Allgemeinbegriffen sprechen. Lassen Sie mich versuchen, Ihnen kurz die Lage zu skizzieren, in der sich ein Schriftsteller heute in meinem Land befindet, damit, auf der Suche nach spezifischen Antworten, spezifischere Fragen formuliert werden können.

Nach zwei Monaten Abwesenheit kehrte ich vor kurzem in meine Heimatstadt Grahamstown zurück, die im Osten der Kapprovinz liegt, in jenem Teil des Landes also, wo es gegen Ende des 18. Jahrhunderts zu den ersten Zusammenstößen zwischen Schwarz und Weiß in der alten Kapkolonie kam und wo im Laufe des 19. Jahrhunderts neun »Grenzkriege« ausgetragen wurden. (Nach einem weitverbreiteten Glauben der Schwarzen dieser Region hat der Zehnte und entscheidende Krieg bereits begonnen.) Während meiner Abwesenheit war der Ausnahmezustand verkündet worden. Bei meiner Rückkehr fand ich die geographischen und physikalischen Trennlinien zwischen Schwarz und Weiß so einschneidend wie nie zuvor, verschärft durch Mißtrauen, durch Ignoranz, durch den von der Regierung ausgebreiteten Teppich des Schweigens. In beiden Gesellschaften gibt es beunruhigende, manchmal verheerende Spuren neuer Maßnahmen der Sicherheitskräfte; in beiden Gemeinden hat es Opfer gegeben.

Unter den Weißen sind eine Reihe von Leuten verhaftet worden, die in verschiedenen Organisationen aktiv sind, so in der *End Conscription Campaign* (ECC), dem *Black Sash* (einer Organisation von Frauen, die seit vielen Jahren aktiv gegen die zunehmende Beschneidung der Bürgerrechte protestiert), dem *South African Council for Higher Education* (der das von der Regierung verordnete trostlose, rein schwarze Bildungswesen ergänzt), der *National Union of South African Students* (einer politischen Organisation der englisch sprechenden weißen Studenten), dem Grahamstowner *Rural Committee* (das die Lebensbedingungen schwarzer Arbeiter zu verbessern versucht) und dem Grahamstowner *Democratic Action Committee*; dazu kommen Einzelpersonen, die an Forschungsprojekten zur Umsiedlung, zur wirtschaftlichen Situation der Schwarzen usw. beteiligt sind. Anders als in großen Zentren, wo eine Vielzahl von Verhaftungen Eindruck erzielen sollte, ließen die Maßnahmen der Sicherheitspolizei in Grahamstown ein klares System erkennen: verhaftet wurden Schlüsselfiguren aus verschiedenen Organisationen, die – oft auf rein humanitärem Wege – den Zynismus und die Überheblichkeit der Regierung aufzeigen, die sich mit menschlichen Problemen ausschließlich auf der Grundlage der Gruppenindentität und der rassischen Klassifizierung auseinandersetzen. Die offizielle Strategie zielt augenscheinlich darauf ab, Organisationen durch die Ausschaltung ihrer Schlüsselfiguren zu lähmen. Das bedeutet, daß viele, die (noch) nicht festgenommen worden waren, untertauchen mußten, um zu überleben. Die Lage hat sich weiter verschärft, da die Sicherheitskräfte inzwischen noch gefühlloser vorgehen: in einem Fall holten sie eine Mutter ab, als sie mit ihren Kindern beim Mittagessen saß (ihr Mann verbringt einen Studienaufenthalt in England). Da es ein Vergehen ist, jemandes Verhaftung auch nur zu erwähnen, ist ihre Inhaftierung gleichbedeutend mit dem »Verschwinden« ungezählter Menschen unter dem Militärregime in Argentinien.

Zu den Auswirkungen dieser Maßnahmen gehört, daß völlig legitime Organisationen wie die ECC in den Untergrund getrieben worden sind und nun ein subversives Erscheinungsbild haben, wodurch gesetzestreue Bürger zu potentiellen Verbrechern werden. Nachdem solchen Organisationen in mehreren Teilen des Landes verboten worden ist, sich öffentlich zu äußern, ist es ihnen nun nicht einmal mehr möglich, ihre Sache zu verteidigen. Nicht daß sich dadurch für die wachsende Zahl junger Männer beim Militär etwas änderte, die sich – durch den erzwungenen Dienst in den fast schon bürgerkriegsähnlichen Auseinandersetzungen in den *townships* – mit der Frage abquälen, was denn eigentlich unter »Patriotismus« zu verstehen ist: wenn man für das berechtigte Überleben seines Heimatlandes kämpft, oder wenn man Kinder tötet, um ein unhaltbares System zu verteidigen?

In den schwarzen *townships* ist die Lage unendlich viel schlimmer – unter anderem, weil das, was sich dort abspielt, von so wenigen interessierten Menschen draußen wahrgenommen wird. Als Schriftsteller habe ich das Glück, mit den Ereignissen in diesen *townships* ständig in Berührung zu sein. Mir ist über die Polizei des *Town Council* von

Rini berichtet worden (von der Bevölkerung mit dem Zulu-Wort »amangundwane« belegt, »Ratten«), daß sie nachts systematisch die Straßen der *township* durchkämmen, die Leute auffordern, aus ihren Häusern zu kommen (ab neun Uhr abends ist Sperrstunde) und dann wahllos auf jeden schießen, der sich zeigt; daß Polizisten in einer bestimmten Straße jede Haustür eintreten, um ins Haus zu stürmen und alle Kinder mitzunehmen, die sie finden können; ich habe von einem Fall gehört, wo eine anständige, friedliebende Familie in der *township* Joza nachts aus dem Schlaf gerissen wurde und mit ansehen mußte, wie unter dem Vorwand, daß »mehr als sechs Leute in diesem Haus schliefen«, ihre Kinder weggeschleppt wurden; mir ist aus Rini berichtet worden, daß die Polizei dort auf der Suche nach einem jungen Burschen eines Abends in ein Haus in der B-Straße eindrang und den Vater ins Freie schleppte, wo er aus kürzester Entfernung erschossen wurde. Seine Frau mußte im Haus bleiben und wurde dort bis zum nächsten Morgen bewacht; mir ist von einem sechzehnjährigen Jungen erzählt worden, dessen Leiche mit sechs Kugeln im Rücken in einer *township* auf der Straße gefunden wurde: sein Tod – wie der einiger anderer, von denen ich gehört habe – ist nie in den Bulletins des *Bureau for Information* aufgetaucht. Mir ist von über 150 Verhaftungen berichtet worden, die es während der ersten fünf Wochen des Ausnahmezustands in Grahamstowns schwarzen *townships* gegeben hat (vor allem von Leuten, die mit dem Verbraucherboykott der Schwarzen zu tun hatten oder in Bildungs- und Jugendorganisationen oder in einem der »Straßenräte« engagiert waren, die die Aufsicht in den *townships* übernahmen, nachdem die Polizei ihren Schutzdienst offensichtlich zugunsten einer Schreckensherrschaft aufgegeben hatte); mir ist berichtet worden, daß einige von ihnen tätlich angegriffen und daß andere wochenlang festgehalten wurden, ohne daß man sie auch nur verhörte.

Ich kann Ihnen diese Eindrücke nicht als »Tatsachen« anbieten: was eine zulässige »Tatsache« ist, legt in Südafrika heute allein das *Bureau for Information* fest, und die Beamten dort sind, wie sie neulich selbst eingeräumt haben (nachdem sie es unterlassen hatten, die Festnahme einer ganzen Kirchengemeinde vom Gottesdienst weg zu melden) »immer noch dabei, den freien Informationsfluß zu vervollkommnen«. Ich kann nur berichten, was mir berichtet worden ist: von Vorfällen in Grahamstown, aber auch von Ereignissen anderswo im Land, etwa in der Kapregion, wo die Sicherheitspolizei angefangen haben soll, alle potentiellen Augenzeugen jenes Zwischenfalls abzuholen, bei dem – mit unmittelbarer Beteiligung der Polizei, wie zu hören ist – im Juni der Journalist George De Ath zu Tode kam.
Mir geht es dabei um den folgenden Punkt: *wenn* Vorfälle dieser Art wahr sind, würden sie Südafrika innerhalb der zivilisierten Welt verdientermaßen als einen Ausgestoßenen brandmarken – doch die mit dem Ausnahmezustand zusammenhängenden Verbote und der Starrsinn der Regierung machen es unmöglich, die Wahrheit festzustellen oder die Kriminellen zu verfolgen. Wenn andererseits solche Behauptungen nur bösartige Gerüchte wären, handelt die Regierung tatsächlich gegen ihre eigenen Interessen, wenn sie verhindert, daß sie in einer offen geführten Ermittlung möglicherweise widerlegt und als Lügen entlarvt werden, eben *weil* es keinen »freien Informationsfluß« gibt.

In einem Ausnahmezustand von der Art, wie ich ihn skizziert habe, stecken meiner Ansicht nach mindestens zwei wesentliche Gefahren. Die eine betrifft die Haltung der Regierung, die andere die Reaktion vernünftiger Bürger. Was die Regierenden angeht, so kann der Teppich des Schweigens – der Tränengas- und Rauchschleier, der die südafrikanische Gesellschaft teilt – bewirken, daß sie bald glauben, sie hätten die *absolute* Macht und nichts und niemand könne ihnen Einhalt gebieten. Diese Art der Illusion oder des Machtwahns kennzeichnet die Handlungsweise und die Reden von Staatspräsident Botha, wenn er auf die Friedensinitiativen der Regierung Thatcher – einer der letzten Regierungen auf der Welt, die immer noch versuchen, Südafrika vor Sanktionen zu bewahren – damit reagiert, daß er ihren Abgesandten beleidigt und sich weigert, auch nur mit der kleinsten Geste seine gute Absicht zu bekunden. Das ist mehr als Beschränktheit, mehr als apokalyptische Überheblichkeit: es ist die Haltung eines Menschen, der sich für Gott hält. In einer zivilisierten Gesellschaft könnte der unermeßliche Schaden, den dieser Mann seinem Land zugefügt hat, leicht als Hochverrat ausgelegt werden.

Aber noch schädlicher ist eine andere Gefahr: daß nämlich die gewöhnlichen wohlmeinenden Bürger des Landes (und ich denke da vor allem an die Weißen, die so wirkungsvoll daran gehindert werden, zu erfahren, was in schwarzen Gemeinden passiert) in Passivität verfallen. In dem bedrükkenden und manchmal verzweifelten Glauben, als einzelne könnten wir nichts ausrichten, machen wir es den Regierenden erst recht möglich, noch mehr von der uns verbleibenden Freiheit wegzunehmen.

Wir alle kennen die Worte eines protestantischen Gegners des Naziregimes: »Als sie die Juden abholten, schwieg ich, weil ich kein Jude war. Als sie die Kommunisten abholten, schwieg ich, weil ich kein Kommunist war. Als sie die Katholiken abholten, schwieg ich, weil ich kein Katholik war. Als sie mich abholten, sagte niemand etwas, weil keiner mehr übrig war, der etwas hätte sagen können.«

Mir fällt da noch eine andere Anekdote aus der Nazizeit ein: die Geschichte von dem Mann, der von der Gestapo in die Folterkammer gebeten wurde. Alle waren sehr freundlich und lächelten ihm zu. Sie boten ihm einen bequemen Sessel an. Sie boten ihm die besten Zigarren an, und er durfte sich einen edlen Wein aussuchen. Sie fragten ihn nach seiner Lieblingsmusik und legten die Schallplatten auf, die er sich wünschte. Als sie dann schließlich die Daumenschrauben ansetzten und er vor Schmerz und Empörung aufheulte, fragten sie verdutzt: »Was haben Sie denn plötzlich, daß Sie sich sträuben? Bisher haben Sie doch so schön mitgemacht.«

Warum komme ich immer wieder auf die Nazis zu sprechen? Nicht daß ich eine einfache Gleichung herstellen und behaupten wollte, Südafrika heute sei wie Deutschland in den 30er Jahren oder während des Krieges. So weit sind wir noch nicht. Aber es gibt unverkennbare Zeichen dafür, daß wir *auf dem Weg dorthin* sind. Und eine entscheidende Trennungslinie ist möglicherweise an dem Tag überschritten worden, als in der schwarzen *township* Alexandra Menschen erstmals ganz offen »entführt« und zum Polizeirevier gebracht wurden; oder an dem Tag, als Südafrika Harare, Lusaka und Gaborone überfiel, während führende Politiker aus dem Commonwealth im Land tagten, um die Möglichkeiten für eine friedliche Zukunft voranzubringen; oder an dem Tag, als die Sicherheitskräfte in den *»Squatter Camps«* bei Kapstadt – nach beeidigten Erklärungen von Geistlichen, Ärzten und anderen zuverlässigen Augenzeugen – sich erstmals aktiv und freiheraus an der Verfolgung und massiven Bedrohung und Ermordung unschuldiger Bewohner beteiligten.

Über einige dieser Vorfälle, die sich unmittelbar vor der Verkündung des Ausnahmezustands ereigneten, wurde in Zeitungen berichtet; und es gab ihretwegen in weiten Kreisen Unruhe und Unwillen. Aber da nun über solche Ereignisse nicht mehr berichtet werden kann – *während es Anzeichen gibt, daß sogar noch schlimmere Dinge passieren* –, können selbst engagierte und besorgte Menschen allzu leicht passiv werden, entweder weil sie nicht wissen, was vor sich geht, oder weil sie das Gefühl der Ohnmacht einfach überwältigt. Was die eigentliche Tragödie ausmacht, hat der *E. P. Herald* am 29.7.86 so formuliert: »Die Haltung der Schwarzen, die sie auf unabsehbare Zeit den Weißen gegenüber einnehmen werden, wird heute geprägt, und sie wird zu einem großen Teil durch die Polizei und das Militär geprägt. Das kommt daher, daß die Regierung ihnen während des Ausnahmezustands die Kontrolle der *townships* übertragen hat; damit haben sie praktisch freie Hand (plus Straffreiheit, wenn sie »in gutem Glauben« handeln). Doch der weiße Durchschnittsbürger hat keine Ahnung, wie diese Macht ausgeübt wird und wie die daraus sich ergebende schwarze Haltung aussieht.« Weiße wissen nicht (ich zitiere einen schwarzen Freund), »daß wir im Fingo-Dorf nach einer Nacht, in der keine Schüsse fallen, das Gefühl haben, irgend etwas stimmt nicht«. Weißen wird von der sogenannten »Gewalt Schwarzer gegen Schwarze« erzählt (weil es den Zwecken der Regierung dient), aber sie machen sich keine Vorstellungen vom Ausmaß der Wut und der Verhärtung der Standpunkte unter den Schwarzen der jüngeren Generation, die sich das tragische Motto zu eigen gemacht haben: »Erst die Befreiung, dann die Schule«. Weiße wissen nicht richtig einzuschätzen, was für eine Tragödie es ist, wenn eine junge Schwarze, die von ihren Eltern in das sogenannte »unabhängige *homeland«* Ciskei auf die Schule geschickt worden ist, um dem lokalen Boykott zu entgehen, von Gleichaltrigen befohlen bekommt, ihre Schule aufzugeben; und als sie sich um Aufnahme in eine Schule am Ort bemüht, bekommt sie von ihren jungen »Kameraden« gesagt, sie solle nach Hause gehen, denn sie werde nie mehr die Erlaubnis bekommen, eine Schule zu besuchen: als daraufhin jemand fragt: »Aber hast du sie denn nicht gefragt, warum?«, antwortet sie: »In der *township* stellst du keine Fragen. Wenn du fragst, zünden sie dir das Haus an und bringen dich um.«

Wenn ich mich mit den Aspekten des Ausnahmezustands in Südafrika befaßt habe, dann nicht nur, um ein übles Regime anzuklagen, sondern um zu der Frage zu kommen, die mich als Bürger, als Intellektueller und als Schriftsteller angeht:

Was ist zu tun?

Genauer ausgedrückt: Was kann ein Schriftsteller tun? Was kann das Wort gegen die Gewalttätigkeit dieser turbulenten Welt ausrichten? Die beiden Fragen gehören zusammen, da ich als Schriftsteller dem Wort als meinem »Einsatzgebiet« verpflichtet bin, zutiefst davon überzeugt (wie Wittgenstein sagte), daß die Grenzen meines Wortes die Grenzen meiner Welt sind. Und das Wort steht, laut Definition, gegen die Gewalt. (Auch wenn man sich, glaube ich, vor zu oberflächlichen Unterscheidungen zwischen »Wort« und »Tat«, »gewalttätig« und »gewaltfrei« hüten sollte. Das Wort ist selbst eine Form der Tat; die Gewalt seiner Wirkung sollte nie unterschätzt werden. Nur ist es eine Gewalt, die bejaht, nicht verneint; die Bedeutung vorantreibt, nicht zerstört; die aufbaut, nicht verwüstet.)

Das bedeutet, daß man zugleich weitsichtig und bescheiden sein sollte, wenn man die Möglichkeiten zu beurteilen sucht, die dem Wort in einer von der Gewalt beherrschten Situation offenstehen. Gerade jetzt erfuhr ich innerhalb einer einzigen Woche von zwei bezeichnenden Reaktionen auf meine Arbeit, die vielleicht ganz allgemein die Stellung des Schriftstellers verdeutlichen können:

1. Ein niederländischer Journalist, der zu Besuch war, erzählte mir von einem Gespräch, das er mit einem führenden Organisator der UDF geführt hatte. Auf die Frage, was er von meinen Büchern halte, erwiderte der UDF-Mann: »Wieso glauben Sie, ich lese seine Bücher? Wir können

unsere Zeit nicht mit Lesen verplempern, Mann; und wenn wir Zeit hätten, würden wir sie bestimmt nicht mit dem Lesen von Romanen verbringen«.

2. Ein befreundeter schwedischer Journalist rief mich aus Stockholm an, um mir von seiner Begegnung mit einem Spitzenmann des ANC zu berichten, der ihm begeistert erzählte, er lese zur Zeit meine Bücher und die der jüngeren Generation afrikaanser Autoren, in denen er Gründe gefunden habe, an eine Zukunft friedlicher Koexistenz zu glauben.

Es mag so aussehen, als schlössen sich diese beiden Ansichten gegenseitig aus, doch beide können für sich bestehen. Die erste dient vor allem dem Schriftsteller als Mahnung, nie zu überschätzen, was er in einer gegebenen Situation erreichen kann, schon gar nicht in einer Situation, in der die Gewalt bereits endemisch geworden ist. Gewiß gibt es Situationen, wo das Schreiben in den Hintergrund tritt, wo sofortiges und tatkräftiges Handeln den Vorrang hat. Hier geht es um das alte Sartresche Argument, kein Buch habe je einen Hungrigen satt gemacht oder eine Kugel aufgehalten. Problematisch an derartigen Argumenten ist jedoch, daß sie Unvergleichbares miteinander vergleichen, gerade so, als wollte man einen Elefanten und einen Wal zum Kampf gegeneinander antreten lassen. Worte gehören einer Ordnung an, die sich radikal von der Ordnung unterscheidet, in die Brot und Kugeln gehören. Niemand *muß* zwischen ihnen wählen. Man kann Worte *und* Brot haben; unter bestimmten Umständen kann man sogar Worte *und* Kugeln haben. Mir scheint es jedenfalls eine grobe Verzerrung, so zu tun, als sei das eine Frage des Entweder/Oder. Vielleicht kommt – zumindest in gewissen Situationen – das eine ohne das andere nicht aus.

Für den UDF-Organisator, mitten im Kampf um die

Grundvoraussetzungen eines würdevollen menschlichen Lebens, kann ein Roman kein Gewicht haben; seine Haltung ist so verständlich und zwangsläufig wie die des schwarzen Dichters in Soweto, dem jede Art der Dichtung, die sich nicht darum bemüht, die Sache der Befreiung auf einer praktischen und politischen Ebene zu fördern, belanglos erscheinen muß, als ein Luxus, den er und seine Leute sich nicht leisten können. Das heißt nicht, daß die Literatur objektiv – sofern es Objektivität überhaupt gibt – überflüssig ist: es heißt höchstens, daß der Sprecher in seiner bedrängten Situation andere Prioritäten hat. *Ihm* erscheint die Literatur überflüssig.
Der ANC-Sprecher, der zwar in den gleichen Kampf verstrickt ist, der jedoch die Gesamtsituation im Blick hat und langfristige Prozesse bewertet, findet dagegen eine Rolle für die Literatur (was, nebenbei gesagt, die Ansicht mehrerer anderer ANC-Führer bestätigt, mit denen ich im Lauf der Jahre in mehreren Teilen der Welt Diskussionen geführt habe). Noch einmal: diese Rolle darf nicht überbewertet werden. Aber sie existiert. Und allein schon deshalb ist sie für den Schriftsteller von Bedeutung und bürdet ihm eine Verantwortung auf, die, glaube ich, nicht ignoriert werden kann.
Wenn man einen Moment lang versucht, sich den weiteren Weg vorzustellen, dann scheint es wahrscheinlich, daß die südafrikanische Zukunft irgendwann unweigerlich einen einheitlichen Staat mit einer Mehrheitsregierung bringen wird (an der der ANC, vorsichtig ausgedrückt, in erheblichem Umfang beteiligt sein wird). Da würde es doch nur logisch erscheinen, wenn Politiker versuchten, einen Weg in diese Zukunft auszuarbeiten, der möglichst wenig Aufruhr und Gewalt mit sich bringt – anstatt diese Zukunft immer nur hinauszuschieben, zu umgehen oder sich ihr zu verweigern, wie es die südafrikanische Regierung nach wie vor tut.

Beim Schriftsteller sieht der Ansatz anders aus; vielleicht ist er leichter, und sei es nur in dem Sinn, daß er mit dem Gebot desselben Gewissens harmoniert, das ihn zum Schreiben gedrängt hat. Ich brauche nichts anderes zu tun, als dem elementarsten Antrieb jedes Schriftstellers zu folgen, und das heißt, mich zu bemühen, wahrheitsgemäß über das zu berichten, was ich erlebt habe. Erhellt wird diese empirische Erfahrung durch einen Glauben an die Menschlichkeit, durch ein Bekenntnis zum Mitleiden, durch tiefe Überzeugungen im Hinblick auf die Wahrheit, die Gerechtigkeit, die Freiheit. Wenn der Schriftsteller diesen Werten treu bleibt, wird sein Wort zwangsläufig die Art von Zukunft *ermöglichen helfen*, in der man leben kann.

Heißt das aber, daß der Schriftsteller »ein Anliegen unterstützt« oder, behutsamer formuliert, einer bestimmten Art von Zukunft »den Weg bahnt«? Ja und nein. Nein, weil es so, wie von mir gerade ausgedrückt – ganz in der Art, wie viele Leute ständig ihre Fragen formulieren –, einfach zu plump und vereinfachend ist, um wahr zu sein. Wenn jemand schreibt, um »ein Anliegen zu unterstützen«, sollte er sich lieber ganz offen der Politik zuwenden, Aktivist werden: er sollte aufhören zu schreiben und anfangen zu sprechen (oder, wenn ihm das Anliegen wichtig genug ist, irgendwie aktiv werden: je unmittelbarer er Wirkung erzielt, desto besser). Die Tatsache, daß sich jemand fürs *Schreiben* entscheidet, bedeutet eine völlig andere Art von Aktivität – auch wenn (oder vielleicht: gerade weil?) diese besondere Art der »Aktivität« von Politikern und Aktivisten geringgeschätzt wird.

Um das besser würdigen zu können, sollte man die vereinfachende Sicht der »Revolution« als eines ausschließlich soziopolitischen Prozesses über Bord werfen. Ohne sozio-ökonomisch-politische Aktion, ob evolutionärer oder revolutionärer Natur, kann es in der Gesellschaft offenkundig keinen

Wandel geben. Doch ein Wandel auf dieser Ebene oder innerhalb dieser Dimension ist nur die sichtbare kleine Spitze des Eisbergs. Selbst einem P. W. Botha ist klar, daß kein politischer Wandel erzwungen werden kann, solange er nicht vom sprichwörtlichen »Wandel des Herzens« begleitet wird.

Und das – wie ich immer wieder betone, aber es kann gar nicht oft genug gesagt werden – ist der Wirkungsbereich des Schriftstellers. Keine von außen kommende Kraft kann einem Schriftsteller diktieren, worüber er schreiben »sollte«. Nichts »verlangt« von einem Schriftsteller, daß er sich einem spezifischen Ideal oder Anliegen oder einer spezifischen Vorstellung von der Zukunft verschreibt. Es gibt keine bestimmten Normen, die einen Angriff auf die Apartheid – vom Literarischen her – »wertvoller« machen als ein Gedicht über verschmähte Liebe oder eine Meditation über eine Muschel. Der »Wert« des Schreibens liegt allein in seiner *Qualität*, in seiner Macht, den Leser dahin zu bringen, daß er Bedeutungen entdeckt, die sich ihm bislang entzogen haben. Man schreibt nicht, um zu belehren, sondern um zu entdecken; man *liest* nicht, um sich belehren zu lassen, sondern um sich neuer Dinge bewußt zu werden. *Jede* Erweiterung des Bewußtseins eines Menschen, an Umfang oder Tiefe, regt das persönliche Wachstum an, vergrößert das Mitleiden, wirft Licht auf etwas, was vorher im Dunkel lag.

Mehr als das kann der Schriftsteller nicht erreichen: aber ist das so unbedeutend?

Der Ausnahmezustand konfrontiert uns, wie ich bereits angedeutet habe, mit einer Brutstätte von Gerüchten und mit zutiefst beunruhigenden Eindrücken von ganzen Bereichen grauenhafter Erfahrungen, die man gelegentlich und flüchtig durch persönliche Kontakte gewinnen kann. Doch gerade Schriftsteller haben in hohem Maße Zugang zu authentischen Informationen über diese Lage. Bei mir selbst stapeln sich Augenzeugenberichte vom Vorgehen der Sicherheitskräfte gegen unschuldige Menschen und von Greueltaten der Militärs bei Abenteuern sowohl jenseits der Grenzen als auch in Südafrika und Namibia. In *Weiße Zeit der Dürre* habe ich einige meiner persönlichen Erfahrungen mit der Sicherheitspolizei wiedergegeben. Es gibt noch viel mehr zu erzählen – von fast jedem südafrikanischen Schriftsteller mit einem »sozialen Gewissen«, wie es vielleicht nicht ganz glücklich genannt wird.

Nicht ganz glücklich deshalb, weil damit wieder einmal angedeutet wird, Schreiben sei ein Akt der Propaganda. Nicht ein »soziales Gewissen« drängt mich zum Schreiben, sondern ein gewöhnliches, *privates*, menschliches Gewissen. Ich bin überzeugt, daß man über »öffentliche« oder »gesellschaftliche« Ereignisse nur insofern schreiben kann, als sie in die eigene, ganz persönliche Existenz eingegangen sind. Nicht die Idee oder die Politik der Apartheid interessiert mich als Schriftsteller, sondern ihre Auswirkungen auf *Menschen*, auf *individuelle* Männer, Frauen und Kinder.

Das heißt, daß die vom Schriftsteller vermittelte Information nie linear und oberflächlich und vereinfachend ist. Im Zusammenhang mit Marquez heißt es bei einem Kritiker, die Erzählung erreiche einen Tiefgang, der der bloßen Information abgehe. Und dieser Tiefgang macht die Bedeutung aus, die dem Schriftsteller in einer Situation der Belagerung zukommt: in ihm liegt seine größte – vielleicht seine einzige – Stärke, denn erst durch ihn bekommen die bloßen Fakten Überzeugungskraft.

Nein, ein Schriftsteller kann nie anmaßend sein. Er wird immer wieder auf Normalmaß gestutzt. Er hat keinen größeren Feind als das Schweigen: ein Schweigen von der Art, wie es heute Südafrika aufgezwungen wird.

Aber der Schriftsteller ist umgekehrt auch ein Feind des

Schweigens. Und gerade in der Situation, in der mein Land heute ist, erhält das Wort mehr Gewicht als in jeder offenen Gesellschaft, eben *weil* das Wort in einem Ausnahmezustand operiert. Deshalb findet *jedes* Wort, das das Schweigen durchbricht, sein Publikum. Und in dieser Hinsicht übernimmt der Schriftsteller wieder eine sehr elementare Funktion, die er im Ausnahmezustand mit jedem Bürger teilt: nie zuzulassen, daß die Fragen mitten unter uns erstickt werden, immer dafür zu sorgen, daß der Zugang zur Wahrheit offen bleibt.

Nicht einer von uns sichert diesen Zugang; nicht einer von uns kennt »die Wahrheit, die ganze Wahrheit und nichts als die Wahrheit«. Wir alle tasten uns durch Lügen und Ängste und Hoffnungen. Aber wenn wir zu allem, was passiert, zu allem, was unsere Menschlichkeit berührt, pausenlos Fragen stellen und dadurch den *Zugang* zur Wahrheit offen halten, läßt sich auf lange Sicht etwas retten. Und dieses »etwas« schließt die Möglichkeit der Gerechtigkeit und Freiheit ein.

In so einer Situation kann das Schreiben seine weitestgehende Funktion erfüllen und zu jener stillen Revolution des Denkens und der Sinne beitragen, ohne die keine grundlegende politische oder gesellschaftliche Revolution gelingen kann.

Es geht um das Individuum. Die Freiheit jedes einzelnen Mannes und jeder einzelnen Frau ist in Gefahr. Doch paradoxerweise ist das Individuum unwichtig. Ich kann wegen der Aussagen, die ich heute vor Ihnen gemacht habe, verhaftet werden: ich habe praktisch gegen jede einzelne Bestimmung des Ausnahmezustandes wissentlich verstoßen. Doch mein persönliches Schicksal ist nicht wichtig. Es kommt vielmehr darauf an, daß das *Wort*, wenn es in einer geknebelten Welt erst einmal freigesetzt ist, immer weiter gehört wird. Denn jedes gesprochene Wort garantiert zumindest die Möglichkeit, daß ein Zugang zur Wahrheit offen bleibt.

Angesichts seines persönlichen Schiffbruchs und seiner eigenen ungewissen Zukunft drückt der Schriftsteller Paul am Ende meines Romans *The Wall of the Plague* viel von meiner eigenen Einstellung zum Schreiben aus, meine Zweifel und Qualen und Hoffnungen und Überzeugungen angesichts der Zukunft Südafrikas.

»Wie Ödipus in seiner leidgeprüften Stadt muß ich hier und jetzt meine eigenen Entscheidungen treffen, wohin sie mich auch führen mögen.
Nein, Andrea, gegen die ganze Gewalt in der Welt wiegt ein Buch tatsächlich nicht viel. Es kann die Wirklichkeit nie ersetzen. Doch was würde aus der Welt werden – ohne das Wort? Wilde Bestien, die sich gegenseitig umbringen und zerfleischen? Auge um Auge, Zahn um Zahn, Blut, Blut, Blut.
Einer Theorie zufolge hat die Menschheit zwei deutlich unterscheidbare Ursprünge in der Welt, zwei Anfänge, zwei wesentliche Verbindungen. Einer ihrer Geburtsorte, so heißt es, war der Ural: die Erde, der Misthaufen, auf den alles Körperliche, alles Konkrete im Menschen anspricht. Sein typischer Vertreter ist der Bauer. Aber eine andere Linie führt zurück in den Nahen Osten, von wo das Wort seinen Ausgang nahm. *Verbum.* Der Verstand. Der Geist. Der Erfinderdrang. Daher sollte man, will man eine Reaktion der tiefsten Humanität eines Menschen hervorrufen, an einen dieser beiden Instinkte appellieren, die ihn geformt haben. Man kann an den Jagdtrieb appellieren, an die latente Gewalttätigkeit im Innern, den Drang, alles was dem Menschen in die Quere kommt, zu verändern oder zu zerstören, sich zu behaupten; oder an die Einbildungskraft, an die schöpferische Fähigkeit im Menschen ...
Im alten Europa wird es Winter. Doch ich schreibe weiter.«

Ein Ausnahmezustand

Offener Brief an P. W. Botha

[1986]

Herr Präsident!

In diesem von Gewalttätigkeit zerrissenen Land haben Ihr weißes Minderhcitenregime und seine Vertreter (in einem halben Satz habe ich drei während des Ausnahmezustands in Südafrika verbotene Ausdrücke gebraucht) mit ihrer anmaßenden Art, ihrer Unnachgiebigkeit und ihren planmäßigen Kampagnen des Terrors gegen die Unterdrückten genau die Umstände geschaffen, die Sie brauchten, um den Ausnahmezustand ausrufen zu können.

Verärgert über die Gerichte, über die Einmischung besorgter Körperschaften und Individuen, parlamentarischer Untersuchungsausschüsse, emsiger Journalisten und anderer, die unbeirrt fortfuhren, die Wahrheiten über Ihr kampfentschlossenes Regime ans Licht zu bringen, haben Sie es nun geschafft, um sich herum eine Zone tödlichen Schweigens zu errichten: nun kann niemand mehr berichten, was Sie vorhaben oder tun, niemand kann Ihre Lügen und Schandtaten enthüllen, niemand kann den Mund für all diejenigen aufmachen, die von den neuesten Inkarnationen der Gestapo unterdrückt, gehetzt, aus ihren brennenden Häusern vertrieben, gefoltert oder getötet werden. Nicht einmal die Namen derer, die tagtäglich aus unserer Umgebung »verschwinden«, dürfen bekanntgemacht werden.

Sie versichern uns, Sie hätten gute Gründe. »Ich hab die Tatsachen«, tönen Sie seit dem vergangenen August, als Sie im Glauben, auf Wasser gehen zu können, zum erstenmal den Rubikon überschreiten wollten und ins Stolpern kamen. Sie verlangen von uns, daß wir auf Ihr Wort vertrauen, ungeachtet all der Lügen, die Ihr Regime uns in der Vergangenheit aufgetischt hat.

Wir haben schon öfter erfahren müssen, was von Ihren »Tatsachen« zu halten ist. Ihr Polizeiminister hat letztes Jahr der Welt Ihre Tatsachen präsentiert, als Ihre tapfere und bedrängte Polizei in Uitenhage eine gewalttätige Menschenmenge bändigte. Als Sie sich dem Druck der Öffentlichkeit beugen und einen gerichtlichen Untersuchungsausschuß einsetzen mußten, erfuhren wir, daß Männer, Frauen, Kinder und Kleinkinder in einem friedlichen Umzug in den Rücken geschossen worden waren.

Weigern Sie sich deshalb so hartnäckig, einen neuen Untersuchungsausschuß einzusetzen und das »hinsichtlich des menschlichen Leidens und der Entbehrungen ... größte Unglück, das uns in diesem Jahrhundert getroffen hat« (wie es Willem Steenkamp in *The Cape Times* vom 17. 6. 86 nannte) aufklären zu lassen, jene Gewalttätigkeiten, bei denen mindestens 50 000 Menschen ihr Zuhause verloren haben und bei denen Ihre »Sicherheitskräfte« (*sic*) allem Anschein nach eine – um es milde auszudrücken – zweifelhafte Rolle gespielt haben? Zahllose eidesstattliche Erklärungen von Geistlichen, Ärzten und anderen lassen darauf schließen, daß Ihre eigenen Leute an den gewalttätigen Ausschreitungen und Brandstiftungen in Crossroads und im *Squatter Camp* beteiligt waren und den Aussagen zufolge sogar auf Flüchtige schossen und ihre Unterkünfte verbrannten, um sie zu »überreden«, an einen Ort zu ziehen, den Sie schon vorher für die Umsiedlung festgelegt hatten.

Wenn Sie solche Beschuldigungen von sich weisen, warum weigern Sie sich dann, einen Richter einzusetzen und untersuchen zu lassen, was »wirklich« geschehen ist? Sie können mir und zahllosen anderen nicht verübeln, daß wir das

Schlimmste glauben: wir können uns nur an das halten, was Sie geleistet haben, seit der Zeit, als Sie bei der Verwüstung des Sechsten Distrikts, der traditionellen Heimat von Generationen von *Coloureds* in Kapstadt, Ihre Hand im Spiel hatten.

Sie versuchen, leichtgläubige westliche Politiker wie Reagan und Thatcher davon zu überzeugen, daß Sie in Wirklichkeit ein »großer« Reformer sind. Also heben Sie das Verbot gemischtrassiger Ehen auf, verwehren dann aber Eheleuten, die verschiedenen Rassen angehören, das Recht, an einem Ort ihrer Wahl zusammenzuleben. Sie schaffen die Zwangsumsiedlung ab; und dann werden die Heimatlosen durch so glückliche Zufälle wie Crossroads dazu bewegt, freiwillig umzuziehen. Sie heben die Paßgesetze auf und machen sich dann daran, zahllose Schwarze wegen »unbefugten Betretens« zu verhaften. Sie bringen eine Handvoll *Coloureds* und Inder ins Parlament und geben ihnen die Illusion einer Beteiligung an der Macht, aber in dem Augenblick, da sie Bedenken haben, an der Verabschiedung von Gesetzen mitzuwirken, die zu den rigorosesten gehören, die dieses Land je gesehen hat, behandeln Sie sie wie Schuljungen – und peitschen die Gesetze trotzdem durch. Sie verkünden, daß Sie sich mit schwarzen Führern über eine Verfassungsreform unterhalten wollen, während Sie gleichzeitig dafür sorgen, daß die wahren Führer des Volkes im Gefängnis oder in Haft sind. Sie versichern der Welt, daß wir in einem freien Land leben, doch schon lange vor dem Ausnahmezustand sind die harmlosesten friedlichen Proteste brutal zerschlagen worden. Sie sagen uns, Sie seien ein Christ, doch Sie lassen Ihre Truppen mit Tränengas auf Leichenzüge schießen, wodurch die Trauernden gezwungen werden, ihre Särge auf die Straße zu werfen. Und wenn wir bekennen, daß wir Ihnen nicht glauben können, versuchen Sie der ganzen Kritik dadurch ein Ende zu machen, daß sie das GROSSE SCHWEIGEN anordnen.

Wo stehe ich als Schriftsteller in diesem Ausnahmezustand? Ich weiß sehr wohl, wo ich stehe: allein schon die Tatsache, daß ich diesen offenen Brief an Sie zu Papier bringe, ist ein Verbrechen. Ich kann dafür verhaftet werden. Und wenn das geschieht, tun Sie vielleicht alles, um sicherzustellen, daß die Menschen in Südafrika nicht einmal wissen, daß ich zu den ungezählten Namenlosen gehöre, die täglich verschwinden. Aber ich weiß auch, daß ich mich nicht zum Schweigen zwingen lassen kann, solange ich ein Gewissen habe, mit dem ich leben muß, und solange ich den Atem habe, nicht nur zu sagen« »J'accuse!«, sondern zu flehen: »Macht um Gottes willen ein Ende damit, bevor es zu spät ist.«

Ich mache mir keine falschen Vorstellungen von dem, was ein Schriftsteller physisch bewirken kann. Aber Sie sollten sich auch keinen falschen Vorstellungen von der Ohnmacht eines Schriftstellers hingeben.

Sie sind überzeugt, daß Sie uns endlich zum Schweigen gebracht haben. Aber Sie irren sich. Es mag ein vorübergehendes Schweigen im Land herrschen. Das Schweigen der Gefängnismauern, die so dick sind, daß keiner das Blut an ihrer Innenseite sehen oder die dumpfen Schreie hören kann. Aber dieses Blut, diese Schreie sickern durch und fließen in die Federn von Schriftstellern.

Ich appelliere an die Schriftsteller meines Landes, Zeugnis abzulegen. Wir werden nicht ewig schweigen. Wir haben die Geschichte auf unserer Seite. Wir haben die Wahrheit auf unserer Seite.

Sie haben Journalisten mundtot gemacht. Die »Tatsachen« dürfen nicht mehr geschildert werden, es sei denn, sie sind in Ihrem Sinn gefärbt oder verstümmelt. Aber die *Dichtung* kann eine Wahrheit aufzeichnen, die tiefer geht als Tatsachen. Was nicht direkt gesagt werden kann, müssen wir auf andere Weise aufzeigen: das macht uns zu Schriftstellern. Und wenn wir nicht veröffentlichen dürfen, müssen wir andere Möglichkeiten finden, das zu verbreiten, was das Gewissen uns diktiert. Nötigenfalls müssen wir nun unseren russischen Kollegen nacheifern und uns mit *Samisdat* behelfen.

Es ist sehr gut möglich, daß Sie bei der Vorstellung, wir könnten russischen Beispielen folgen, wieder einen Ihrer Wutanfälle bekommen. Aber wie oft hat sich denn Ihr eigenes Regime vom Kreml inspirieren lassen? In Ihrer staatlichen Kontrolle der Wirtschaft, in Ihren Eingriffen in Produktion und Vertrieb, in Ihrer Beschränkung der freien Meinungsäußerung, in Ihren Polizeistaatmethoden?

Unlängst berichtete in Argentinien ein Untersuchungsausschuß von den Greueltaten, mit denen die vorangehende Militärregierung versucht hatte, an der Macht zu bleiben. Der Bericht läßt einen frösteln, besonders in Südafrika, wo man so viele Zeichen erkennt, die in dieselbe Richtung führen.

Der argentinische Bericht trägt den Titel *Nunca mas:* »Nie wieder.« Was für ein trauriger, entsetzlicher Anspruch in dieser kaputten Welt. Doch es könnte auch ein kleiner Trost in der Erkenntnis stecken, daß sich gewisse historische Gesetzmäßigkeiten eben *doch* wiederholen. Nicht nur die Finsternisse, auch das Licht. Nürnberg könnte tatsächlich wiederkehren.

Sieg Heil!

Bibliographische Anmerkungen

»Die Stellung des afrikaanssprachigen Schriftstellers« (The Position of the Afrikaans Writer) erschien ursprünglich im September 1967 in *New Nation*, Johannesburg; »Schriftsteller und ihre Werke in der Welt« (Writers and Writing in the World) ist eine Zusammenfassung zweier Vorlesungen, gehalten im Juli 1969 an der Universität von Natal, Pietermaritzburg und Durban; »Mahatma Gandhi heute« (Mahatma Gandhi Today) war die Gandhi-Gedenkrede, gehalten im Oktober 1970 am »Phoenix Settlement« in Durban; »Über Kultur und Apartheid« (On Culture und Apartheid) erschien ursprünglich in *Study Project on Christianity in an Apartheid Society*, Spro-cas Publications Nr. 1, Johannesburg 1970; »Englisch und der afrikaanse Schriftsteller« (English and the Afrikaans Writer) erschien ursprünglich in *Africa*, Bd. 3, Nr. 1, Rhodes-Universität, Grahamstown 1976; »Literatur als Stein des Anstoßes« (Literature and Offence) ist die überarbeitete Fassung eines Artikels, erschienen in *Philosophical Papers*, Bd. 5, Nr. 1, Rhodes-Universität, Grahamstown 1976; »Nach Soweto« (After Soweto) erschien ursprünglich im *Asahi Journal*, Tokio 1976; »Von Sklaven und Herren« (Of Slaves and Masters) erschien ursprünglich im Januar 1978 im *Argus*, Kapstadt; »Kartenzeichner« (Mapmakers), ein Beitrag zum Thema des 43. Kongresses des Internationalen P. E. N. in Stockholm 1978, »Literature in Disguise«, erweitert um Teile einer Rede anläßlich der Kapstädter Buchmesse im

April 1980; »Der Schriftsteller im Belagerungszustand« (The Writer in a State of Siege) wurde als Referat bei der Jahresversammlung der »Afrikaans Writers' Guild« im Juli 1979 in Durban gehalten; »Der Intellektuelle und seine Welt« (The Intellectual and His World) war die Ansprache bei der Abschlußfeier für die Absolventen der »University of the Witwatersrand«, gehalten im April 1980 in Johannesburg; »Schreibend das Schweigen durchbrechen« (Writing against Silence) war die Rede, die André Brink bei der Entgegennahme des Martin-Luther-King-Gedächtnispreises für *Weiße Zeit der Dürre* (A Dry White Season) im April 1980 in London hielt; »Die Freiheit des Veröffentlichens« (The Freedom to Publish) war eine Rede anläßlich des 21. Kongresses der »International Publishers' Association« im Mai 1980 in Stockholm; »Einbildung und Wirklichkeit« (Imagining the Real) war ein Referat zum Auftakt einer Diskussion über den Mythos in der Literatur bei der »International Writers' Reunion« im Juni 1981 in Lahti; »Die Sprachen der Kultur« (The Languages of Culture) war ein Beitrag für den UNESCO-Kongreß zur Kultur im August 1982 in Mexico City; »Zensur und Literatur« (Censorship and Literature) erschien ursprünglich in *Censorship*, einer vom »South African Institute of Racial Affairs« herausgegebenen Publikation, Johannesburg 1982; »Ein Ausnahmezustand; offener Brief an P. W. Botha« erschien am 27. Juni 1986 im *Guardian* in London, am 9. 10. 1986 in *Frankfurter Rundschau*, »Vom Schreiben im Belagerungszustand« (Writing in a State of Siege) war ein Vortrag beim Book and Library Congress im August 1986 in Göteborg.

Anmerkungen des Übersetzers

African National Congress (ANC)
1912 als Bürgerrechtsbewegung gegründet, älteste politische Organisation der Schwarzen in Südafrika. Als ihr führender Vertreter gilt Nelson Mandela, der 1962 verhaftet und 1964 zu einer lebenslangen Haftstrafe verurteilt wurde.

Black Consciousness Movement (BCM)
Bewegung der »Schwarzen Bewußtwerdung« oder des »Schwarzen Selbstbewußtseins«, die weniger eine feste Organisation als vielmehr eine Ideologie darstellt. Von den vielen Organisationen, die der BCM zuzurechnen sind, wurden 1977 – ein Jahr nach Soweto – die meisten gebannt. Steve Biko, einer der führenden Köpfe der Bewegung, wurde im selben Jahr von der Polizei zu Tode gefoltert.

Black Sash
Als 1955 den *Coloureds* das Wahlrecht aberkannt wurde, banden sich weiße Frauen zum Zeichen des Protests eine schwarze Schärpe (engl. *black sash*) um. Aus diesen Anfängen entwickelte sich eine aktive Organisation mit einer Reihe von Beratungsbüros für Schwarze, die mit den Paßgesetzen in Konflikt geraten sind.

Bureau of State Security (BOSS)
So nannte sich bis 1978 der Geheimdienst Südafrikas. Wegen der unerwünschten Assoziationen, die sich mit dem Kürzel BOSS verbanden, kam es dann zur Umbenennung in *Department of National Security* (DONS).

Christian Institute
Das überkonfessionelle »Christliche Institut« wurde in der Folge des Massakers von Sharpeville von dem Pfarrer Christiaan Beyers Naudé gegründet. Die Absicht war, Christen aller Kirchen, Kulturen und Rassen im friedlichen Widerstand gegen die Apartheidpolitik zu vereinigen. 1977 wurde das Institut wie so viele andere Organisationen in der Folge des Soweto-Aufstandes gebannt.

Difaqane
In der Sprache der Sotho soviel wie »Vernichtung« oder »erzwungene Wanderung«. Gemeint sind die blutigen Feldzüge des großen Shaka und seiner Zulukrieger in den Jahren nach 1820. Das alles spielte sich in einem rein schwarzen Rahmen ab, Weiße nahmen keinen Einfluß. Ungeheure Menschenmassen wurden in Bewegung gesetzt, und so löste Shaka neue Kriege aus: unter den Fliehenden fand er Nachahmer, die nun ihrerseits mit *difaqane* neue Landstriche eroberten.

Director of Publications
Er leitet zusammen mit drei Assistenzdirektoren, die ebenfalls vom Innenminister ernannt werden, das »Direktorium für Publikationen« – die Spitze der Zensurbehörde. Die eigentlichen ausführenden Organe der Zensurbehörde sind die regionalen »Komitees« (1982 gab es davon über vierhundert). Das »Direktorium« unterrichtet die betroffenen Personen von den Entscheidungen der Zensurkomitees. (Vgl. *Publications Appeal Board.*)

End Conscription Campaign
Kampagne gegen die Wehrpflicht. Ein Recht auf Wehrdienstverweigerung gibt es in Südafrika nicht.

Group Areas Act
Das »Gruppenwohngesetz« teilt das Land nach Rassenkriterien auf. Es ermöglicht die Zwangsumsiedlung. Eines der zentralen Gesetze der Apartheid.

Homelands
»Heimatländer« nennt die südafrikanische Regierung jene zerstückelten Gebiete, in die sie mit dem Instrument der Zwangsumsiedlung die in zehn Gruppen aufgeteilte schwarze Bevölkerung abschiebt. Die *homelands* sind hoffnungslos übervölkert und bieten kaum Arbeitsplätze, so daß die dorthin abgeschobenen Schwarzen für wenig Geld in den weißen Gebieten arbeiten müssen – abhängig und leicht kontrollierbar.

Immorality Act
»Gesetz über Unmoral«, das intime Beziehungen zwischen Menschen verschiedener Hautfarbe bei Androhung hoher Strafen verbot. Wurde 1985 aufgehoben; da aber das Gruppenwohngesetz weiterbesteht, können Eheleute verschiedener Hautfarbe nicht unter einem Dach wohnen.

Index on Censorship
Verbotslisten »unerwünschter« Produkte. Der Loseblattindex, der laufend aktualisiert wird, umfaßt ca. 20 000 Titel oder Beschreibungen von Gegenständen.

Job Reservation
Gesetzliche Regelung, die insbesondere im Bergbau die Besetzung bestimmter Arbeitsplätze von der Hautfarbe abhängig macht.

Paßgesetze
Jeder Schwarze über sechzehn Jahren muß ständig seinen Paß, das sogenannte »Referenz-Buch«, mit sich führen. Außer den Identifikationsangaben enthält er Aufenthalts-, Arbeits- und Steuernachweise. Verstöße gegen die Paßgesetze stehen in der Kriminalstatistik Südafrikas an erster Stelle: sie machen etwa ein Viertel aller gerichtlich verhandelten Straffälle aus.

Publications and Entertainments Act
Zensurgesetz aus dem Jahr 1963, mit dem *Publications Act* von 1974 noch verschärft. Seit den 60er Jahren hat die Zensur den Rang einer Behörde. (Vgl. *Director of Publications* und *Publications Appeal Board*.)

Publications Appeal Board
Berufungsinstanz, die Einsprüche gegen Entscheidungen der Zensurkomitees verhandelt. Geleitet wird der *Appeal Board* von einem Juristen, den der Staatspräsident ernennt. Obwohl der *Appeal Board* eine außergerichtliche Institution ist, können gegen seine Entscheidungen keine Rechtsmittel mehr eingelegt werden.

SPRO-CAS
»Study Project on Christianity in an Apartheid Society«. Der Südafrikanische Kirchenrat (SACC) und das *Christian Institute* waren gemeinsam für dieses Projekt verantwortlich, in dessen Rahmen Berichte über verschiedene Aspekte der Apartheid herausgegeben wurden. Daraus entwickelte sich dann der Verlag Ravan Press.

Squatters
So werden in Südafrika jene Schwarzen genannt, die »illegal« in Gebieten siedeln, die nicht als Wohngebiete für Schwarze vorgesehen sind. Diese Siedlungen befinden sich außerhalb der schwarzen *townships* auf »weißem« Gebiet. Die *Squatter Camps* bestehen üblicherweise aus selbstgebauten Hütten. Am bekanntesten wurde die Siedlung *Crossroads* in der Nähe von Kapstadt, wo bis zu 150 000 Menschen »illegal« wohnten.

Students' Council
Der *Students' Council* (Schülerrat) von Soweto wurde unter anderem aus Protest gegen das Bildungswesen im Frühjahr 1976 gegründet. War maßgeblich an den damaligen Schüleraufständen in Soweto beteiligt. Mußte viele Polizeiaktionen über sich ergehen lassen, ehe er dann 1977 ganz verboten wurde.

Town Council
Ein 1982 erlassenes Gesetz sieht die Schaffung von *Town Councils* (Stadträten) in den Townships vor. Wahlberechtigt sind alle Schwarzen, die Aufenthaltsrechte im »weißen« Gebiet haben. Es soll eine Art Selbstverwaltung sein, doch Lokalbehörden, die nicht im Sinne des Ministers funktionieren, können wieder aufgelöst werden. Die ersten Wahlen im November 1983 wurden von den Bewohnern der *townships* weitgehend boykottiert. 1985 arbeiteten von bis dahin gewählten 22 *Town Councils* nur noch 4. Das Konzept der Selbstverwaltung scheiterte, und die Regierung konnte sich im Sommer 1985 nur noch dadurch helfen, daß sie den Ausnahmezustand erklärte.

Township
Meist am Rand von Groß- oder Industriestädten gelegene Ortschaften für schwarze Südafrikaner, die aber in der Regel dort nur vorübergehendes Wohnrecht haben – solange sie ihren »Zweck« erfüllen, d. h. als vollwertige Arbeitskräfte in der weißen Industrie zu gebrauchen sind. Die *townships* sind stark übervölkert, die sozialen Bedingungen sind miserabel.

United Democratic Front (UDF)
Loser Zusammenschluß von über 500 Vereinigungen und Initiativen, im August 1983 als Protest gegen die Verfassungspläne der Regierung gegründet. In der UDF arbeiten Angehörige aller Rassengruppen mit. Das erklärte Ziel ist ein vereinigtes demokratisches Südafrika, ohne *homelands* und *group areas.* Die Regierung sieht in der UDF allerdings eine »Frontorganisation« des ANC und hat inzwischen unter dem Ausnahmezustand die meisten der Funktionäre verhaftet.

The World
Einzige von Schwarzen für Schwarze gemachte Tageszeitung; wurde im Oktober 1977 wegen ihrer Nähe zur *Black Consciousness*-Bewegung zur Einstellung gezwungen.